스웨덴 연설 · 문학 비평

알베르 카뮈 전집 **18**

스웨덴 연설 · 문학 비평

알베르 카뮈 지음 | 김화영 옮김

책세상

Discours de Suède
Essais critiques
Albert CAMUS
© Gallimard, 1958
© Gallimard, 1965

이 책의 한국어판 저작권은 임프리마 코리아Imprima Korea를 통한
갈리마르 출판사Éditions Gallimard와의 독점 계약에 따라 책세상에 있습니다.

차례

스웨덴 연설 ──────────────── 7
　스웨덴 강연─1957년 12월 10일의 강연 ──────── 9
　예술가와 그의 시대─1957년 12월 14일의 강연 ───── 17

문학 비평 ──────────────── 51
　샹포르의 《잠언집》 서문 ─────────── 53
　루이 귀유의 《민중의 집》 서문 ───────── 72
　앙드레 지드와의 만남 ─────────── 81
　감옥에 갇힌 예술가 ───────────── 90
　로제 마르탱 뒤 가르 ──────────── 102
　장 그르니에의 수상집 《섬》 서문 ───────── 146
　르네 샤르 ─────────────── 154

보유 ─────────────────── 161
　장 폴 사르트르의 《구토》 ─────────── 163
　《기슭》지(지중해 문화 잡지) 소개 ───────── 168
　장 폴 사르트르의 《벽》 ─────────── 172
　이냐치오 실로네의 《빵과 포도주》 ───────── 177
　지성과 단두대 ─────────────── 180
　인터뷰 발췌
　　─"아닙니다, 나는 실존주의자가 아닙니다……" ─── 193

《세르비르》지와의 인터뷰 ─────────── 199
쥘 루아의 《행복한 골짜기》 ─────────── 204
허먼 멜빌 ─────────────────── 212
프랑시스 퐁주의 《사물의 편에서》에 대한 편지 ──── 219
나는 왜 연극을 하는가 ──────────── 230
우리의 친구 로블레스 ──────────── 245
장 클로드 브리스빌에게 답한다 ───────── 247
알베르 카뮈의 마지막 인터뷰(1959년 12월 20일) ── 258
미발표 텍스트─시몬 베유,《뿌리 내리기》 ───── 265
서문 초안 ─────────────────── 267

해설
위험하고 힘든 균형을 찾아서/김화영 ─────── 273
카뮈 연보/로제 키요 ──────────────── 318

스웨덴 연설

스웨덴 강연
―1957년 12월 10일의 강연*

여러분의 자유 한림원이 제게 베풀어주신 영예를 받으면서 이 같은 보상이 저 자신이 개인적으로 이루어놓은 일에 비하여 얼마나 분에 넘치는 것인가를 헤아리면 헤아릴수록 제가 느끼는 감사의 마음은 그만큼 더 깊은 것이었습니다. 사람은 누구나, 그가 예술가라면 더욱, 남들에게 인정받기를 바랍니다. 저 역시 그렇습니다. 그러나 수상자 선정 결과를 알게 되었을 때, 저는 그 반향과 저 자신의 실제 됨됨이를 서로 견주어 보지 않을 수 없었습니다. 저는 아직 젊다고 해도 좋을 나이인데다 가진 것이라곤 오직 마음속의 의혹과 여전히 습작 상태인 작품뿐이며 작업의 고독, 아니면 우정의 은신처에 파묻혀 살고 있는 사람입니다. 그런 사람이 여러분의 결정으로 말미암아 오직 자신만의 모습으로 환원되어 별안간 세찬 조명의 한가운

---

* 이 강연은 노벨상 수여식을 마감하는 연회가 끝날 무렵 전통에 따라 스톡홀름 시청에서 행해진 것이다.

데로 불려 나오게 되었으니 어찌 공황 상태와도 같은 두려움에 휩싸이지 않을 수 있겠습니까? 더군다나 오늘날 유럽에서 최대 거장으로 손꼽히는 다른 작가들이 침묵을 강요당하고 있는 이 시간에, 그리고 자신의 조국 땅이 끊임없는 불행을 겪고 있는 이때에 이런 영예를 입게 되었으니 그 심정이 어떠하겠습니까?

제가 느낀 것은 바로 그런 당혹과 내면적인 혼란이었습니다. 마음의 평온을 되찾기 위해서 결국 저는 너무나도 과분한 이 운명과의 관계를 어떻게든 정리해두지 않을 수 없었습니다. 그리하여 저 자신의 업적만을 가지고 본다면 저는 이런 행운을 얻을 자격이 못 되기 때문에, 제가 도움을 얻기 위하여 찾아낼 수 있었던 것은 오직, 지금껏 살아오는 동안 가장 큰 역경에서도 저를 지탱해준 것, 즉 저의 예술과 작가의 역할에 관해서 제가 품어온 생각, 바로 그것뿐이었습니다. 그러니 부디 감사와 우정을 느끼면서 그 생각이 어떤 것인지 가능한 한 간단하게 말씀드리는 것을 허락해주시기 바랍니다.

저는 개인적으로 저의 예술 없이는 살 수가 없습니다. 그러나 저는 모든 것을 초월하는 저 꼭대기에 이 예술을 올려놓고 생각해본 적은 없습니다. 반대로 예술이 제게 필요한 것이라면 그것은 예술이 그 누구와도 분리될 수 없기 때문이며 제가 있는 그대로의 모습으로 모든 사람들과 같은 높이에서 살아갈 수 있도록 해주기 때문입니다. 제가 보기에는 예술이란 고독한 향락이 아닙니다. 그것은 인간의 공통적인 괴로움과 기쁨의 유별난 이미지를 제시함으로써 최대 다수의 사람들을 감동시키는 수단입니다. 따라서 예술은 예술가가 고립된 존재가 되지 않도록 만듭니다. 가장 겸허하고도 보편적인 진실을 따르도록 만드는 것입니다. 그리하여 흔한 경우로 자기가 남다른 존재라고 느끼기 때문에 예술가의 운명을 선택한 사람도 이내, 자기가 모든 사람과 닮았다는 것을 인정함으로써 비로소 자기의 예술에, 나아가서는 자기의 다름에 자양분을 공급할 수 있다는 것을 깨닫게 됩니다. 예술가는 자기 자신과 남들 사이의 그 항구적인 왕래 속에서, 자신에게 필요불가결한 아름다움과 자기가 절대로 벗어날 수 없는 공동체 사이의 중간 지점에서 스스로의 모습을 만들어가는 것입니다. 그렇기 때문에 진실한 예술가들은 그 어느 것도 업신여기지 않습니다. 그들은 판단하기보다 이해하려고 애씁니다. 만일 그들이 이 세상에서 어느 쪽의 편을 든다면, 그것은 니체Friedrich Nietzsche의 위대한 말과 같이 재판관이 아니라 창조자——그가 노동자이건 지식인이건——가 지배하게 될 사회의 편을 들 수밖에 없습니다.

작가의 역할은 그러므로 여러 가지 어려운 의무들과 분리하여 생각할 수가 없습니다. 당연히 작가는 오늘날 역사를 만드는 사람이 아니라 역사를 겪는 사람을 위해서 봉사할 수밖에 없습니다. 만일 그렇지 않다면 그는 외톨이가 되어 자신의 예술을 잃게 될 것입니다. 독재가 거느리는 수백만의 그 모든 군대조차도 작가를 고독에서 구출할 수는 없을 것입니다. 그 작가가 그들과 동조할 때라도, 아니 동조할 때면 더욱이 그럴 것입니다. 이와 반대로 세상의 저쪽 끝에서 온갖 수모를 겪고 있는 이름 모를 한 수인의 침묵은 넉넉히 작가를 유적(幽寂)에서 벗어나게 해줍니다. 적어도 작가가 자신이 누리고 있는 자유의 혜택 속에서 이 침묵을 망각하지 않음으로써 예술의 여러 가지 수단을 통해서 그 침묵을 메아리치게 할 수 있게 되는 때에는 그러할 것입니다.

우리 가운데 그 누구도 이 같은 사명을 혼자 감당할 만큼 위대하지는 못합니다. 그러나 한 작가가 무명이건 잠시 유명해지건, 독재의 쇠사슬에 매여 있건 한동안 표현의 자유를 누리건, 삶의 그 어떤 정황 속에서건 작가는 자신을 정당화시켜줄 어떤 살아 있는 공동체의 감정을 다시 찾을 수 있습니다. 다만 그러기 위해서는 작가라는 직업의 위대성을 보증하는 두 가지 짐을 능력이 닿는 한 짊어진다는 조건을 충족시켜야 합니다. 그 두 가지 짐이란 다름 아니라 진실에 대한 섬김과 자유에 대한 섬김입니다. 작가의 사명은 최대 다수의 사람들을 융합시키는 것이므로 거짓과 굴종을 받아들일 수는 없습니다. 거짓과 굴종이 지배하는 곳에서는 고독만이 만연할 뿐입니다. 우리의 개인적인 결함이 어떻든 간에 우리의 직업이 가진 고귀함은 언제나, 자기가 알고 있는 것에 대해서 거짓말을 하는 것을 거부하고 억압에 맞서서 저항한다는 지키기 어려운 두 가지 약속에 뿌리내리게 될 것입니다.

지난 20여 년간 광란의 역사를 겪는 동안, 같은 연배의 모든 사람들과 마찬가지로 아무런 구원도 없이 시대의 경련 속에서 길을 잃었던 저에게 힘이 되어준 것은 오늘날 글을 쓴다는 것이

하나의 명예라는 은연중의 감정이었습니다. 왜냐하면 이 행위는 글을 쓰도록 강요했고 또 글을 쓰지 말도록 강요했기 때문입니다. 그것은 특히, 저 나름으로 그리고 제 힘이 자라는 한, 우리가 다 같이 나누어 지닌 불행과 희망을, 같은 역사를 겪는 모든 사람들과 함께 짊어질 것을 강요했던 것입니다. 1차 대전과 더불어 태어나서 히틀러의 정권과 동시에 최초의 여러 혁명 재판이 자리 잡을 때 스무 살이 되었던 사람들, 그 다음에는 스페인 내란, 2차 대전, 집단 수용소의 세계, 그리고 고문과 투옥의 유럽과 대면하면서 인생 교육을 마무리했던 우리는 오늘은 핵무기에 의한 파괴의 위협을 받고 있는 세계 속에서 우리의 자식들과 작품들을 길러나가야 하는 것입니다. 그러니 아무도 우리에게 낙관주의자가 되라고 요구할 수는 없을 것입니다. 심지어 극에 달한 절망을 이길 수 없어 스스로 불명예의 권리를 요구하고 그 시대의 허무주의 속으로 뛰어들었던 사람들의 과오를, 그들의 허무주의와 부단히 싸우는 한편에서, 이해해주지 않으면 안 된다는 생각마저 듭니다. 그러나 저의 조국과 유럽 전체에 걸쳐서 대부분의 사람들은 이 허무주의를 거부했고 그 어떤 정당성을 찾아 나섰습니다. 그들은 이 파멸의 시대에 살아나갈 방책을 스스로 다듬어 만들어야 했고 그리하여 새로이 태어나 우리의 역사 속에 자리 잡은 죽음의 본능과 당당하게 싸워나가야만 했던 것입니다.

모든 세대는 저마다 이 세계를 개조해야 할 의무가 있다고 생각할 것입니다. 그러나 우리 세대는 세계를 개조할 수 없다는 것을 알고 있습니다. 하지만 그 세대의 과업은 더욱 중대할 것입니다. 그 과업은 바로 이 세계가 붕괴되는 것을 저지하는 것이기 때문입니다. 우리 세대는 부패한 역사의 상속자입니다. 실패한 혁명들과 발광 상태가 된 기술과 제신(諸神)의 시체와 온갖 기진한 이데올로기들이 혼재하고 대단치 않은 힘만으로도 오늘 모든 것을 파괴할 수는 있지만 결코 설복시키지는 못하며 지성이 증오와 억압의 시녀로 전락해버린 그 부패한 역사 속에서 그 세대는 오직 그 거부하는 태도만을 밑천 삼아 자신의 안팎에서 삶과 죽음의 위엄을 다소라도 회복해야 했던 것입니다. 해체의 위협 속에 놓여 있는 이 세계에서 우리의 무서운 종교 재판관들은 항구적인 죽음의 왕국을 세워놓고자 하고 있습니다. 이러한 세계를 앞에 두고 그 세대는 미친 듯이 시간을 다투어 여러 나라들 사이에 굴종의 평화가 아닌 진정한 평화를 회복하고 다시금 노동과 문화를 화해시키며 모든 사람들과 힘을 합쳐 언약의 궤를 다시 만들어야 한다는 것을 알고 있습니다. 과연 그 세대가 이와 같은 엄청난 과업을 완수할 수 있을지는 확실치 않습니다. 그러나 세계 도처에서 그 세대가 이미 진실과 자유라는 이중의 도박을 벌이고 있으며 필요하다면 이를 위해 아무런 증오심 없이 죽을 수도 있다는 것만은 분명합니다. 그들이 존재하는 모든 곳에서, 특히 그들이 스스로를 희생하는 바로 그곳에서 이 세대는 경의와 격려를 받아 마땅합니다. 아무튼 저는 여러분이 이제 막 제게 베풀어주신 영예를 이 세대에 돌리고자 합니다. 여러분도 이에 대해서 진심으로 동의할 것으로 믿습니다.

　지금까지 글을 쓰는 직업의 고귀함을 말씀드림으로써 저는 작가의 본연의 자세가 어떤 것인가를 지적한 셈입니다. 작가에게 권리가 있다면 그것은 다만 함께 싸운 동지들과 나누어 가진 권리뿐입니다. 약하지만 끈질기고, 정의롭지 못하면서도 정의를 열정적으로 사랑하는 작가는 수치심도 교만함도 없이 만인이 보는 앞에서 작품을 쌓아 올리며, 언제나 고통과 아름다움 사이에 찢어져 있으면서 자신의 이중적인 존재로부터 작품이라는 창조물을 이끌어내서 그것을 역사의 파괴적인 움직임 속에 우뚝 세워놓고자 끈질기게 애씁니다. 그러할진대 누가 감히 작가에게서 미리 만들어놓은 해답이나 허울 좋은 도덕을 기대할 수 있겠습니까? 진실은 신비롭고 달아나기 쉬운 것이어서 늘 새로이 쟁취해야 할 것입니다. 자유는 위험하고 우리를 열광하게도 하지만 그만큼 체득하기 어려운 것입니다. 우리는 이 두 가지 목표를 향해서 힘겹게, 그러나 꿋꿋하게 걸어 나가야 합니다. 그렇게 먼 길을 가다가 도중에 쓰러질지도 모른다는 것을 미리부터 단단히 각오하고서 말입니다. 그러니 과연 어떤 작가가 제정신으로 덕목을 설교하는 사람이 될 수 있겠습니까? 저 자신은 그런 모든 것과는 전혀 무관하다는 것을 다시 한 번 말씀드려야겠습니다. 저는 제가 몸담아 살았던 빛의 세계와 삶의 행복과 자유로운 삶을 결코 단념할 수가 없었습니다. 그러나 제가 저지른 여러 가지 실수와 잘못들이 그러한 것들에 대한 향수에서 비롯되었음에도 이 향수는 저의 직업을 보다 잘 이해하는 데 도움이 되기도 했으며 지금도 오로지 그 덧없으나 자유로웠던 행복의 추억이나 소생은 겨우 이 세상에서의 고통스러운 삶을 견디고 있는 그 모든 말 없는 사람들 곁에 남아 두 눈 질끈 감고 버틸 수 있도록 도와줍니다.

 이와 같이 있는 그대로의 제 모습, 저의 한계와 부채(負債)와 어렵게 가진 신념으로 되돌아온 지금 저는 끝으로 여러분이 제게 베풀어주신 영예가 얼마나 크고 너그러운 것인가를 한결 가벼운 마음으로 말할 수 있을 것 같습니다. 이와 동시에 같은 투쟁에 참여하면서도 아무런 특권을 향유하지 못한 채 오히려 불행과 박해만을 경험했던 모든 사람들에 대한 경의의 표시로서 이 영예를 받고자 한다는 말씀을 한결 더 홀가분한 마음으로 드리고자 합니다. 끝으로 여러분에게 심심한 감사를 올리면서 개인적인 감사의 표시로, 저마다의 예술가가 날마다 스스로에게 무언중에 되풀이하는 오래전부터의 똑같은 약속, 항상 변함없이 충실하겠다는 약속을 공식적으로 드리는 바입니다.

예술가와 그의 시대
―1957년 12월 14일의 강연*

동양의 어느 현자는 매일 기도를 할 때마다 자기로 하여금 흥미로운 시대에 살지 않게 해달라고 신에게 빌곤 했다고 합니다. 그러나 현자가 못 되는 우리는 신의 보살핌을 받을 수 없는지라 흥미로운 시대에 살게 되었습니다. 어쨌거나 우리 시대는 우리가 시대에 무관심한 채 지내는 것을 허용하지 않습니다. 오늘날의 작가들은 그 점을 알고 있습니다. 그들이 무슨 말을 하면 당장에 비판을 받고 공격을 당합니다. 또 입을 다물고 말을 하지 않으면 사람들은 그 침묵만을 물고 늘어지며 왜 아무 말도 하지 않느냐고 시끄럽게 비난을 퍼부어댑니다.

이 같은 소란의 와중에서 작가는 더 이상 외따로 물러나 앉아 자신이 귀중히 여기는 성찰이나 이미지들에 매진할 수 없게 됩니다. 지금까지는 이럭저럭 역사 속에서의 기권이 언제나 가능

---

* 이것은 '예술가와 그의 시대'라는 제목으로 웁살라 대학 대강당에서 행한 강연이다.

했습니다. 찬성하고 싶지 않은 사람은 흔히 입을 다물고 있거나 딴 이야기를 하면 되었습니다. 그러나 오늘날에는 모든 것이 달라져서 침묵조차도 무서운 의미를 가지게 됩니다. 기권 자체가 일종의 선택으로 간주되어 그 때문에 칭찬을 받거나 벌을 받게 되는 순간부터 예술가는 본의건 아니건 간에 배에 올라타고 있는 것입니다. 제가 보기에는 참여engagement라는 말보다는 배에 올라탔다embarquement는 말이 한결 더 적합한 것 같습니다. 사실 예술가의 입장에서는 자발적으로 참여한 것이라기보다 말하자면 의무적인 복무 같은 것이라고 볼 수 있습니다. 오늘날 모든 예술가는 자기 시대라는 노예선에 실린 것입니다. 설령 그 노예선이 생선 비린내가 나고 정말이지 감시인이 너무 많은데다가 뱃머리의 방향이 잘못 잡혀 있다고 생각되더라도 그는 체념하는 도리밖에 없습니다. 우리는 바다 한가운데에 있는 것입니다. 예술가도 다른 사람들과 마찬가지로 될 수 있으면 죽지 말고 노를 저어 가야 합니다. 다시 말해서 삶을 계속 영위하면서 창조해야 합니다.

사실 그것은 쉬운 일이 아닙니다. 그러니 예술가들이 지난날의 안락을 그리워하는 것을 저는 이해할 수 있습니다. 변화가 좀 지나치게 급격했던 것입니다. 물론 역사라는 이름의 원형 경기장에는 언제나 순교자와 사자가 있었습니다. 순교자는 영원의 위안으로 지탱하고 사자는 피가 줄줄 흐르는 역사의 고깃덩이로 버텨냈습니다. 그러나 예술가는 지금까지 관람석에 앉아 있었습니다. 그는 아무 뜻 없는 노래만 불렀습니다. 자기 자신을 위해서 혹은 순교자를 격려해주고 사자가 식탁에서 좀 딴 데로 관심을 돌리도록 하기 위해서 말입니다. 이제는 그와 반대로 예술가가 원형 경기장 한가운데 나와 있습니다. 그러니까 그의 목소리가 더 이상 옛날과 같을 수는 없습니다. 그의 목소리는 한결 자신이 없게 된 것입니다.

이러한 끊임없는 의무를 지게 됨으로 말미암아 예술이 무엇을 상실하게 되는 것인지 우리는 잘 알고 있습니다. 예술은 우선 여유를 잃었습니다. 또 모차르트의 작품에서 풍겨 나오는 바와 같은 기막힌 자유를 잃었습니다. 우리는 오늘날의 예술이 보여주는 사납고 악착스러운 모습과 근심에 싸인 표정과 갑작스러운 붕괴를 보다 잘 이해할 수 있습니다. 그렇기 때문에 지금은 작가보다 저널리스트들이, 세잔보다도 회화의 보이스카우트가 더 많고, 마침내는《전쟁과 평화 *Voyna i mir*》나 《파르마의 수도원 *La Chartreuse de Parme*》의 자리를 핑크색 총서(叢書)나 흑색 소설이 차지하게 된 까닭을 알 수 있게 된 것입니다. 물론 우리는 이러한 사태를 보고 휴머니스트다운 비탄에 젖을 수도 있습니다. 《악령 *Besy*》의 스테판 트로피모비치가 한사코 되고자 한 것처럼 우리도 비난의 화신(化身)이 될 수 있습니다. 또 이 인물처럼 애국자다운 슬픔의 발작에 휩싸일 수도 있습니다. 그러나 슬퍼한다고 해서 현실이 조금이라도 달라지는 것은 아닙니다. 제 생각으로는 시대를 그대로 받아들이는 편이 옳을 것 같습니다. 시대가 그렇게 하기를 강력하게 요구하기 때문입니다. 그리고 유명한 대가와 인기 작가와 안락의자에 떠받들려 올라앉은

스웨덴 연설 19

천재들의 시대는 이미 끝났다는 것을 냉정히 인식해야 할 줄로 압니다. 오늘날 창조한다는 것은 위험 속에서 창조하는 것입니다. 모든 작품 발표는 하나의 행동이며 이 행동은 작가를 이 시대의 용서할 줄 모르는 광란에 노출시킵니다. 그러므로 중요한 것은 이러한 현상이 예술에 해로우냐 아니냐를 따져보는 데 있는 것이 아닙니다. 예술과 예술이 지니는 의미를 빼앗기고는 살 수 없는 모든 사람들에게 진실로 중요한 문제는 오직, 그토록 많은 이데올로기들을 지키는 경찰이 득실대는 세상에서(하고많은 종파들 가운데서 우리는 얼마나 고독한가!) 어떻게 하면 창조라는 야릇한 자유를 지켜나갈 수 있는가를 아는 데 있습니다.

이 점에 대하여 예술이 국가 권력의 위협을 받고 있다고 지적하는 것으로는 충분치 못합니다. 그런 경우라면 사실 문제는 간단할 것입니다. 예술가는 떨쳐 일어나 싸우거나 항복하는 것입니다. 그러나 싸움이 예술가 자신의 내부에서 벌어지고 있다는 것이 드러나는 순간부터 문제는 더욱 복잡하고 더욱 치명적이 되는 것입니다. 오늘날 우리 사회가 전형적으로 보여주고 있는 예술에 대한 혐오가 그토록 효과적으로 작용하는 것은 오로지 그 혐오가 예술가 자신들에 의하여 부추겨지고 있기 때문입니다. 과거의 예술가들이 품고 있었던 회의는 자신의 재능에 대한 것이었습니다. 그러나 오늘날의 예술가는 자기의 예술의 필요성에 대해서, 그러니까 자기들의 존재 이유 자체에 대해서 회의를 느끼고 있는 것입니다. 만일 라신J. B. Racine이 1957년의 예술가라면, 낭트 칙령을 옹호하기 위하여 투쟁하지 않고《베레니스*Bérénice*》를 쓰는 것에 대해서 용서를 빌 것입니다.

이와 같이 예술가가 예술에 대하여 회의를 느끼게 된 데는 여러 가지 이유가 있습니다만, 그중 가장 중요한 것들만을 들어보기로 하겠습니다. 가장 긍정적인 경우, 현대의 예술가는 역사의 온갖 참극들을 염두에 두지 않고 글을 쓸 경우 자신이 거짓말을 하는 것이거나 혹은 무의미한 말을 하는 것이라는 느낌을 받게 되기 때문입니다. 과연 우리 시대의 특징은 대중과 그들의 비참한 조건이 동시대인들의 인식권 내로 밀어닥쳤다는 것입니다. 과거에도 대중과 그들의 비참한 조건은 존재했지만 사람들은 그것을 망각하는 경향이 있었다는 것을 우리는 알고 있습니다. 오늘날 우리가 그것을 의식하게 된 것은 예술 분야나 다른 분야의 엘리트들이 보다 나아졌기 때문은 결코 아닙니다. 그것은 대중이 더욱 강력해져서 자신들의 존재를 망각할 수 없도록 만들어놓았기 때문입니다.

예술가의 직무 유기에는 또 다른 이유들도 있는데 그중에는 별로 고상치 못한 것도 있습니다. 그러나 그 이유들이 어떤 것이든 간에 문제의 직무 유기는 단 한 가지의 동일한 결과를 초래합니다. 즉 예술 창조의 가장 본질적인 원칙인, 예술가의 자기 자신에 대한 신념을 꺾어버림으로써 자유로운 창조의 의욕을 잃어버리게 만드는 것입니다. "자기 자신의 천재에 복종하는 것이 한 인간의 가장 훌륭한 신념이다"라는 에머슨R. W. Emerson의 말은 탁월했습니다. 19세기의 또 다른 미국 작가 한 사람은 이렇게 덧붙여 말했습니다. "한 인간이 끝까지 자기 자신에게 충실하기만 한다면 모든 것의 의미가 풍부해진다. 정부도, 사회도, 그리고 태양 그 자체와 달과 별들까지도." 그러나 이 경탄할 만한 낙관주의는 오늘날 사멸한 것 같습니다. 대부분의 경우, 예술가는 자기 자신을 부끄럽게 여기고, 또 혹시 무슨 특권을 누리고 있다면 그런 특권 역시 부끄럽게 여깁니다. 예술가는 무엇보다도 먼저 그가 스스로에게 던지는 질문, 즉 예술은 거짓된 사치인가라는 질문에 대답해야 합니다.

1

　우선 우리가 할 수 있는 정직한 대답은, 예술은 과연 거짓된 사치가 될 수 있다는 것입니다. 도형수(徒刑囚)들이 선창에서 노를 저으며 기진맥진해 있을 때도 언제 어디서나 어떤 사람들은 노예선 갑판 위에 올라앉아 별을 노래한다는 것을 우리는 잘 알고 있습니다. 또한 희생자가 사자의 이빨에 물려 뜯기고 있는 동안에도 경기장의 관람석에서 오가는 사교계의 한가한 대화들을 기록하는 것은 언제나 가능한 일입니다. 지난날 크게 성공을 거두었던 이런 예술에 대해서 무슨 반대를 한다는 것은 지극히 어려운 노릇입니다. 다만 한 가지 내세울 말이 있다면, 오늘날은 사태가 좀 달라졌다는 것, 그리하여 이 지구상에는 도형수와 순교자의 수가 막대하게 증가했다는 바로 그것뿐입니다. 이런 비참한 광경을 눈앞에 보면서도 만약 예술이 계속하여 한갓 사치가 되고자 한다면 그런 예술은 동시에 한갓 거짓이 되는 것을 받아들이지 않으면 안 될 것입니다.
　과연 예술이 무슨 이야기를 할 수 있겠습니까? 만일 사회의 대다수 사람들이 요구하는 바에 응한다면, 그것은 별 뜻 없는 오락이 될 것입니다. 반대로 예술가가 이런 사회를 무조건 거부하고 자신의 꿈속에 파묻혀 고립되기로 결심한다면, 그는 다만 거부 이외에는 아무것도 표현하지 못할 것입니다. 그렇게 되면 결국 우리는 재미있는 놀이꾼이나 형식에만 매달리는 문법가들의 산물을 얻게 될 것인데, 이것은 둘 다 살아 있는 현실과는 단절된 예술로 귀착하고 맙니다. 약 한 세기 전부터 우리가 살고 있는 사회는 돈의 사회조차 못 되는(돈이나 황금은 그나마 몸을 탐욕으로 끓어오르게 할 수 있습니다), 돈의 추상적 상징들이 지배하는 사회가 되어 있습니다. 장사꾼의 사회란 곧 구체적인 사물들이 사라지고 그 대신 기호들이 들어선 사회라고 규정할 수 있습니다. 한 지배 계급이 자기들의 재산을 평가하는 기준이 토지의 평수나 금덩어리의 무게에 있지 않고 일정 수의 교환 행위에 관념적으로 부합하는 숫자에 있게 될 때, 그 지배 계급은 동시에 어떤 종류의 기만을 자기들의 경험과 세계의 중심으로 삼게 마련입니다. 사정이 이러할진대 이 사회가 형식적 원칙들의 윤리를 종교로 삼아서, 자기의 금융 신전(神殿)에든 감옥에든 자유와 평등이라는 구호를 무차별적으로 써 붙여놓는다고 한들 그것을 보고 너무 놀랄 필요는 없을 것입니다. 그러나 말을 함부로 쓰면 반드시 벌을 받는 법입니다. 오늘날 가장 크게 욕된 대접을 받고 있는 가치는 분명 자유라는 가치일 것입니다. 허다한 지성의 소유자들이(저는 늘 지성에는 영리한 지성과 어리석은 지성이 있다고 생각해왔습니다) 자유란 진정한 진보를 가로막는 장애물에 지나지 않는다는 이론을 내걸고 있습니다. 그러나 이렇게도 엄숙한 우론(愚論)을 공공연히 내세우게 된 것은 지난 백 년 동안 장사꾼들의 사회가 자유를 배타적, 일방적으로 남용하여 그것을 의무라기보다 권리로 생각하고 기회만 있으면 원칙뿐인 자유를 내걸면서 사실상의 억압을 주저하지 않았기 때문입니다. 그러니 이 사회가 예술에 대하여 해방의 수단이 되어주기를 요구하는 것이 아니라 반대로 별다른 뜻이 없는 정신적 연습이나 단순한 오락이 되기만을 요구한들 어찌 놀라운 일이겠습니까? 이리하여 무엇보다도 돈 걱정과 기껏해야 연애의 고민이 전부였던 상류 사회는 수십 년 동안 사교계풍의 소설가들과 가장 경박한 예술로 만족해온 것입니다. 이런 예술에 대하여 오스카 와일드Oscar Wilde는 감옥살이를 경험하기 전의 자기 자신을 생각하면서 최대의 악덕은 피상적이 되는 것이라고 말한 바 있습니다.

부르주아 유럽의 예술 제조업자들은(저는 아직 예술가라고는 하지 않았습니다) 이리하여 1900년을 전후해서 무책임을 당연한 것으로 받아들였습니다. 왜냐하면 책임을 진다는 것은 그들 사회와의 힘겨운 단절을 전제로 하는 것이기 때문입니다(진정으로 단절했던 사람들은 랭보Arthur Rimbaud, 니체, 스트린드베리J. A. Strindberg와 같은 이들이었는데 우리는 그들이 어떠한 대가를 치렀는지 알고 있습니다). 이러한 무책임의 요구에 불과한 '예술을 위한 예술'이 생겨난 것은 바로 이 무렵입니다. 예술을 위한 예술, 즉 고독한 예술가의 심심풀이는 바로 허구적이며 추상적인 사회를 억지로 꾸민 예술입니다. 그리고 그 논리적 귀결로서 살롱의 예술이나 순전히 형식적인 예술이 만들어지는 것인데, 언어의 기교나 추상화로 시종(始終)하는 이 예술은 마침내 현실 파괴로 끝나고 맙니다. 이리하여 몇몇 작품들이 몇몇 사람들을 매혹하는 한편에서는 수많은 조잡한 제품들이 다수의 사람들에게 해독을 끼치게 됩니다. 결국 예술은 사회 밖에서 성립되어, 자신의 살아 있는 뿌리와는 단절되고 맙니다. 그러면 대단히 환영받는 예술가마저도 점차 고독해져버리거나, 아니면 적어도 손쉽고 단순화된 해설을 제공하는 것이 고작인 대 신문이나 라디오의 매개를 통해서만 국민에게 알려지게 될 따름입니다. 과연 예술이 전문화하면 할수록 통속화의 필요성은 더욱 늘어갑니다. 이리하여 수백만의 대중들은 신문을 통해서 우리 시대의 어떠어떠한 위대한 예술가가 카나리아를 기른다든가, 혹은 결혼을 했다가도 불과 여섯 달만 지나면 이혼한다든가 하는 사실을 알게 되면 마치 그 작가를 이해한 듯 착각을 하게 되는 것입니다. 오늘날 가장 유명한 예술가가 된다는 것은 작품을 읽어보지도 않은 사람들에게 찬양받거나 미움 받는 것을 의미합니다. 이 사회에서 유명해지려고 애쓰는 모든 예술가는 유명해지는 것이 자기 자신이 아니라 자기의 이름을 가진 딴 사람이라는 사실을 알아야 할 것입니다. 그리고 이 동명이인은 마침내 자기도 이해할 수 없는 존재가 되어 언젠가는 자기 안에 존재하는 진정한 예술가를 말살하고 말리라는 것을 깨달아야 할 것입니다.

그러할진대 19세기와 20세기 장사꾼의 유럽에서 창조된 모든 가치 있는 작품은, 문학의 예만 보더라도, 당대 사회에 반대하는 가운데 이루어진 것이라는 사실은 놀라울 것이 없습니다! 프랑스 혁명이 일어날 임시까지만 하더라도 그 당시에 전개된 문학은 대체로 동의(同意)의 문학이었다고 말할 수 있습니다. 그런데 혁명이 탄생시킨 부르주아와 사회가 안정되기 시작하자 반대로 반항의 문학이 자라났습니다. 그리하여 예컨대 프랑스에서는 낭만파로부터 랭보에 이르기까지의 혁명적 가치의 지지자들이나 혹은 비니A. V. Vigny와 발자크Honore de Balzac를 그 전형으로 볼 수 있는 귀족적 가치의 옹호자들에 의해서 기성의 가치는 부정되었습니다. 두 경우 다 모든 문명의 두 원천인 민중과 귀족이 당시의 허구적인 사회에 반대하는 입장에 서 있습니다.

그러나 너무나 오랫동안 유지되고 경화(硬化)된 이 거부는 그 역시 허구적인 것이 되고 결국에는 쓸모없는 거부가 되어버렸습니다. 장사꾼의 사회에서 생겨난 저주받은 시인의 테마는(채터턴Thomas Chatterton이 가장 좋은 예입니다) 굳어질 대로 굳어져서, 어떤 사회를 막론하고 자기 시대의 사회를 거부하지 않고는 위대한 예술가가 될 수 없다는 편견이 생기게 되었습니다. 진실한 예술가는 돈의 사회와 타협할 수 없다는 원칙이 처음 주장되었을 때는 이 거부의 원칙이 정당한 것이었지만, 거기에서 예술가는 만사를 거부해야만 비로소 존립할 수 있다는 논리에까지 발전하게 되자 그 원칙은 거짓이 되고 말았습니다. 그래서 많은 우리의 예술가들이 저주받기를 희망하여 그렇지 못하면 괴롭게 생각하고 그리하여 동시에 갈채와 비난을 바랐습니다. 자연히 오늘날 사회는 피곤해졌거나 무관심해진 나머지 되는대로 아무렇게나 갈채를 보내기도 하고 욕설을 던지기도 할 따름입니다. 이리하여 이 시대의 지식인은 끝없이 경직된 태도를 보임으로써 위대해지려고 합니다. 그러나 모든 것을 거부하고 심지어는 자기의 예술적 전통까지도 거부한 나머지 우리 시대의 예술가는 자기의 율법을 스스로 창조할 수 있다는 환상을 가지게 되고, 마침내는 자기가 신이라고 생각하기에 이르는 것입니다. 이렇다 보니 그는 자기의 현실을 스스로 만들 수 있다는 착각에 빠지기도 합니다. 그러나 사회에서 격리된 예술가는 형식적이거나 추상적인 작품밖에는 꾸며내지 못할 것입니다. 그런 작품은 실험으로서는 감동적일 수 있겠지만 융합을 사명으로 하는 진정한 예술 고유의 풍요로움은 결여된 작품일 것입니다. 결국 섬세하고 추상적인 현대의 작품과 톨스토이L. N. Tolstoy나 몰리에르Molière와 같은 작가의 작품 사이에는 아직 싹도 나지 않는 밀에 대한 할인 어음과 밭갈이하여 이랑진 비옥한 밀밭 사이만큼이나 본질적인 차이가 있을 것입니다.

2

예술은 이와 같이 거짓된 사치가 될 수 있습니다. 그렇기 때문에 어떤 사람들 혹은 어떤 예술가들이 본연의 자세를 되찾아 진실로 돌아가고자 한다고 해서 놀라울 것은 없습니다. 그 순간부터 그들은 예술가에게 고독을 누릴 권리가 있다는 것을 부인했고 자신의 꿈의 세계가 아니라 만인이 실제로 겪으며 괴로워하는 현실을 자신의 주제로 삼았습니다. 주제로 보나 스타일로 보나 예술을 위한 예술은 대중의 이해를 벗어나거나 아니면 대중의 진실을 전혀 표현하지 못한다고 확신하는 이 사람들은 반대로 예술가가 대다수의 사람들에 대해서, 그리고 대다수를 위해서 이야기하려고 나서기를 원했습니다. 만인의 언어로 만인의 괴로움과 행복을 표현하게 되면 그 예술가는 만인에게 이해될 것입니다. 그리고 현실에 절대적으로 충실하면 그 대가로 예술가는 모든 사람들 사이의 완전한 소통을 실현할 수 있게 될 것입니다.

이러한 보편적 소통의 이상은 과연 모든 위대한 예술가의 이상입니다. 널리 퍼지고 있는 편견과는 반대로 이 세상에서 고독해질 권리가 없는 사람이 있다면 그것은 바로 예술가입니다. 예술이 독백일 수는 없습니다. 세인들에게 알려지지 않은 고독한 예술가가 후세 사람들이 이해해주기를 호소하고 있다면 그는 다름 아니라 자기의 깊은 사명을 재확인하고 있는 것입니다. 귀를 막은 채 딴 데 정신이 팔린 동시대인들과는 대화가 불가능하다고 생각하는 그는 다음에 오는 세대들과의 보다 풍부한 대화를 호소하는 것입니다.

그러나 만인에 관해서 만인에게 이야기하기 위해서는 만인이 알고 있는 것과 우리에게 공통적인 현실에 대해서 이야기해야 합니다. 바다, 비, 필요, 욕망, 죽음과의 투쟁, 바로 이런 것이 우리 모두를 결합시켜주는 것입니다. 우리는 함께 보고 함께 괴로워하는 것 속에서 서로 닮아 있습니다. 꿈은 사람에 따라 다릅니다만 세계의 현실은 우리의 공통된 조국입니다. 이 점에서 리얼리즘의 야심은 정당한 것입니다. 그것은 예술적 모험과 깊이 관련되어 있기 때문입니다.

그러니 우리 리얼리스트가 됩시다. 아니, 리얼리스트가 되는 것이 가능하기만 하다면 그렇게 되도록 노력합시다. 리얼리스트라는 말에 과연 어떤 의미가 있는지 확실하지 않고, 리얼리즘이 비록 바람직한 것이라고 하더라도 과연 가능하긴 한 것인지 확실하지 않기 때문에 하는 말입니다. 우선 순수한 리얼리즘이 예술에서 가능한 것인지 자문해봅시다. 지난 세기 자연주의자들의 선언에 따르면 그것은 현실의 정확한 복사(複寫)입니다. 따라서 리얼리즘과 예술의 관계는 사진과 회화의 관계와 같습니다. 사진은 복사한다면 회화는 선택합니다. 그러나 사진은 무엇을 복사하는 것이며 현실이란 대체 무엇입니까? 가장 훌륭한 사진이라 하더라도 따지고 보면 충분할 만큼 충실한 복사는 못

되며 충분한 리얼리즘이 될 수는 없습니다. 예를 들어서 우리의 세계에서 한 사람의 삶보다 더 현실적인 것이 어디 있겠습니까? 그리고 그 삶을 재현하는 데 있어서 리얼리즘 영화보다도 더욱 적합한 것이 어디 있겠습니까? 그러나 그러한 영화는 과연 어떤 조건 속에서 존재할 수 있겠습니까? 그것은 순전히 상상적인 조건에서만 가능하겠지요. 우리는 밤낮을 가리지 않고 항상 어떤 사람에게 렌즈를 고정시켜놓고 잠시도 쉬지 않고 그의 일거수 일투족을 빠짐없이 기록하는 이상적인 카메라를 상정해야 할 것입니다. 그러나 그 결과는 그 사람의 일생만큼 오랜 시간에 걸쳐서 상영되는 영화일 것입니다. 또 순전히 다른 사람이 살아간 삶의 시시콜콜한 내용에만 관심을 기울이기 위해서 자기의 삶을 허비하기로 작정한 사람들만이 이런 영화를 구경할 수 있을 것입니다. 그러나 심지어 이런 조건이 충족된다 하더라도 이 상상하기 어려운 영화가 리얼리스트 영화일 수는 없을 것입니다. 그 이유는 간단합니다. 한 사람의 삶의 현실은 비단 그 사람 자신에게만 있는 것이 아니기 때문입니다. 한 사람의 삶의 현실은 그의 삶에 형태를 부여하는 다른 사람들의 삶 속에도 존재합니다. 우선 그가 사랑하는 사람들의 삶이 있습니다. 그러니까 그들의 삶 또한 촬영해야 할 것입니다. 그뿐이 아닙니다. 권세가 있건 보잘것없건 이름 모를 숱한 사람들의 삶이 있습니다. 함께 사는 시민들, 경찰관들, 교사들, 광산과 공사장의 보이지 않는 동료들, 외교관들, 독재자들, 종교 개혁가들, 우리의 행동에 결정적인 신화를 만들어내는 예술가들의 삶이 그것입니다. 마지막으로, 가장 질서 정연해 보이는 삶들까지도 빠짐없이 지배하는 우연의 막강한 힘을 보여주는 비천한 모든 것들이 있습니다. 따라서 단 한 가지 가능한 리얼리즘의 영화가 있다면 그것은 오직 보이지 않는 영사기가 우리 눈앞의 세계라는 이름의 스크린에 끊임없이 투영해 보이는 바로 그 영화일 것입니다. 만일 신이 존재한다면 유일한 리얼리즘의 예술가는 바로 신일 것입니다. 신이 아닌 다른 모든 예술가들은 어쩔 수 없이 현실을 불충실하게 반영하는 예술가인 것입니다.

이렇게 되면 부르주아 사회와 그 사회의 형식적인 예술을 거부하고 현실을, 오직 현실만을 말하고자 하는 예술가는 고통스러운 곤경에 처하게 됩니다. 리얼리스트가 되어야 할 터인데 될 수가 없기 때문입니다. 자신의 예술이 진정한 현실의 반영이 되도록 하고 싶은데 선택을 하지 않은 채 있는 그대로의 현실을 그릴 수는 없고, 선택을 한다는 것은 곧 현실을 예술의 독창성에 종속시키는 것이기 때문입니다. 러시아 혁명 초기에 탄생한 아름답고 비극적인 작품들은 이 고민을 여실히 보여줍니다. 블로크A. A. Blok, 위대한 파스테르나크B. L. Pasternak, 마야코프스키V. V. Mayakovsky, 예세닌S. A. Yesenin, 에이젠슈테인S. M. Eisenstein, 그리고 시멘트와 강철을 노래한 초기 소설가들을 통해서 그 당시의 러시아가 우리에게 보여준 것은 형식과 주제의 찬란한 실험실이며 생산적인 불안이며 열광적인 탐구였습니다. 그러나 리얼리즘이 불가능할 때 어떻게 하면 리얼리스트가 될 수 있는가라는 문제에 대해서 결론을 내리고 대답해야 했습니다. 이 경우에도 다른 문제에 있어서와 마찬가지로 독재 권력이 단호한 결정을 내렸습니다. 즉, 독재 권력의 판단은 첫째, 리얼리즘은 필요하다는 것, 둘째, 사회주의적이 된다는 조건하에서 그 리얼리즘이 가능하다는 것이었습니다. 그러면 이 결정은 대체 무엇을 뜻하겠습니까?

이는 결국 선택을 가하지 않은 있는 그대로의 현실을 재현하는 것이 불가능하다는 것을 솔직히 인정하고 19세기에 규정된 바와 같은 리얼리즘 이론을 부정하는 것입니다. 그러니까 남는 문제는 세계 구성의 기초가 될 선택의 원칙을 찾아내는 데 있습니다. 그런데 그러한 리얼리즘은 그 원칙을 우리가 현재 알고 있는 현실 속에서 구하는 것이 아니라 앞으로 있을 현실, 즉 미래 속에서 구하는 것입니다. 지금 존재하는 것을 훌륭히 재현하기 위해서는 앞으로 존재하게 될 것을 그려야 한다는 이야기입니다. 다시 말하면 사회주의 리얼리즘의 진정한 대상은 아직 현실성을 갖지 못한 그 무엇이라는 말입니다.

이쯤 되면 대단한 모순입니다. 그러나 따지고 보면 사회주의 리얼리즘이라는 표현 자체가 모순된 것입니다. 현실이 전적으로 사회주의적인 것이 아닌데 과연 어떻게 사회주의 리얼리즘이라는 것이 가능하겠습니까? 예컨대 현실은 과거에도 사회주의적이 아니었고 또 현재에 있어서도 완전히 그렇지 못합니다. 이에 대한 사회주의 리얼리스트들의 대답은 간단합니다. 현재나 과거의 현실 속에서 오직 미래의 완전한 도시의 건설을 준비하고 그 도시에 봉사하는 것만을 선택하라는 것입니다. 그래서 결국 한편으로는 현실에 있어서 사회주의적이 아닌 모든 것을 비판, 부정하고 다른 한편으로는 현재 사회주의적인 것과 장차 사회주의적인 것이 될 수 있는 것만을 찬양하는 데 전념하게 됩니다. 이렇게 되면 우리에게 돌아오는 것은 선의의 것이든 악의의 것이든 프로파간다 예술과, 복잡하고 형식 예술만큼이나 살아 있는 현실과는 단절된 값싼 작품들일 수밖에 없습니다. 결국 이 예술은 바로 리얼리스트 예술이 아니기 때문에 사회주의적이 되는 것입니다.

리얼리스트이고자 했던 이 미학은 이리하여 진정한 예술가에게는 부르주아 이상주의와 마찬가지로 무익한 하나의 새로운 이상주의가 되고 마는 것입니다. 그것은 현실을 보라는 듯이 절대적인 지위에 올려놓고 떠받드는 체하지만 사실에 있어서는 현실을 완전히 말살해버리는 것입니다. 이렇게 해서 예술은 무(無)로 돌아갑니다. 예술은 스스로 하인 노릇을 하고 그러다가 그만 예속적인 것이 되어버리고 맙니다. 다만 현실을 묘사하기를 삼가는 사람들만이 리얼리스트라고 불리고 칭찬을 받습니다. 이 사람들이 갈채를 받을 때 다른 예술가들은 비난의 대상이 됩니다. 부르주아 사회에서 유명해진다는 것은 곧 아무도 그 작품을 읽지 않았거나 잘못 읽었다는 것을 의미하는데 반면에 전체주의의 사회에서 유명해진다는 것은 다른 사람의 작품들을 읽지 못하게 하는 것을 의미합니다. 여기서도 진정한 예술은 왜곡되거나 재갈을 물게 되고 보편적 소통을 가장 열렬히 바랐던 바로 그 사람들에 의해서 보편적 소통이 불가능해지고 마는 것입니다.

이러한 실패에 당면하여 할 수 있는 가장 간단한 일은 소위 사회주의 리얼리즘이라는 것이 위대한 예술과는 아무런 관계가 없다는 것, 그리고 혁명가들은 혁명의 이익 그 자체를 위해서라도 어떤 다른 미학을 모색해야 한다는 것을 인정하는 일일 것입니다. 그러나 사회주의 리얼리즘을 주창하는 사람들은 반대로 그 리얼리즘을 벗어난 다른 예술은 성립할 수 없다고 외친다는 것을 우리는 알고 있습니다. 실제로 그들은 그렇게 외쳐대고 있습니다. 그러나 그들이 진심으로 그렇게 생각하는 것은 아닙니다. 그들은 다만 예술적 가치를 혁명적 행동의 가치에 종속시켜야 한다고 마음속으로 정했을 따름이라고 저는 확신하는 바입니다. 그들이 분명하게 그런 생각을 밝히기라도 한다면 논의하기가 쉬워질 것입니다. 그렇다면 우리는 만인의 불행과 때로 예술가의 운명만이 누리게 되는 특권들 사이의 너무나도 두드러진 대조를 고통스럽게 생각하고 비참한 삶에 허덕이는 사람들과 그와 반대로 항상 자기의 생각을 표현하는 것이 직분인 사람들 사이의 그 견딜 수 없는 거리를 거부하는 이들이 보여주는 저 의연한 포기의 태도를 존중해줄 수도 있을 것입니다. 그렇게 되면 우리는 그 사람들을 이해할 수 있을 것이고, 그들과 대화를 나누어보려고 노력하는 가운데, 가령 창조의 자유를 없애버리는 것은 아마도 노예 상태를 극복하기 위한 정도(正道)는 아닐 것이며, 만인을 위해 이야기할 수 있는 날이 당장에 오지는 않더라도 하다못해 그저 몇몇 사람만을 위해서 이야기할 수는 있어야 할 터인데 그럴 권리마저 박탈한다는 것은 어리석은 짓이라고 그들에게 이야기해주려고 노력할 수는 있을 것입니다. 그렇습니다. 사회주의 리얼리즘은 그 혈연관계, 즉 정치적 리얼리즘과 쌍둥이라는 것을 솔직히 인정해야 할 것입니다. 그것은 예술과는 무관한 목적, 그러나 가치 체계에 있어 예술보다 상위의 것으로 보이는 목적을 위해서 예술을 희생시키려 합니다. 요컨대 잠정적으로 예술을 밀쳐두고 우선 정의부터 실현하려는 것입니다. 아직은 확실히 언제라고 꼬집어 말할 수 없는 미래에 정의가 실현되면 그때 비로소 예술도 다시 살아날 것입니다. 이리하여 달걀을 깨뜨리지 않으면 오믈렛을 만들 수 없다는 현대 지성의 황금률이 예술의 분야에도 적용되는 것입니다. 그러나 우리는 이 거역할 수 없는 양식의 소리를 과도하게 믿어서는 안 됩니다. 수천 개의 달걀을 깨뜨리기만 하면 훌륭한 오믈렛이 만들어지는 것은 아닙니다. 깨뜨린 달걀 껍데기의 수를 보고 요리사의 능력을 판단하는 것은 아니라고 생각됩니다. 우리 시대 예술의 요리사들은 그와 반대로 자신이 본래 원했던 것보다 더 많은 달걀을 깨뜨려 없애지나 않을까, 그리하여 문명이라는 오믈렛이 영영 만들어지지 않은 채 예술이 소생 불능의 상태에 이르지나 않을까 하는 두려움을 가져야 합니다. 야만적 행위는 결코 잠정적인 것으로 그치지 않습니다. 야만에는 한계선을 정해줄 수가 없는 것이어서 그것이 예술에서 풍속으로까지 번져가는 것이 보통입니다. 그렇게 되면 인간의 불행과 피로부터 무의미한 문학, 호의적인 평, 사진을 곁들인 인물 소개, 그리고 증오심이 종교를 대신하는 교육용 작품들이 태어나는 것을 보게 될 것입니다. 이리하여 예술은 결국 날조된 낙관주의의 절정에 이르지만 이는 사치 중에서도 최악의 사치요 거짓 중에서도 가장 어이없는 거짓입니다.

이러한 사실이 어찌 놀랄 일이겠습니까? 인간들의 괴로움이란 너무나도 엄청난 주제입니다. 그래서 직접 손으로 그 괴로움을 어루만질 수 있었다는 키츠John Keats만큼 섬세한 사람이 아니라면 누구도 그 괴로움을 정확하게 짚어볼 수는 없는 것입니다. 어용 문학이 그런 괴로움에 공식적인 위안을 주겠다고 나서는 것을 보면 우리는 그런 사실을 잘 알 수 있습니다. '예술을 위한 예술'의 거짓은 인간의 고통을 모르는 체하다가 응분의 보복을 받고 말았습니다. 그러나 리얼리스트의 거짓은 만인이 현재 당하고 있는 불행을 용기 있게 인정하려 들지만 그 불행을 심각하게 배반합니다. 왜냐하면 그것은 미래에 올 행복을 위해서 오늘날의 불행을 이용하는데, 우리로서는 아무것도 아는 바 없는 그 미래의 행복은 온갖 종류의 기만을 가능하게 하기 때문입니다.

오랫동안 대립되어온 이 두 가지 미학, 즉 동시대적 상황을 전적으로 거부하라고 권유하는 미학과 동시대적 상황이 아닌 모든 것이면 모두 다 거부한다고 자처하는 미학은 다 같이 현실에서 멀리 떠나 같은 허위 속에서, 예술의 배제 속에서 결국은 하나가 되고 맙니다. 우파의 아카데미즘은 인간의 불행을 무시하고 좌파의 아카데미즘은 그 불행을 이용합니다. 그러나 두 가지 경우 모두에서 예술이 부정되는 동시에 인간의 비참은 더해갑니다.

3

    그렇다면 이 거짓이 바로 예술의 본질 그 자체라고 결론지어야 하겠습니까? 천만의 말씀입니다. 저는 오히려 지금까지 언급한 태도들은 오직 그것이 예술과는 별로 관계가 없다는 점에서만 거짓이라고 말씀드리고 싶습니다. 그러면 예술이란 도대체 무엇이겠습니까? 물론 단순한 것이 아니라는 점은 확실합니다. 그리고 모든 것을 단순화하려고 기를 쓰는 사람들이 마구 떠들어대는 가운데서 예술이 무엇인지 알기는 더욱 어렵습니다. 사람들은 한편으로는 천재가 찬란하고 고독하기를 바라면서 다른 한편으로는 천재가 만인과 닮게 되기를 요구합니다. 그런데 딱하게도 현실은 한결 복잡합니다. 발자크는 단 한 마디 말로 그 점을 실감 나게 표현했습니다. "천재는 모든 사람과 비슷하지만 천재와 비슷한 사람은 아무도 없다." 예술도 마찬가지입니다. 현실이 없다면 예술은 아무것도 아니지만 예술이 없다면 현실 역시 별것이 못 됩니다. 현실이 없이 어떻게 예술이 성립할 수 있겠으며 또 그렇다고 해서 어떻게 예술이 현실에 예속될 수 있겠습니까? 예술가는 자신의 대상에 의해서 선택되는 것과 마찬가지로 자신이 그 대상을 선택합니다. 어떤 의미에서 보면 예술이란 덧없고 불완전한 요소를 지닌 이 세계에 대한 반항입니다. 그렇기 때문에 예술은 자신이 느끼는 감정의 원천인 현실을 간직하지 않을 수 없으면서도 그 현실에 새로운 형태를 부여하려는 기도 이외의 아무것도 아닙니다. 이런 의미에서 우리는 모두 리얼리스트이고 동시에 아무도 리얼리스트가 될 수 없습니다. 예술은 실제로 존재하는 현실에 대한 전적인 거부도 아니고 전적인 동의도 아닙니다. 그것은 거부인 동시에 동의이기 때문에 양극 사이에서 영원히 다시 시작되는 찢어짐일 수밖에 없습니다. 예술가는 현실을 부정할 수 없으면서도 현실의 영원한 불완전함에 영원히 반항할 수밖에 없다는 애매성이야말로 예술가가 처해 있는 상황 바로 그것입니다. 한 장의 정물화를 그리려면 예술가와 한 개의 사과가 서로 대립하면서 서로를 수정해주어야 합니다. 그리고 광선이 없다면 형태들은 아무것도 아니지만 그와 동시에 형태들 역시 광선에 보탬이 됩니다. 실재의 우주는 그 찬란함을 통해서 육체와 동상(銅像)에게 생기를 주는 동시에 또한 하늘의 빛을 고정시키는 제2의 빛을 그것들로부터 받는 것입니다. 이와 같이 위대한 스타일은 예술가와 대상 사이의 중간 지점에서 형성됩니다.

그러므로 중요한 것은 예술이 현실로부터 도피해야 하느냐 아니면 현실에 복종해야 하느냐에 있는 것이 아니라 오직 작품이 정확하게 어느 만큼의 현실을 지녀야만 구름 속으로 증발하여 사라져버리거나 아니면 그와 반대로 납덩이처럼 무거운 신발을 신고 비척거리지 않을 수 있느냐를 알아내는 일입니다. 저마다의 예술가는 자기의 감각과 능력에 따라 이 문제를 해결합니다. 세계의 현실에 대한 예술가의 반항이 크면 클수록 그 반항을 견제하는 현실의 무게가 더욱 무겁게 될 것입니다. 그렇다고 해서 이 현실의 무게가 예술가의 고독한 내적 요구를 질식시켜서는 결코 안 됩니다. 가장 위대한 작품이란 희랍 비극, 멜빌Herman Melville, 톨스토이, 또는 몰리에르의 경우와 같이 언제나 현실과 그 현실에 맞선 인간의 거부가 균형을 이루는 작품일 것입니다. 현실과 현실에 대한 거부는 서로가 서로를 끊임없이 분출하게 만드는 것인데 이 분출이야말로 기쁘면서도 찢어질 듯 고통스러운 인생 그 자체의 분출입니다. 그리하여 이따금 어떤 새로운 세계가 불쑥 태어납니다. 그것은 우리가 늘 보는 세계와 다르면서도 같고 특수하면서도 보편적입니다. 그것은 천재의 힘과 허기증이 잠시나마 불러일으켜놓는, 무구한 불안정으로 가득 찬 세계입니다. 바로 이것이다 싶으면서도 이것이 아닌 세계는 아무것도 아니면서도 전부입니다. 이것이 바로 모든 진정한 예술가가 토해내는 이중의 외침, 그러나 줄기찬 외침입니다. 이 외침이야말로 예술가가 항상 두 눈 크게 뜨고 꼿꼿이 버티고 서 있도록 해주는 것입니다. 그리고 우리가 한 번도 마주쳐본 적이 없으면서도 알아보게 되는 어떤 현실의 덧없고도 끈질기게 나타나는 그 이미지를, 잠에 파묻힌 이 세계의 한가운데서 우리 모두를 위하여 깨어나게 하는 것 또한 그 외침입니다.

　이와 마찬가지로 예술가는 자기의 시대에 대해서 등을 돌리거나 그 반대로 아예 그 속에 파묻혀버릴 수는 없습니다. 만일 등을 돌린다면 그는 허공에 대고 말하는 것입니다. 그러나 그 반대로 예술가가 자기의 시대를 대상으로 삼는 한 그는 주체로서 자신의 존재를 확인하면서도 그 시대에 전적으로 굴종하지 않을 수 있습니다. 다시 말해서 예술가는 모든 사람들과 운명을 함께 나누기로 결심할 때 비로소 개인으로서의 자기를 긍정하게 되는 것입니다. 그래서 그는 이런 애매한 상황에서 벗어날 수 없습니다. 예술가는 역사에서 자기 자신이 직·간접으로 보고 괴로워하며 겪는 것, 다시 말해서 가장 엄밀한 의미에서의 시대적 상황과 오늘을 살고 있는 인간들을 다루는 것이지 결코 현존하는 그 시대적 상황이 예술가로서는 예측할 수조차 없는 어떤 미래와 맺는 관계를 다루는 것이 아닙니다. 아직 존재하지도 않는 어떤 인간의 이름으로 동시대 인간을 판단하는 것은 예언자의 역할입니다. 예술가는 여러 가지 신화들이 오늘날 살아 있는 사람들에게 불러일으키는 반향에 따라서 자신에게 제시되는 그 신화들을 음미, 평가할 수 있을 따름입니다.

 종교적이건 정치적이건 예언자는 절대적 판단을 내릴 수 있고, 또 아시다시피 그렇게 하기를 서슴지 않습니다. 그러나 예술가는 그럴 수가 없습니다. 만일 예술가가 절대적 판단을 내린다면 그는 현실을 선과 악으로 거칠게 구분하여 멜로드라마나 꾸미는 것이 고작일 것입니다. 예술의 목적은 그와 반대로 법을 세우거나 세상을 지배하는 것이 아니라 우선 이해하는 것입니다. 이해를 거듭한 결과 더러는 지배하게 되는 수도 있기는 합니다. 그러나 그 어떤 천재적 작품도 증오와 경멸을 바탕으로 삼는 일은 결코 없었습니다. 그렇기 때문에 예술가는 그 도정의 끝에 이르면 단죄하는 것이 아니라 용서하는 것입니다. 예술가는 재판관이 아니라 변호하는 사람입니다. 그는 살아 있는 인간을 오직 지금 살아 있다는 이유 때문에 옹호하는 영원한 변호사입니다. 그는 진정으로 이웃에 대한 사랑을 위해서 변호하는 것이며 결코 먼 훗날에 대한 사랑을 위하여 변호하는 것이 아닙니다. 먼 훗날을 위한 사람이야말로 현대의 휴머니즘을 재판소의 교리문답으로 전락시키는 것입니다. 위대한 작품은 오히려 모든 재판관들을 당황케 하고 맙니다. 위대한 작품을 통해서 예술가는 인간의 가장 고귀한 모습에 경의를 표하는 동시에 가장 끔찍한 죄인 앞에서도 고개를 숙입니다. 오스카 와일드는 옥중에서 이렇게 썼습니다. "나와 함께 이 비참한 장소에 갇혀 있는 불행한 사람들 중에서 인생의 비밀과 어떤 상징적 관계를 맺고 있지 않은 사람은 단 한 사람도 없다." 그렇습니다. 그 인생의 비밀은 바로 예술의 비밀과 일치하는 것입니다.

 150년에 걸쳐 장사꾼 사회의 작가들은 극히 드문 예외적 존재를 빼놓고는 모두들 행복한 무책임 속에서 살 수 있다고 여겨왔습니다. 과연 그들은 외롭게 살았고 또 죽을 때도 살았을 때처럼 외롭게 죽었습니다. 그러나 우리 20세기 작가들은 더 이상 외로워질 수가 없게 되었습니다. 반대로 우리는 만인 공통의 불행에서 벗어날 수 없으며 예술가로서의 존재 이유가 있다면 그것은 말할 수 없는 사람들을 위하여 우리의 힘이 닿는 한 말하는 것임을 알아야겠습니다. 과연 우리는 이 순간에도 고통을 당하고 있는 모든 사람들을 위해서 입을 열어야 합니다. 그들을 억압하고 있는 국가나 당파가 과거나 미래에 있어서 얼마나 위대한 것이든 그런 것은 문제가 아닙니다. 예술가의 눈에는 특권을 가진 가해자란 없습니다. 그렇기 때문에 예술은 오늘날, 특히 오늘날에는, 그 어떤 당파를 위해서도 봉사할 수 없습니다. 먼 눈으로 보건 가까운 눈으로 보건 예술은 오직 인간의 괴로움과 자유를 위하여 봉사할 따름입니다. 진실로 참여 예술가가 있다면 그것은 그 어떤 전투도 거부하지 않지만 적어도 정규군에 가담하는 것만은 끝끝내 거부하는 예술가, 다시 말해서 의용병인 예술가뿐입니다. 그러므로 예술가가 아름다움을 통해서 정직하게 얻을 수 있는 교훈은 결코 이기주의의 교훈이 아니고 굳센 동지애의 교훈입니다. 이렇게 생각할 때, 아름다움은 결코 인간을 억압한 적이 없습니다. 도리어 예술은 수천 년 이래 매 순간마다 수없이 많은 사람들의 굴욕을 덜어주었고 때로는 몇몇 사람들을 영원히 해방시켜주었습니다. 어쩌면 우리는 마침내 여기에서, 아름다움과 고통, 인간에 대한 사랑과 창조에의 열광, 견딜 수 없는 고독과 성가신 대중, 거부와 동의 사이의 이 부단한 긴장 관계 속에서 예술의 위대성을 찾게 된 것인지도 모릅니다. 예술은 경박함과 선전이라고 하는 두 가지 심연 사이를 걸어갑니다. 위대한 예술가가 걸어 나가는 이 날카로운 정점의 길 위에서는 한 걸음 한 걸음이 극도로 위태로운 모험입니다. 그러나 이 위험 속에, 오로지 이 위험 속에만 예술의 자유가 존재합니다. 이 지난한 자유란 차라리 고행에 가까운 것이 아닐까요? 어떤 예술가가 그 사실을 부인하겠습니까? 그 어떤 예술가가 과연 이 끊임없는 시련을 극복했다고 자신할 수 있겠습니까? 이 자유를 지켜나가려면 건강한 몸과 마음, 영혼의 힘과도 같은 스타일과 참을성 있는 응전 의지가 필요합니다. 모든 자유가 그러하듯 그것은 항구적인 위험이며 고달픈 모험입니다. 그렇기 때문에 오늘날 사람들은 까다로운 자유를 피하듯 이 위험을 피해, 온갖 굴욕을 향해 스스로 달려가서 최소한 마음의 위안이라도 얻어 보려고 하는 것입니다. 그러나 예술이 모험이 아니라면 무엇일 것이며 어디에 그 존재 이유가 있겠습니까? 그렇습니다. 자유로운 예술가는 자유인과 마찬가지로 안락함을 찾는 인간이 아닙니다. 자유로운 예술가는 고통에 고통을 거듭하며 스스로 자신의 질서를 창조하는 사람입니다. 정돈해야 할 것이 어지러우면 어지러울수록 그의 규율은 더욱 엄격할 것이고 그는 자기의 자유를 더욱 분명하게 긍정할 것입니다. 오해의 우려가 있습니다만 나는 지드Andre. P. G. Gide가 한 한마디 말에 늘 공감을 느껴왔습니다. "예술은 구속 때문에 살고 자유 때문에 죽는다." 맞는 말입니다. 그러나 그렇다고 해서 예술이 밖에서 유도할 수 있는 것이라는 결론을 이끌어내서는 안 됩니다. 예술은 스스로 부과하는 구속을 감수하고 사는 것일 뿐 다른 것의 구속을 받으면 죽기 때문입니다. 반면에 예술이 스스로를 구속하지 않는 경우에는 금방 헛소리를 내뱉고 망령들을 섬기게 됩니다. 따라서 가장 자유롭고 가장 반항적인 예술은 또한 가장 고전적인 예술일 것입니다. 이것이 가장 큰 노력의 결과로 얻어지는 절정의 산물일 것입니다. 한 사회와 그 사회의 예술가들이 길고도 자발적인 이 노력을 감수하지 않고 오락이나 순응주의의 안이함에 빠져 드는 한, 예술을 위한 예술의 유희나 리얼리즘 예술의 설교에 끌려드는 한, 그 예술가들은 허무주의와 불모에서 벗어나지 못하게 될 것입니다. 이 말은 즉 현대의 르네상스가 우리의 용기와 명철함의 의지에 달려 있다는 것을 의미합니다.

그렇습니다. 그 르네상스는 우리 모두의 손안에 있습니다. 서구가 총칼의 힘에 의하여 잘린 문명의 매듭을 다시 이어줄 저 반항인들을 탄생시킬 수 있느냐 없느냐는 우리에게 달려 있습니다. 그러기 위해서 우리는 자유가 부과하는 모든 위험 부담과 과업들을 받아들여야 합니다. 중요한 것은 정의를 추구하면서 자유를 보전할 수 있느냐가 아닙니다. 중요한 것은, 자유가 없으면 아무것도 실현할 수 없고, 우리는 미래의 정의와 과거의 아름다움을 동시에 잃어버리고 말 것이라는 데 있습니다. 오직 자유만이 인간을 고립에서 구원해주며 굴종은 고독한 군중들의 머리 위에만 떠돌고 있습니다. 그리고 내가 방금 규정하려고 노력했던 그 자유로운 본질 때문에 예술은 독재가 갈라놓는 모든 사람들을 하나로 결합시켜주는 것입니다. 그러할진대 모든 종류의 억압이 지목하는 적이 바로 예술이라는 사실은 조금도 놀라운 일이 아닙니다. 우익이건 좌익이건 간에 현대의 독재의 첫 번째 피해자가 바로 예술가와 지식인이었다는 것 또한 놀라운 일이 아닙니다. 독재자들은 예술 작품에 인간을 해방시키는 힘이 있다는 사실을 알고 있습니다. 오직 예술을 존중하지 않는 사람들만이 이 사실을 기이하게 생각합니다. 저마다의 위대한 작품은 인간의 얼굴을 더욱 훌륭하고 풍요로운 것으로 만들어줍니다. 이것이 바로 예술이 지닌 비밀입니다. 수천 개의 수용소와 감옥을 지어놓아도 이 감동적인 위엄의 증언을 어둡게 지워버릴 수는 없습니다. 그렇기 때문에 새로운 문화를 준비한다는 구실로 비록 잠정적으로라도 현재의 문화를 정지시킨다는 것은 성립될 수 없는 일입니다. 인간의 비참과 위대함에 대한 그칠 줄 모르는 증언은 중단할 수 있는 것이 아닙니다. 그것은 호흡을 중단할 수 없는 것과 마찬가지 이치입니다. 유산 없는 문화란 존재하지 않으며, 우리는 우리의 유산, 즉 서구의 유산을 거부할 수도 없고 또 거부해서도 안 됩니다. 미래의 작품이 어떤 것이든 간에 그것은 모두 같은 비밀을 지닐 것입니다. 용기와 자유로 이루어지고, 모든 시대와 모든 국가의 수많은 예술가들의 대담한 결단을 자양으로 삼은 것일 터입니다. 그렇습니다. 현대의 독재는 예술가가 자기 직업의 테두리 속에 격리되어 있을 때조차도 예술가가 공공의 적이라고 소리치고 있는데 이는 과연 틀리지 않은 이야기입니다. 그러나 그렇게 함으로써 독재는 예술가를 통해서 드러나는 인간의 모습, 일찍이 그 무엇으로도 짓밟을 수 없었던 인간의 모습에 도리어 경의를 표하는 셈입니다.

  저의 결론은 간단합니다. 그것은 우리 역사의 소음과 광란 한가운데서도 "우리 모두 기뻐합시다"라고 소리치는 것입니다. 과연 거짓투성이의 안이한 유럽이 사멸하고 우리가 잔혹한 진실과 대면하게 된 것을 기뻐합시다. 오랜 기만이 무너지고 지금 우리를 위협하는 것이 무엇인지를 분명하게 볼 수 있게 되었으니 인간으로서 기뻐합시다. 그리고 이미 잠을 잘 수도 없고 귀를 막을 수도 없게 된 채 비참과 감옥과 피투성이 앞에 강제로 끌려 나와 있음을 예술가로서 기뻐합시다. 만일 이러한 광경을 앞에 두고도 아름다운 날들과 얼굴들의 기억을 간직할 줄 안다면, 그와 반대로 세계의 아름다움을 앞에 두고도 굴욕당한 사람들을 잊어버리지 않는다면, 서구의 예술은 차츰차츰 힘과 위용을 회복할 것입니다. 하기야 역사상 이토록 모진 문제들에 직면한 예술가들의 예는 거의 없습니다. 그러나 아무리 간단한 말과 문장이라 하더라도 그것이 자유와 피의 무게로 대가를 치르게 된다면 예술가는 그 말과 문장을 신중히 다루는 법을 배우는 법입니다. 위험은 작품을 고전적인 것이 되게 하며 모든 위대함은 결국 위험 속에 뿌리를 내리고 있는 것입니다.

무책임한 예술가의 시대는 지나갔습니다. 우리의 자잘한 행복들을 생각한다면 그것은 유감스러운 일이기도 합니다. 그러나 우리는 이 시련이 동시에 우리의 진정성을 발휘할 기회가 되기도 한다는 것을 알기에 그 도전을 받아들이게 될 것입니다. 예술의 자유가 예술가의 안락만을 보장해줄 뿐이라면 그것은 대수로운 것이 못 됩니다. 어떤 가치나 덕목이 한 사회 속에 뿌리를 내리려면 그것에 대해서 거짓말을 하지 말아야 합니다. 다시 말해서 가능할 때마다 그에 대한 대가를 치를 줄 알아야 합니다. 자유가 위험에 처하게 되었다는 것은 자유라는 말이 더 이상 헐값에 팔리지 않는 단계에 이르렀다는 것을 의미합니다. 그리고 나는 가령 오늘날 지혜의 몰락을 개탄하는 사람들의 의견에 동의할 수 없습니다. 일견 그들의 생각이 옳아 보이기도 합니다. 그러나 사실 상아탑 속의 몇몇 휴머니스트들이 아무 위험 부담 없는 쾌락의 대상으로 삼았을 때처럼 지혜가 몰락한 일은 없습니다. 지혜가 현실적인 위험에 직면하게 된 오늘날, 오히려 그 지혜가 마침내 다시 한 번 일어서고 다시금 존중될 기회가 생긴 것입니다.

전하는 말에 의하면 니체는 루 살로메와 헤어진 뒤 결정적인 고독에 빠져 들어, 아무런 도움도 없이 스스로 그 엄청난 과업을 이룩해야 한다는 전망으로 질식과 흥분을 함께 느낄 때면, 밤에 제노바 만을 굽어보는 산 위에 올라 거닐다가 나뭇잎과 나뭇가지를 모아 훨훨 태우면서 그것이 다 타 없어지는 광경을 바라보곤 했다고 합니다. 나는 종종 그 불길을 머릿속에 그려보곤 했습니다. 그리고 몇몇 인물들과 작품들의 진가를 시험해보기 위해서 그들을 그 불길 앞에 갖다 놓으면 어떻게 될까 하고 상상해보았습니다. 그런데 우리가 살고 있는 시대는 그 견디기 어려운 화염으로 수많은 작품들을 잿더미로 만들어놓고 말 그 불길과도 같은 것입니다! 그러나 이 시련을 견디고 살아남는 작품들은 말하자면 불길에 끄떡도 하지 않는 금속과 같은 것일지니 우리는 그것들을 대하며 "감탄"이라는 이름을 가진 지성 최고의 기쁨에 마음껏 취할 수 있을 것입니다.

누구나 그렇겠지만 나 역시 보다 부드러운 불길이, 몽상에 젖어들 수 있는 휴식과 휴지의 시간이 그립습니다. 그렇지만 예술가에게는 가장 치열한 전투 한가운데서 얻을 수 있는 평화 이외에는 다른 평화가 없는 것인지도 모릅니다. "모든 벽은 하나의 문이다"라고 에머슨은 적절하게 지적한 바 있습니다. 우리는 우리가 맞부딪치며 사는 벽이 아닌 다른 곳에서 문과 출구를 찾지 맙시다. 오히려 사실상 휴식이 있는 곳에서, 다시 말해 전투의 한가운데서 휴식을 찾도록 합시다. 마지막으로 결론 삼아 말씀 드립니다만 나는 바로 거기에 휴식이 있다고 생각하는 사람입니다. 위대한 사상은 비둘기와 같은 걸음걸이로 이 세상에 온다고들 말합니다. 조용히 귀를 기울이면 숱한 제국과 국가들이 서로 싸우며 법석을 떠는 한가운데서 나직하게 날개 치는 소리처럼 생명과 희망이 꿈틀대는 정다운 소리를 들을 수 있을지도 모릅니다. 어떤 사람은 한 국민이, 또 어떤 사람은 한 개인이 이 희망을 가져온다고 말합니다. 그러나 나는 날마다 자신의 행동과 작품을 통해서 국경과 역사라는 가장 어설픈 외관을 부정하는 수백만의 고독한 사람들이야말로 이 희망을 불러일으키고 소생시키고 간직해나가는 사람들이라고 생각합니다. 그들은 늘 위협을 겪고 있는 진실, 그러나 각자가 만인을 위하여 자신의 괴로움과 기쁨을 딛고 일으켜 세우려 하는 진실을 덧없는 한순간이나마 빛나게 하려는 것입니다.

문학 비평

샹포르의《잠언집》서문

끊임없이 세상 속에 몸담고 살면서 그 세상을 관찰하는 인간에게 항상 샹포르S. R. N. Chamfort처럼 생각하기란 대단히 어려운 일이다. 그러므로 예컨대, 우월함은 항상 적을 만든다든가 천재는 필연적으로 고독할 수밖에 없다는 것을 인정하기란 쉽지 않을 것이다. 이런 것은 천재나 자기 자신을 위로하려고 하는 말일 뿐 거기에 진실성이란 전혀 없다. 우월하면서도 얼마든지 남들과 친하게 지낼 수 있고 천재도 때로는 친구들과 잘 어울릴 수 있는 것이다. 천재가 맛보게 되는 그런 종류의 고독은 유독 그에게만 찾아오는 것이 아니다. 천재도 자신이 원하면 남들과 떨어진 곳에 혼자 있을 수 있다.

　세상에서 가장 흔하고 가장 어리석은 감정들 중의 하나, 즉 일반적인 여성 멸시의 감정에 샹포르와 더불어 공감하는 것 역시 상당히 어려운 일이다. 일반적인 감정이나 정념이란 없다. 그런 것은 모두 구체적인 사정에 두루 밝은 지식을 요구한다. 끝으로 한마디 더 보태자면, 인간 혐오란 부질없고 터무니없는 태도라고 보는 나로서는 샹포르에게서 느껴지는 그 억지로 참고 있는 듯한 공격적인 태도나 "암상스러운" 일면, 그리고 그의 전반적인 절망감이 도무지 좋게 보이지 않는다. 이런 모든 것에도 불구하고 샹포르가 내게는 우리의 모럴리스트들 가운데서 가장 교훈적인 스승의 한 사람으로 여겨지니 이 얼마나 역설적인 일인가. 그러나 그는 일반적인 사안들에 대하여 이러한 판단들을 내림으로써 자기 예술의 가장 비밀스러운 원칙을 위반하고 있다는 사실을 즉시 못 박아 말해둘 필요가 있다. 그 밖의 다른 모든 경우들에 있어서는 그가 전혀 다른 접근 방식을 보이고 있으니 이야말로 그의 독창성과 심오함의 일면이라 아니 할 수 없다.

우리의 가장 위대한 모럴리스트들은 잠언을 만드는 사람들이 아니라 소설가들이다. 그렇다면 과연 모럴리스트란 어떤 인물인가? 여기서는 그저 인간의 마음에 열정적인 관심을 가진 사람이라고 말해두자. 그렇다면 인간의 마음이란 무엇인가? 거기에 대답하기란 매우 어렵다. 우리는 다만 그것은 세상에서 일반적인 것과 가장 거리가 먼 것이라고 상상해볼 뿐이다. 그렇기 때문에 흔히들 생각하는 것과는 달리 라 로슈푸코La Rochefoucauld의 잠언들을 읽고서 인간의 행동에 대하여 뭔가를 터득하기란 매우 어렵다. 그 멋지게 균형 잡힌 문장, 계산된 대립 관계, 보편적 이성의 이름으로 내세운 저 자만심 같은 것은 한 인간의 경험을 만들어내는 속 깊은 내심이나 변덕스러움과는 거리가 멀다. 나라면《잠언집 *Maximes*》을 통째로 다 준다 해도 소설《 클레브 공작부인*La Princesse de Clèves*》의 절묘한 한 문장이나 스탕달 Stendhal이 기막히게 가려 뽑은 두세 가지의 자잘한 실화들과 바꾸지 않겠다. "인간은 흔히 사랑을 버리고 야망을 향해 나아가긴 하지만 야망에서 사랑으로 되돌아오는 일은 절대로 없다"라고 라 로슈푸코는 말하지만 나는 거기서 그 두 가지 정념에 대하여 더 이상 배울 것이 없다. 현실은 그 반대로 뒤집힐 수도 있으니 말이다. 그토록 상이한 두 가지 사랑 때문에 자신의 출셋길을 망쳐버리는 쥘리앵 소렐 쪽이 그의 하나하나의 행동을 통해서 내게 더 많은 것을 가르쳐준다. 우리의 진정한 모럴리스트들은 멋진 말을 지어내는 것이 아니라 세상과 자기 자신을 관찰했다. 그들은 법칙을 만들어내는 것이 아니라 대상을 묘사했다. 그렇게 함으로써 그들은 모범적인 정신의 소유자들을 위하여 수험생들의 논술 시험 준비에나 적합한 결정적인 공식들을 정성스럽게 다듬어 만드는 것보다는 오히려 인간의 행동을 해명해주는 데 더 많이 기여했다. 왜냐하면 오직 소설만이 일반적인 것이 아니라 개개의 특수한 것에 충실하기 때문이다. 소설의 대상은 삶에 대한 여러 가지 결론들이 아니라 삶의 전개 그 자체다. 한마디로 말해서 소설은 그보다 더 겸손한 것이다. 바로 그런 점에서 소설은 고전적이다. 적어도 그런 점에서 소설은 인식에 도움이 된다. 자연과학이 또한 그러하지만 반면에 저 자신과의 정신적 유희에 몰두하는 수학이나 잠언은 그러하지 못하다.

그렇다면 잠언이란 과연 무엇인가? 단순화해보자면 그것은 앞쪽 기호의 항이 그대로, 그러나 순서를 바꾸어, 뒤쪽 항에서 반복되는 어떤 등식[1]을 가리키는 것이라고 할 수 있다. 바로 그런 이유 때문에 이상적인 잠언은 항상 그 반대로 뒤집어 생각해도 되는 것이다. 잠언의 모든 진실은 그것 자체 속에 있을 뿐이어서 대수 공식과 마찬가지로 인간의 구체적인 경험 속에서 그것에 해당하는 항을 찾아낼 수가 없다. 우리는 잠언의 표현 속에 들어 있는 항들 사이의 가능한 모든 조합이 바닥날 때—— 그 항이 사랑, 증오, 이해관계 혹은 연민이건, 자유 혹은 정의이건 상관없이——까지 그 항들을 원하는 대로 활용할 수 있다. 심지어, 여전히 대수에서처럼, 그 조합들 중 한 가지에서 경험에 대한 어떤 예감을 이끌어낼 수도 있다. 그러나 거기서는 모든 것이 일반적인 것이기 때문에 어느 것 하나 현실적인 것은 없다.

  그런데 샹포르의 경우 흥미로운 점은, 몇 가지 예외가 있긴 하지만, 그는 잠언을 지어내지 않는다는 사실이다. 그래서 여자들이나 고독에 관한 것에 있어서 지나친 감정에 휩쓸리는 경우 외에 그는 아무것도 일반화하여 말한 적이 없다. 우리가 그의 사상이라고 할 만한 것을 좀 더 자세히 살펴보면 거기서는 두 가지 항의 대립법이나 공식 같은 것을 별로 활용하지 않는다는 것을 쉽게 알 수 있다. "자신을 사로잡는 정념의 불을 꺼버리고 싶어 하는 철학자는 자신의 불을 꺼버리고 싶어 하는 화학자와 유사하다"라고 말하는 이 사람은 그와 비슷한 시기에 "철학자가

---

[1] 잠언이 프랑스에서는 수학의 세기라고 할 수 있는 17세기에 유난히 때를 만난 듯이 널리 애호받은 것은 바로 그런 이유 때문이다.

자신의 횃불에 불을 붙이는 불씨는 다름 아닌 정념의 횃불이라는 사실을 망각한 채 우리는 정념을 맹렬히 비난한다"[2] 라고 말한 사람과 정신적으로 같은 혈통에 속한다. 그런데 후자와 마찬가지로 전자 역시 자신의 생각을 잠언이 아니라 어떤 이야기의 줄거리 속에 삽입되어도 좋을 만한 언급을 통해서 표현하고 있는 것이다. 이것은 특징을 나타내 보이는 터치[3]요 물밑 사정을 헤아려보는 미끼요 획 하고 한번 던져보는 조명탄일 뿐 법칙이 아니다. 그 두 가지 표현이 한결같이 보여주는 것은 일종의 재료, 즉 규칙을 만들어내는 것이 아니라 오직 묘사에 노력할 뿐인 재료들이다. 그리하여 가령 다음과 같은 예들이 선을 보이게 된다. "세상에는 오늘날에 와서 더 이상 저지르지 않게 된, 아니 훨씬 덜 저지르게 된 행동의 오류들이 있다. 사람들이 어찌나 세련되었는지, 영혼이 있어야 할 자리에 재치를 대신 들이밀면서 비루한 인간도 조금만 생각을 해보고 나면 어떤 진부한 행동들을 삼가게 되는데, 그 행동들은 이전 같았으면 좋은 결과를 가져왔을 수도 있을 만한 것이다. 나는 부정직한 사람들이 가끔 귀공자나 대신들 앞에서 자랑스럽고 의젓하게 처신하는 것을 보았다. 결코 굴하지 않는 등. 이런 것을 보고 보통 사람들과 초심자들은 속아 넘어간다. 인간은 그 인간의 원칙들과 성격의 전체를 보고 판단해야 한다는 사실을 그들은 모르거나 망각하는

---

[2] 사드 후작의 말.
[3] "레이스보다 앞서 필요한 것이 셔츠이듯이 너그러워지기에 앞서 필요한 것은 적절함이다."

것이다." 이토록 깊이 있게 꿰뚫어 보는 눈을 가진 텍스트, 이보다 더 유용한 경험을 담고 있는 텍스트를 오늘날 우리의 직업적인 모럴리스트들에게서 찾아보기란 그리 쉽지 않을 것이다. 특히 이 텍스트의 마지막 말은 우리가 살고 있는 세상에서는 더없을 만큼 쓸모 있는 것이라고 여겨진다.

그러나 이와 동시에 우리는 여기서 중요한 것이 결코 잠언의 기술은 아니라는 것을 알 수 있다. 샹포르는 자신의 세상 경험을 공식으로 만들어 보이지 않는다. 아주 대단한 그의 솜씨는 오직 더없을 만큼 적확한 묘사의 필치에 유감없이 동원되고 있다. 그가 긋는 하나하나의 획은 우리가 나중에 쉽사리 되살려볼 수 있는 어떤 초상이나 여러 가지 상황들을 전제로 하는 것이다.[4] 바로 이 점에서 그는 무엇보다 먼저 스탕달을 연상시킨다. 그와 마찬가지로 스탕달 역시 인간을 그가 사는 곳, 다시 말해서 사회 속에서 발견해내고자 했고 진리를 그 진리가 숨어 있는 곳, 즉 개별적인 특징들 속에서 찾아내고자 했다. 그러나 양자의 닮은 점은 거기에 그치지 않으니 우리가 샹포르를 소설가처럼 취급한다 해도 지나친 역설이라고는 할 수 없을 것이다. 그의 글을 읽어보면 동일한 취향의 수많은 특징들이 한데 모여 결국은 조직화되지 않은 한 편의 소설, 한 편의 집단적 연대기를 구성함으로써 한 인간의 마음속에 떠오를 수 있는 그에 대한 해석

---

4) 샹포르 자신도 그 점에 대하여 명확하게 의식하고 있었기에 이렇게 말했다. "보편적인 잠언들과 삶의 행위들 사이의 관계는 타성과 예술 사이의 관계에 해당한다."

들로 모든 관심이 쏠리도록 만들기 때문이다. 내가 지금 말하려는 대상은 다름 아닌《잠언집》이다. 그러나 우리가 만약《일화집 Anecdotes》을 그것과 병행하여 함께 정독해본다면 저자 자신도 소설임을 깨닫지 못한 이 작품이 한 편의 소설이라는 보다 정확한 인식을 가질 수 있을 것이다.《일화집》의 경우 인물들은 그들에 대하여 내려진 판단들을 통해서 암시되고 있는 것이 아니라 반대로 그들 특유의 개별적 특성이 잘 드러나도록 각색되고 재현되어 있으니 말이다.《일화집》을《잠언집》과 결부시켜서 살펴보면 우리는 비로소 일종의 거대한 "사교계 희극"을 구성하는 인물들과 해설을 망라한 완전한 재료를 갖추게 된다. 뒤에 가서 보게 되겠지만 이 희극 속에서 우리는 하나의 이야기와 주인공을 분명하게 가려낼 수 있다. 저자가 미처 부여할 생각을 하지 못했을 어떤 일관성을 그 인물에게 부여하기만 하면 그 책 본래의 양식인 단순한 단상 모음집을 훨씬 상회하는 하나의 작품이, 인간 경험의 비장함과 잔혹함에 비하면 한낱 불의 따위는 오히려 지엽적이라고 여겨질 정도로 인간 경험의 핵심을 찔러 보이는 한 권의 책이 생겨난다는 것을 알 수 있다. 어쨌든 우리가 여기서 생각해볼 수 있는 작업의 가능성은 이런 것이다. 그런 작업을 통해서 우리는 샹포르가 라 로슈푸코와는 달리[5] 라파예트 부인이나 뱅자맹 콩스탕에 비견될 만큼 심오한 모럴리스트라는

---

[5] 심지어 속내 이야기가 주종을 이루는 보브나르그와도 다르다. 그에게는 위대한 예술가가 보여주는 명백한 객관성이 없다.

사실, 정념에 사로잡힌 맹목에도 불구하고 아니 바로 그것 때문에 그가 어느 한순간도 삶의 진실이 작위적인 언어유희의 제물이 되는 법이 없는 어떤 예술의 위대한 창조자들 가운데 자리한다는 사실을 깨닫게 될 것이다.

   사건은 18세기 말, 무기력한 어떤 사회 한복판에서 전개된다. 위험천만의 화산 언저리에서 오로지 무도회에만 정신을 팔려 있는 듯이 보이는 사회다. 그러니까 당시에 이른바 사교계라고 불리던 곳이 소설의 무대인 것이다. 이렇게 되면 샹포르가 언급한 내용이 일반적인 것과는 거리가 있다는 사실을 미리부터 지적해둘 필요가 있다. 글을 쓴 사람이 몇몇 정신 나간 사람들에 대하여 언급한 것에 불과한 말을 인간의 보편적인 심리에까지 확대하여 해석하는 것은 대부분 성급한 독자 쪽이다. 그러므로 일개 남녀 간 피부 접촉으로 귀착되고 만 사랑에 관한 저 유명한 문장은 인간의 정념에 대하여 그토록 심오한 말을 한 바 있는 그 인물의 표현이라고는 이해하기 어렵다고 하겠는데 이는 오로지 샹포르가 "사회 속에 존재하는 바와 같은 사랑은……" 이라고 거기에 덧붙인 말 때문에 확대 해석된 결과일 뿐이다.
   샹포르가 그의 연대기에서 공격하고 있는 대상은 하나의 계급, 즉 나라 안의 다른 모든 사람들과 격리된 채 귀먹고 눈멀어 오로지 쾌락만을 고집하는 소수 계층이다. 소설의 인물들과 풍자의 무대 장치와 주제를 제공하는 것은 바로 그 계급이다. 짧은 시야 속으로 가까이 당겨놓고 보면 그것은 우선 한 편의 풍자 소설처럼 보이니 말이다. 여기에 자세한 디테일을 제공하는 것은《일화집》이다. 왕, 궁정의 신하들, 왕비 마마, 그리고 하녀가 자기 자신과 마찬가지로 손가락이 다섯 개라는 사실에 놀라움을 금치 못하는 왕의 딸. 침상에서 마지막 숨을 거두어가면서도 시의가 "마땅히 해야 할 것은……"이라는 표현을 사용했다고 해서 불평을 터뜨리는 루이 15세. 로앙 가문의 아이를 낳은 것을 명예로 여기는 로앙 공작부인. 프랑스 군대가 다섯 번이나 패배한 것을 개탄하기보다는 왕이 건강함을 더 기뻐하는 궁정의 신하들. 하느님을 "저 위에 계신 신사 분"이라고 부르는 그들의 헤아릴 길 없는 어리석음과 믿어지지 않는 오만. 달랑베르도 베네치아 대사에 비한다면 보잘것없는 존재라고 여기는 계층의 끝없는 무지. 다미앵의 음모를 귀띔해준 사람의 말을 귀담아듣지 않고 오히려 그 사람을 독살하도록 시키는 베리에. 자신의 입맛에 맞는 요리를 해주는 죄지은 요리사를 대신하여 죄 없는 요리사 조수를 교수형에 처하는 모주롱. 그리고 그 밖의 여러 인물들. 그가 이런 식으로 그려 보이는 초상들과 이미지들 속에는 흔히 같은 인물들이 되풀이하여 등장한다. 추상화된 예절에 발목이 잡힌 경직된 사회를 다루면서 샹포르는 그 추상화의 모습을 외부에서 관찰한 인형극의 꼭두각시들 같이 그려 보이는 쪽을 택했다. 희극적인 장면을 즐겨 보여주는 두세 가지의 예외가 있긴 하지만 그의 서술 수법은 소설, 그것도 현대 소설의 그것이다. 인물들은 항상 행동하는 모습으로 그려지고 있다. 그는 능숙한 필치로 오직 성격을 묘사할 뿐 그 어떤 결론도 내리지 않는다.

그 모든 인물들 가운데서 소설의 주인공은 샹포르 자신이다. 그의 전기를 살펴보면 흥미로운 정보들을 얻을 수 있을지도 모른다. 하지만 그럴 필요조차 없다. 왜냐하면 그는 《일화집》과 《잠언집》에서 자기 자신을, 그러나 여전히 소설적 기법에 따라, 다시 말해서 간접적인 방식으로 무대에 등장시키고 있기 때문이다. 과연 M모(某)라고 하는 인물과 관련된 모든 텍스트들을 한데 합쳐보면 우리는 그 인물의 완전한 초상을 얻어낼 수 있게 된다. 샹포르는 바로 그 인물을 위하여 "사르카스마티크"라는 단어를 만들어내면서까지 그 인물을 에워싸고 있는 비현실적이고 광적인 사회의 한가운데서 그가 보여주는 행동을 소상하게 그려 보인다. 그 인물은 이제 젊음을 잃어가고 그 젊음과 더불어 지금까지 영원한 즐거움의 원천이라고 믿고 있었던 존재들을 잃어버리는 나이에 이르렀다. 종교의 적을 자처하면서 온갖 것을 다 맛보았고 이제부터는 모든 것에 다 등을 돌려버린 그는 그 무엇으로도 대신할 수 없는 악센트를 자신에게 부여해주는 두 가지, 즉 정열의 추억과 정신력의 숭배마저 남아 있지 않았더라면 오로지 거부와 부정의 방식으로밖에는 자신을 묘사할 수 없었을 것이다. 우리는 M의 입에서 어지간히도 빈번히 정신력에 대한 발언들을 접하게 될 것이다. 샹포르가 자신의 잠언집의 한 부분에 매우 도도한 태도로 "은거 취미와 정신력의 숭상"이라는 제목을 붙인 것은 우연이 아니다. 그가 인간에게 있어서 정신력보다 더 높이 평가하는 것은 없다. 그의 유일한 결점은 아마도 바로 그 정신력이라는 것을 고독과 혼동하고 있다는 점 일 것이다. 그러나 그것은 동시에 장차 우리가 다시 언급하게 될 그의 비밀스러운 책의 주제이기도 하다. 그렇지만 그것은 어디를 가나 정신적 재치는 남발되면서도 의지의 위대한 교훈들은 별로 중요시되지 않는 퇴폐적 사회 속에 처한 한 인간의 당연한 반응이라고 생각할 때 정신력에 대한 그 같은 숭상의 진정한 의미가 어떤 것인가를 이해할 수 있을 것이다. 그러나 샹포르는 이 으뜸가는 가치를 자의적이거나 보편적인 시각에서 제시하는 것이 아니다. 그는 딱 부러진 논리로 자신의 공리를 내세우는 대신 경험에 비추어 말한다. "자신의 정신력으로 감당할 수 없는 원칙들을 스스로에게 강요하는 것은 좋지 않다"라고.

왜냐하면 그는 정신적 숭고함에 열광하는 인물이지만 동시에 정념과 그 정념으로부터 입은 상처 또한 경험해 보았기 때문이다. "행운이 내게까지 이르려면 나의 정신력이 부과하는 조건들을 통과해야 한다"라는, 프랑스적 정신에서 생겨난 가장 도도한 잠언 중 하나를 지어낸 바로 그 인물은 그러면서도 자신이 지닌 떨리는 감성의 증거들을 페이지마다 보여준다. 다만, 여기가 바로 그 인물 됨됨이의 최종적 격이 드러나는 대목인데, 그는 의지와 정념이 한데 혼합된 모습을 실천으로 보여준 것이다. 이 혼합이야말로 그 정신력의 비극적인 일면으로, 샹포르를 자기 세기에 비하여 엄청나게 앞선 인물로 만들어주는 것이다. "나는 내 마음에 흡족한 긍지를 목도해본 적이 그다지 많지 않다. 이 방면에서 내가 아는 최고의 긍지는 잃어버린 낙원에서 사탄이 보여준 그것이다"라고 말할 수 있는 사람이라면 그는 필시 바이런과 니체의 동시대 사람이라고 할 수 있을 터이니 말이다. 이 대목에서 우리는 비극적인 어조와 니체가 자유로운 정신이라고 불렀던 것의 격조를 느낄 수 있다. 이런 정신을 가진 인물이 어쩔 수 없이 속해 있었던 사회, 그러나 자신의 불행을 무릅쓰고 비판할 수밖에 없었던 그 사회를 우리는 기억할 필요가 있다. 그렇게 함으로써 우리는 이런 풍모의 인물이 스스로 우습게 여기는 한 세계 속에서 견디지 않으면 안 되었던 멸시와 절망의 모험이 어떤 것이었을지 쉽사리 상상할 수 있다. 비록 샹포르가 우리에게 남겨준 것은 소설의 구성 요소들뿐이지만 우리는 그 소설에 주목한다. 그것은 부정의 소설, 모든 것의 부정의 이야기로서 결국은 자기 부정으로 확대된다. 그것은 절대를 향한 질주이며 허무의 광란으로 마감되는 소설이다.

이런 모험은 샹포르의 젊음을 가득 채웠던 저 자신만만한 충동들에 의해서만 의미를 갖는다. 전하는 말에 따르면 그는 사랑의 신처럼 미남이었다. 그의 삶은 시작부터 성공이었다. 여자들은 그를 사랑했고 비록 평범한 것이긴 했지만 그의 초기 작품들은 살롱의 관심과 심지어 왕의 총애를 얻어냈다. 사실 그 사회는 생각처럼 그에게 가혹한 것이 아니었고 사생아라는 처지조차도 그에게 큰 장애가 된 것은 아니었다. 만약 사회적 성공이 어떤 의미를 갖는 것이라면 그 초년기에 있어서 샹포르의 삶은 빛나는 성공이었다. 그런데 그는 바로 그 성공이라는 말이 의미 있는 것이라고 확신할 수가 없었다. 어떤 고독의 이야기인 샹포르의 소설이 우리에게 가르쳐주는 바는 바로 그것이다. 사회적 성공은 오직 자신이 신뢰하는 사회 속에서만 의미가 있는 것이니 말이다. 그런데 우선 샹포르라는 인물의 내면에는 항상 사회를 신뢰하지 못하게 만드는 비극적 성향과 자신의 출신 성분 때문에 배척당할 가능성이 있는 사교계 안으로 발 들여놓는 것을 막는 과민한 심리가 잠재해 있다. 그는 한편으로는 모든 것을 다 손아귀에 넣게 해주는 엄청나고 혁혁한 덕목을, 다른 한편으로는 이제 막 손아귀에 넣은 바로 그것을 부정하도록 만드는 보다 비관적인 또 하나의 덕목을 동시에 갖춘 인물에 속한다. 끝으로 덧붙여 말해둘 것은, 그가 몸담고 있는 사회는 그 사회를 신뢰한다고 표방하는 사람들까지도 사실은 신뢰하지 않고 있는 사회라는 것이다. 그렇다면 자신이 멸시하는 한 세계와 마주하고 있을 때 그 인간이 할 수 있는 것은 과연 무엇일까? 훌륭한 자질을 갖춘 사람이라면 그는 그 세계 속에서 바로 그 요청들을 스스로의 책무로 걸머질 것이다. 모범을 보이기 위해서가 아니라 논리적 일관성이라는 단순한 배려 때문에 그렇게 한다. 무슨 스토리든 그 속에는 나름대로 그것을 추진시키는 깊은 동기가 있어야 하는 것이라면 이 이야기의 동기는 바로 모럴을 추구하는 성향[6]에서 찾을 수 있을 것이다.

  그러니까 바로 이러한 것이 자신의 성공의 한가운데에, 그리

---

[6] 이때의 모럴은 어떤 도덕성이 아니라 참여의 모럴이다. 사실상 샹포르는 반도덕적 인물이다. 그는 이렇게 말한다. "그대 자신이나 그 밖의 누구에게도 해를 끼치지 말고 즐기고 즐기게 할 일이다. 이것이 바로 모럴이라고 나는 믿는다."

고 부패한 세계에 대한 멸시의 한복판에 틀고 앉아 있는 이 인물의 모습이다. 그를 살아 움직이게 하는 유일한 원동력은 어떤 개인적 모럴에의 충동이다. 즉각적으로 그는 자기만이 누리고 있는 유리한 조건을 공격한다. 은급을 받아 생활하는 그는 그 은급의 폐지를 요구하고 아카데미로부터 참석 배당금을 받는 그는 아카데미를 격렬하게 공격하면서 해산을 요구한다. 구체제에 속하는 인물인 그가 결국은 자신을 죽음으로 몰아가게 될 정당에 몸을 던진다. 그는 모든 것을 멀리하고 모든 것을 거부한다. 그 누구도, 자기 자신도 예외가 될 수 없다. 이야말로 명예의 비극이라는 것을 알 수 있다. 이제 외톨이가 된 그는 혼자뿐인 인간의 마지막 남은 구원마저 때려 부수려고 덤벼든다. 한 번도 무신앙이 이토록 격렬한 억양을 가져본 적은 없다.[7] 그의 몸 자체가 비난의 대상이 되고 그토록 매혹적인 그 얼굴이 "변질되더니 이윽고 끔찍한 모습으로 변한다".

우리의 주인공은 거기에서 그치지 않는다. 자기 자신의 여러 가지 이득들을 포기하는 것쯤은 아무것도 아니고 자신의 영혼의 파괴에 비긴다면 자신의 육체의 파괴쯤은 별것이 아니다. 결국, 샹포르의 위대함과 우리에게 제시된 소설의 놀라운 아름다움은 바로 그것이다. 따지고 보면 인간들에 대한 멸시는 흔히

---

7) 무신앙이 소망의 고의적인 박탈을 의미하는 것이라면 그 점에 대하여 그보다 더 결정적인 말을 한 사람은 없었을 것이다. "소망은 우리를 끊임없이 기만하는 협잡에 불과하다. 나의 경우 오직 그 소망이라는 것을 잃어버렸을 때에야 비로소 행복이 시작된다."

천박한 심사의 표시니까 말이다. 이때 그 같은 멸시에는 자기만족이 따르는 법이다. 반대로 그 멸시는 자기 자신에 대한 멸시로 뒷받침될 때 비로소 정당한 것이 된다. "내가 나 스스로를 통해서 판단해보건대 인간은 어리석은 동물이다"라고 샹포르는 말한다. 내가 보기에 바로 그 점에 있어서, 즉 자기 자신에게 반대하는 쪽으로 반항을 경험했다는 점에서 그는 반항의 모럴리스트였다고 생각된다. 그의 이상은 일종의 절망한 성스러움 같은 것이었다. 이토록 극단적이고 이토록 완강한 태도로 인하여 그는 결국 침묵이라는 최후의 부정에 이른다. "공적이고 사적인 여러 가지 남용에 대하여 털어놓으라고 하자 M······은 딱 잘라 대답한다. 매일매일 나는 내가 더 이상 말하지 않는 것들의 목록을 늘려간다"고. 이렇게 되자 그는 마침내 예술 작품을 부정하게 되고 그토록 오래전부터 자신의 내면에서 자신의 반항에 비길 데 없는 형태를 부여하려고 고심해온 언어의 순수한 힘 자체를 부정하기에 이른다. 그가 절대로 실패할 리 없는 이 단계는 궁극적인 부정이다. 사람들이 그에게 자신의 재능에 관심을 좀 기울여보는 것이 좋겠다고 하자 그는 자신의 한 인물의 입을 통하여 이렇게 말한다. "내가 인간들에 대하여 품는 관심의 붕괴 속에서 나의 자존심은 소멸되고 말았다." 그리고 이것은 논리적으로 합당하다. 예술은 침묵과 반대되는 것이다. 예술은 우리의 공통된 투쟁 속에서 우리를 다른 인간들과 맺어주는 저 공모 관계의 표시다. 이 공모 관계를 상실하고 송두리째 부정 속에 자리 잡게 된 사람들에게 있어서는 언어도 예술도 더 이상 그들의 표현 수단이 되지 못한다. 그 부정의 소설이 한 번도 씌어지지 못한 것은 아마도 바로 그 이유 때문일 것이다. 그것은 과연 부정의 소설이었으니 말이다. 그 예술 속에는 그가 스스로를 부정하도록 만들 원칙들이 잠재하고 있었다. 그리고 또 샹포르가 소설을 쓰지 않은 것은 어쩌면 소설 쓰는 것이 관례가 아니었기 때문이었을 것이다. 그러나 분명히 알 수 있듯이 무엇보다도 그는 인간들도, 자기 자신도 사랑하지 않았기 때문에 소설을 쓰지 않았다. 자신의 인물들 중 그 어느 누구도 사랑하지 않는 소설가를 상상하기란 어렵다. 그리고 우리의 위대한 소설들 중에서 인간에 대한 깊은 열정 없이 이해될 수 있는 것은 단 하나도 없다. 우리 문학의 유례가 없는 예인 샹포르는 그 사실을 확실하게 보여준다. 어쨌든 "사교계 희극"은 우리가 그 말에 부여할 수 있었던 무의미한 자격에 의하여 결국 부인당한 나머지 여기서 종언을 고한다.

  이 모험의 종말에 대해 알려면 샹포르의 전기를 참조할 필요가 있다. 전체로 보나 세세한 내용으로 보나 이보다 더 비극적이고 이보다 더 수미일관한 모험의 경우를 나는 알지 못한다. 과연 논리적 일관성에 따라 샹포르는 송두리째 자신을 혁명 속으로 내던졌고, 또 더 이상 말을 할 수 없었기 때문에 소설을 풍자문과 팸플릿으로 대신하면서 행동에 뛰어들었다. 그러나 그가 자기 자신을 위해서는 오직 혁명의 부정적인 몫만을 감당했다는 것은 짐작하기 어려운 일이 아니다. 어느 행동에도 불가피하게 따라다닐 수밖에 없는 불의를 진정으로 받아들이기에는 이상적 정의에 대한 그의 지향이 너무나도 강했다. 또다시 실패가 그를 기다리고 있었다. 샹포르처럼 절대의 유혹 때문에 인간을 통한 자기 해방이 불가능해진 사람에게 남은 것은 오직 죽음뿐이다. 그리하여 실제로 그가 실행한 것은 바로 그것이었다. 그러나 그 죽음의 정황은 너무나도 끔찍했다. 그 죽음은 과연 이 모럴의 비극에 걸맞은 경지를 보여주었다. 그 비극은 도살장의 피바다로 마감되었다. 순수에 대한 격렬한 열정은 이 경우 파괴의 광란과 구별할 수 없는 것이 되었다. 혁명이 자신을 버렸다고 믿게 되자 샹포르는 결정적인 실패에 직면한 나머지 스스로를 향하여 권총의 방아쇠를 당겼다. 그의 코가 깨지고 오른쪽 눈알이 패어 나갔다. 아직 목숨이 다하지 않은 그는 재시도하여 면도날로 목을 따고 자신의 살을 난도질했다. 피에 젖은 그는 흉기로 자신의 가슴을 후벼 팠고 마침내 뒷다리와 손목을 가르고 피바다 속으로 무너졌다. 그 피가 문 밖으로 흘러나오자 사람들이 놀라 달려왔다. 이 같은 광포한 자살과 광란하는 자기 파괴는 상상을 넘어선다. 그러나 우리는 《잠언집》에서 그에 대한 주석을 읽어낼 수 있다. "사람들은 난폭한 해결책을 두려워한다. 그러나 그런 해결책이 강한 영혼의 소유자에게 어울리고 단호한 성격은 극단적인 것에 의지한다." 그래서 실제로 샹포르의 소설 속에 형상화된 것은 바로 극단적인 것과 불가능한 것에 대한 숭배다. 그러나 우리가 모럴에 대한 지향이라고 부를 수 있는 것은 바로 그것이다. 다만 그 차원 높은 도덕성의 소설이 피바다 속에서, 매일같이 십여 명의 참수된 머리가 바구니 속에

던져지는 대혼란의 세계 한가운데서 마감된다는 것이 특이할 뿐이다. 사람들이 이 세계 저 세계에 대하여 보여주는 관습적인 이미지들에 비하면 그것은 샹포르와 모럴에 대한 보다 심오한 생각을 갖게 해준다.

  모럴리스트라는 천직은 무질서 없이, 광란과 희생 없이는 실현될 수 없는 것이다. 그런 것이 없다면 그것은 한낱 추악한 가장(假裝)에 불과할 것이다. 그렇기 때문에 내 눈에는 샹포르가 우리의 가장 위대한 모럴리스트들 중의 한 사람으로 보인다. 인간들에 대한 엄청난 고뇌인 모럴은 그에게 개인적인 열정의 대상이었기에 그는 그 일관성을 죽음에까지 밀고 나갔던 것이다. 나는 도처에서 그의 신랄함을 나무라는 글을 읽었다. 그러나 나는 "육체 노동은 정신적 고통으로부터 해방시켜준다. 그것은 가난뱅이들을 행복하게 만든다"라는 용서할 수 없는 잠언을 쓴 지체 높은 분[8]의 메마른 철학보다는 인간에 대한 위대한 관념이 비춰주고 있는 그 같은 신랄함이 더 낫다고 본다. 샹포르는 그의 가장 극단적인 부정 속에서조차도 끊임없이 패배자들의 편을 들었다. 그가 진정으로 해를 가한 대상은 자기 자신뿐이고 그것도 차원 높은 이유들 때문에 그렇게 한 것이다. 물론 그의 사상이 어디서 비틀거리게 된 것인지를 모르는 바 아니다. 그는 인간의 의지력이 부정에 의하여 규정된다고 믿었다. 그렇지만 의지력이 긍정을 표현할 줄도 알아야 하는 경우들이 존재한다.

---

8) 라 로슈푸코.

인간들로부터 유리된 높은 차원을 어떻게 상상할 수 있겠는가? 그런데도 샹포르가, 그리고 샹포르를 그토록 좋아했던 니체가 선택한 것은 바로 그런 차원인 것이다. 그러나 그와 니체는 그것에 대한 당연한 대가를 치렀다. 그리하여 그들은 자신의 진정한 정의를 추구하는 지성의 모험은 가장 위대한 정복들 못지않게 피 흘려야 하는 것임을 입증해 보였다. 이런 생각에 대해서 우리는 존경의 마음을 갖지 않을 수 없다. 그것은 또한 우리와 우리가 사는 세상에 교훈을 던져주는 생각이기도 하다. 여기서 나는 샹포르가 고전적인 작가라는 사실을 다시 한 번 상기시키고자 한다. 그러나 일관성, 추론에 대한 취향, 치명적인 것인 논리, 모럴에 대한 집요한 요구 같은 것이 고전적인 덕목이라면 고전적이 되기 위하여 샹포르가 선택한 방식은 그러한 덕목들로 인해 목숨을 잃는 것이었다고 할 수 있다. 이것은 고전적이라는 개념에다가 우리의 위대한 세기들이 그것에 부여했던 기상천외함과 전율을 회복시켜준다. 우리는 그 기상천외함과 전율을 고이 간직하지 않으면 안 된다.

《앵시당스Incidences 총서》, 모나코, 1944년

루이 귀유의 《민중의 집》 서문

<big>프</big>롤레타리아의 이름으로 말하고 글을 쓴다고 자처하는 거의 모든 프랑스 작가들은 넉넉한 집안 혹은 부유한 부모 사이에서 태어난 사람들이다. 그게 무슨 흠이 되는 것은 아니다. 출생에는 우연의 몫이 있는 법. 내가 보기에 그것 자체는 좋은 것도 아니고 나쁜 것도 아니다. 나는 그저 사회학자에게 한 가지 모순과 연구 주제를 제시하고자 하는 것뿐이다. 게다가, 내 현명한 한 친구의 말처럼, 자기가 잘 모르는 것도 그것에 대해 이야기하다 보면 결국은 알게 된다는 차원에서 이런 역설에 대한 설명을 한번 시도해볼 수도 있을 것이다.

그렇긴 하지만 또 사람에겐 저마다 선호하는 쪽이 있는 법이다. 나는 항상 어느 편인가 하면, 일단 목이 베이는 것 같은 고통을 당해본 연후에 그 경험을 증언하는 것이 더 낫다고 여겨온 터이다. 예컨대, 가난을 실제로 겪어본 사람들에게는 남들이 사정을 잘 알지 못하면서 어떤 헐벗음에 대해서 떠벌이는 것을 가

만 두고 보지 못하는 편협한 일면이 남게 된다. 사회 발전 이론의 전문가들이 써내는 잡지나 서적들을 읽어보면 흔히 프롤레타리아를 무슨 이상한 풍습을 가진 종족쯤이나 되는 듯이 취급하면서 프롤레타리아가 그 글을 읽는다면 구역질이 솟구칠 것 같은 투로 말을 하고 있다. 어떻게 하면 사회 발전이 제대로 이루어지는지 궁금해하면서도 가난뱅이들에게는 그런 전문가의 글을 읽을 시간이 없다는 것이 그나마 다행일 지경이다. 역겨운 아첨에서부터 어이없이 순진한 멸시[9]에 이르기까지 이런 다양한 잔소리들 가운데 어느 것이 가장 모욕적인 것인지는 알기 어렵다. 자신이 옹호하겠다고 내세우는 바로 그 대상을 기어코 이용하고 훼손하지 않고는 못 배기는 것일까? 가난한 사람은 항상 두 번 도둑맞아야 하는 것일까? 나는 그렇게 생각하지 않는다. 적어도 발레스[10]나 다비[11] 같은 몇몇 사람들은 거기에 적합한 단 하나의 언어를 찾아냈다. 그렇기 때문에 나는 루이 귀유[12]의

---

[9] 가령 이런 식이다. 프롤레타리아는 그들에게 차례 오는 얼마 되지 않는 자유를 별로 달가워하지 않는다는 것이다. 그들의 관심은 오로지 빵밖에 없다. 빵이 없는데 그저 형식적인 자유를 준들 무슨 소용이 있겠는가? 오, 얼마나 비열한 발상인가! "인간아, 자유의 이름으로 너에게서 빵을 빼앗아 가는 자와 너에게 빵을 주기 위하여 자유를 빼앗아 가는 자, 둘 중에 너는 어느 쪽이 더 좋으냐?" 그 대답. "어느 쪽에 먼저 침을 뱉을 것인가?"

[10] (옮긴이주) 발레스Jules Vallès(1832~1885) : 프랑스의 작가이자 파리 코뮌에 가담한 참여적인 기자. 《서민의 절규》와 자전적 연작 소설 《어린아이》, 《바슐리에》, 《반란자》 등을 남겼다.

[11] (옮긴이주) 다비Eugène Dabit(1898~1936) : 민중 소설 《북호텔》의 저자.

[12] (옮긴이주) 루이 귀유Louis Guilloux(1899~1980) : 브르타뉴 출신의 프랑스 작가. 서민을 주제로 한 사회 소설들을 남겼다.

작품을 높이 평가하고 좋아한다. 그는 자신이 다루고 있는 서민들에게 아첨하지 않는다. 그렇다고 그들을 멸시하지도 않는다. 그는 서민들에게서 결코 박탈할 수 없는 단 한 가지 위대함, 즉 진실이라는 위대함을 그들에게 회복시켜준다.

 이 위대한 작가는 일찍이 가난이라는 수업을 받아보았기에 인간이라는 것에 대하여 꾸밈없는 판단을 내리는 법을 배웠다. 그는 가난 속에서 일종의 염치 같은 것을 단번에 습득했다. 우리가 살고 있는 세상에서는 누구나 다 갖지는 못한 것인 이 염치의 감정은 그로 하여금 다른 사람의 비참을 내가 도약하는 발판으로 이용한다든가 오직 예술가만이 아무런 대가를 지불하지 않고도 그 비참을 단순한 흥미의 대상으로 다룰 수 있다고 여기는 것을 결코 용납하지 못하게 했다. 로렌스D. H. Lawrence는 흔히 광부 가정 출신이라는 태생적 배경을 자신의 인성과 작품 속의 가장 훌륭한 면과 결부시켜 설명하곤 했다. 그러나 로렌스와 그와 유사한 사람들은, 가난에도 나름대로의 어떤 위대함이 있다고 인정할 수 있지만 거의 언제나 가난에 따라다니게 마련인 굴욕을 정당화해서는 안 된다는 것을 잘 알고 있다. 그들 자신도 의식하지 못하는 사이에 그들의 작품은 그 굴욕을 단죄하고 있는 것이다. 귀유의 저서들도 이 중차대한 의무를 피할 수 없다. 그의 첫 작품인《민중의 집La Maison du peuple》에서부터《꿈의 빵Pain des rêves》과《인내 놀이Jeu de patience》에 이르기까지 그의 책들은 한결같이 어떤 변함없는 가난에의 충정을 증언하고 있다. 가난했던 어린 시절은 그것에 따르는 꿈들과 반항심과 더불어 그의 데뷔 작품과 만년의 작품들에 영감을 제공했다. 안이한 리얼리즘과 감상주의에 흐르기 쉬운 이런 주제보다 더 위험한 것은 없다. 그러나 한 예술가의 위대함은 그가 어떤 유혹들을 이겨냈는가에 따라 평가될 수 있다. 그런데 그 어떤 것도 이상화하는 법이 없이 언제나 가장 적절하고 너무 강렬하지 않은 색깔로 묘사만 할 뿐 결코 신랄함 그 자체에 집착하지 않는 작가인 귀유는 자신이 다루는 주제 특유의 염치를 문체 속에 각인할 수 있었다. 그 고르고 순정한 톤, 추억의 목소리이기도 한 그 약간 둔탁한 목소리는 이야기를 들어주는 사람에게는 스타일의 미덕, 즉 인간의 미덕을 입증해주는 것이다.

귀유가 그의 소설 《동지들 Compagnons》의 유일무이한 주제로 한 노동자의 죽음을 다룬 것을 보면 그가 이겨낸 유혹들이 어떤 것인가를 더욱 잘 알 수 있다. 가난과 죽음은 너무나도 절망적인 짝을 이루는 것이어서 손으로 고통 그 자체를 만지듯 예민하다고 알려진 시인 키츠가 아니고는 그것에 대하여 말하는 것이 불가능해 보일 정도다. 그렇지만 톨스토이의 위대한 단편소설들에서나 느낄 수 있는 어조로 서술된(여기서 이반 일리치는 한 석공의 모습으로 등장한다) 이 조그만 책에서 귀유는 자신이 다루는 모델에 조금도 손색이 없는 격조를 유지하면서 그 인물의 됨됨이를 조금도 훼손하지 않으려고 애쓴다. 그러나 무엇보다도, 그렇다, 무엇보다도 그는 그 인물을 불필요하게 과대평가하는 법이 없다. 그는 한 번도 목소리를 높이지 않는다. 그렇지만 그 이야기를 다 읽을 즈음이면 누구나 목이 메어오는 것을 느끼지 않을 수 없다. 우리 모두와 마찬가지로 귀유도 이 나라의 알량한 공기업들에는 죽음의 가격이라는 게 매겨져 있어서 죽는다는 것은 정말이지 이제 더 이상 스스로에게 허용해서는 안 될 사치라는 사실을 잘 알고 있다. 그러나 작가는 그런 말을 하고 있는 것이 아니다. 《동지들》에서는 단 한 번도 탄식하는 소리가 들리지 않는다. 오히려 장 케른벨은 행복하게 죽어가고 있다는 인상을 준다. 다만 최후의 순간 직전, 자신에게 찾아온 이 설명할 길 없는 기쁨 앞에서 그는 예기치 않은 선물을 받은 심정을 서투른 방식으로 나타낸다. 마치 이런 기쁨은 아무리 봐도 자기에겐 분에 넘치는 것이라는 듯이. 그래서 그는 말한다. "내가 뭘 한 게 있다고, 내가 뭘 한 게 있다고." 하기야 그 이상 무슨 말이 더 필요하겠는가? 가난은 말없이 죽을 마음의 준비만 시켜줄 뿐 행복에 요구되는 자질을 준비시킬 능력은 별로 없는 것이다.

    이렇게 말했다고 해서 귀유가 단지 가난의 소설가일 뿐이라는 뜻으로 내 말을 이해한다면 그것은 귀유의 진면목과 어긋나는 것이다. 어느 날 우리는 정의와 단죄에 대한 이야기를 나누고 있었다. 이때 그가 내게 말했다. "단 한 가지 중요한 관건은 고통입니다. 바로 그 고통을 통해서 가장 끔찍한 범죄자도 인간적인 것과 어떤 관계를 유지하는 것이지요." 그리고 그는 나에게 레닌의 말을 인용했다. 레닌그라드 포위 공격 때 레닌이 보통법 위반 죄수들을 전투에 참가시키려고 했다. "안 돼요, 그들과 함께 싸울 수는 없어요" 하고 동지들 중 한 사람이 항변하자 레닌이 대답했다. "그들과 함께가 아니라 그들을 위해서 싸우는 거죠." 또 어느 날, 우리 친구들 중 한 사람이 빈정대는 심사를 내비친 데 대하여 귀유는 빈정거림이 반드시 악의의 표시는 아니라고 지적했다. 내가, 그렇다고 그게 선의의 표시라고 볼 수도 없는 것 아니냐고 반문하자 귀유가 말했다. "그게 아니라 우리가 절대로 **남의 입장이 되어** 헤아려보는 법이 없는 고통의 표시죠." 나는 이 저자의 됨됨이를 잘 말해주고 있는 이 말을 잊지 않고 마음에 담아두었다. 귀유는 거의 언제나 **남의 입장이 되어** 고통을 생각하는 사람이니까 말이다. 그렇기 때문에 그는 무엇보다도 고통의 소설가인 것이다. 《검은 피 *Le Sang noir*》에 나오는 인물들 중 가장 비열한 자도 저자의 눈에는 삶의 고통 속에서 변명을 찾을 수 있다고 보이는 것이다. 그렇지만 여기서 고통이 절망을 의미하는 것은 아님을 우리는 분명히 느낄 수 있다. 《검은 피》에 둘러진 띠에는 이런 말이 씌어 있다. "이 삶의 진실은, 사람은 죽는다는 사실이 아니라 도둑맞은 채 죽는다는 사실이다." 그렇지만 비참한 허깨비 같은 인간들과 유적과 패배의 인간들을 뒤섞어놓고 있는 이 팽팽한 긴장과 가슴 에이는 고통의 책은 절망과 희망을 초월하는 곳에 위치한다. 우리는 이 책과 더불어 러시아의 위대한 소설가들이 개척하려고 시도했던 그 땅의 한복판에 와 있다. 하기야 위대한 예술가치고 적어도 한 번쯤 그 땅에 다가가려고 해보지 않은 이가 있었던가? 그곳에서 인간들은 저마다 고독하면서도 동시에 한 덩어리를 이루고 있는 존재로서, 동일하면서도 동시에 그 무엇과도 바꿀 수 없는 존재로서 자신들의 종말을 향하여 치닫는다. 그들은 일체의 변명을 초월하여 삶의 힘과 더불어 뚜렷한 모습으로 부각된다. 그들은 우리가 알아보기에 충분할 만큼 우리와 닮은 모습이지만 고통에 의하여 우리 머리 위로 크게 확대되어 떠오른다. 고통에 의하여 우리의 기억 속에 깊이 각인된 그들의 자세는 결국 그 어떤 전형으로 변한다. 그 전형이란 위대한 연민의 이미지다. 이러한 것이 바로 오직 이 세계의 고뇌를 보다 더 잘 드러내기 위하여 만인의 가난을 이용하는 귀유의 위대한 예술인 것이다. 그는 자신의 인물들을 보편적인 유형에 이를 때까지 밀고 나간다. 그러나 우선 그 인물들로 하여금 가장 보잘것없는 현실을 거쳐 가게 함으로써 그렇게 한다. 나로서는 이와 다른 예술의 정의는 알지 못한다. 오늘날 너무나도 많은 작가들이 이 같은 정의에서 멀어지는 듯한 인상을 주는 것은 사람들을 설득하는 것보다 놀라게 하는 것이 더 쉽기 때문이다. 귀유에게서는 그런 안이함을 찾아볼 수 없다. 인간들에 대한 거의 무절제한 열의, 인물들이 우글거리는 어떤 내면 세계와의 오랜 접촉으로 인하여 그는 거의 당연하게 가장 어려운 예술 쪽으로 기울게 되었다. 그가 쓴 모든 책들을 이제 막 다시 읽어본 나로서는 그의 작품이 그 어떤 다른 작품과 비교될 수 없다는 것을 분명히 알 수 있다.

  그러나 나는 아직 귀유의 첫 작품인 《민중의 집》에 대해서 말하지 않았다. 나는 한 번도 비통한 느낌 없이 이 책을 읽을 수가 없었다. 나는 추억들과 함께 이 책을 읽는 것이다. 이 책은 내게 끊임없이 어떤 진실에 대하여 말해준다. 죽음 못지않게 비참한 가난에 시달리는 고독한 인간의 진실 말이다. "그는 기관차의 기적 소리에 귀를 기울이면 비가 올지 어떨지 날씨를 알 수 있었다." 나는 이 책을 읽고 또 읽었기 때문에 책을 덮고 난 지금도 내 마음속에 따라다니는 것은 이런 종류의 문장들이다. 이런 문장들은 내게 아버지라는 인물의 모습을 뚜렷하게 드러나도록 해준다. 나는 그 인물의 침묵과 반항심을 마음속에서 외운 듯이 떠올릴 수 있다. 그럴 때면 나는 그토록 외톨이가 된 그 인물을 그가 가장 친한 친구와 함께 멱 감으러 가곤 하던 어린 시절처럼 세상과 잘 조화된 모습으로 느낀다. 이 친구는 이 친구대로 내 기억 속에서 턱없이 중요한 자리를 차지하고 있다. 그러나 그는 부재에 의하여 나의 내면에서 살아 있다. 소설의 저자는 자기 아버지가 군대 시절 이후 그 친구를 영영 다시 만나지 못했다고 단 한 문장으로 짤막하게 말하고 있을 뿐이어서 그렇게 되어 그가 괴로웠는지 어떤지 우리로서는 알 길이 없으니 말이다. 이는 가난이 가난과 무관한 다른 감정을 얼마나 무력화하는지를 느끼게 만드는 귀유 특유의 간접적 암시법의 좋은 예다. 지나치게 심한 가난에 시달리다 보면 기억력이 약해지고 우정과 사랑의 충동마저 느슨하게 이완되고 만다. 월급 만 오천 프랑을 받으며 공장에서 일을 하는 트리스탄은 이졸데에게 더 이상 아무런 할 말이 없게 된다. 사랑마저도 사치로 변하니 그게 바로 형벌이다.

    그러나 나는 이 책이 끊임없이 암시만 하고 있을 뿐인 것을 대강대강 다시 그려 보일 생각은 없다. 나는 다만 내가 이 책과 오랜 친교를 맺어왔다는 것을, 이 책은 끝내 바닥을 드러내지 않은 채 추억 속에서 변신을 거듭하는 그런 책들 중 하나라는 것을 말하고 싶었을 뿐이다. 어쨌든, 이 책이 몇몇 사람들의 마음속에서 살아 숨 쉬면서 그런 사실조차도 알지 못하는 그 저자와는 멀리 떨어진 곳에서 그 마음들을 어루만져준 세월이 벌써 이십여 년이다. 오늘날 내가 아무런 거짓 없이 이런 말을 할 수 있는 책이 대체 몇 권이나 될 것이며 우리의 작품들 중 그 어느 책이 그 예술을 찬양하고 그 저자를 사랑하게 만드는 이토록 순수한 기회를 제공할 수 있겠는가?

그라세Grasset 출판사, 1953년

이 글은 1948년 1월 《칼리방*Caliban*》지에 처음 실렸다.

앙드레 지드와의 만남

처음으로 앙드레 지드를 만났을 때 나는 열여섯 살이었다. 내 교육비의 일부를 부담하고 있었던 삼촌은 가끔 내게 책을 주기도 했다. 정육점 주인으로 사업이 번창하는 편이었지만 그가 진정으로 열렬한 관심을 가진 것은 오로지 독서와 사상 쪽이었다. 그는 오전 동안은 고기 장사에 몰두했고 하루 중 나머지 시간은 자기 서재에 파묻혀 있거나 잡지를 읽고 동네 카페에 나가 앉아 끝없는 토론을 벌였다.

어느 날 그가 내게 양피지로 표지를 씌운 조그만 책 한 권을 건네주면서 "네게 흥미로울지도 몰라" 하고 말했다. 그 당시에 나는 뭔지 잘 알지도 못하면서 그 책을 다 읽었다. 나는 《여인의 편지*Lettres de Femme*》인지 《파르다양*Pardaillan*》인지를 끝내고 나서 《지상의 양식*Nourritures terrestres*》을 펼쳐 보게 된 것이었다. 자연이 주는 부에 대한 이 찬가를 읽으면서 나는 어리둥절했다. 알제에 사는 열여섯 살 먹은 나로서는 자연이 주는 그런 풍요는 넘쳐나다 못해 물릴 지경이었던 것이다. 아마도 나는 그런 것과는 다른 어떤 부를 바라고 있었던 것 같다. 그리고 "블리다여, 작은 꽃이여……"라니, 미안하지만 난 블리다라면 알고도 남았다! 나는 삼촌에게 그 책을 돌려주면서 아닌 게 아니라 흥미로웠다고 말했다. 그리고 나는 다시 해수욕과 별 열의도 없는 공부와 심심풀이로 해보는 독서, 그리고 당시의 어렵기만 했던 생활로 되돌아갔다. 첫 만남은 실패였다.

그 이듬해에 나는 장 그르니에Jean Grenier를 만났다. 그 역시 내게 여러 권의 책들을 주었다. 그중 특히 한 권의 책이 기억에 남는다. 그것은 앙드레 드 리쇼André de Richaud의 《고통 La Douleur》이었다. 나는 앙드레 드 리쇼라는 작가를 알지 못했다. 그러나 나는 그의 아름다운 책을 결코 잊어버린 적이 없다. 그 책은 처음으로 내가 아는 것을, 어머니, 가난, 하늘에 비치는 아름다운 저녁들 같은 것을 내게 말해주고 있었다. 그 책은 내 마음 깊은 곳에서 알 수 없는 끈들로 단단하게 묶여 있던 매듭을 풀어주었고 뭐라고 꼬집어 말할 수는 없어도 답답하게 조이고 있음을 느낄 수 있었던 속박들에서 나를 놓아주었다. 당연히 그렇듯 나는 그 책을 하룻밤 사이에 다 읽었다. 그리고 잠에서 깨어나자 나는 어떤 기이하고 새로운 자유를 주입받은 느낌으로 멈칫거리며 미지의 땅으로 걸어나갔다. 나는 책이라는 것이 그저 한동안의 망각과 심심풀이를 제공하는 것만이 아니라는 사실을 이제 막 깨달은 것이었다. 나의 고집스러운 침묵, 막연하면서도 도도한 나의 고뇌, 나를 에워싸고 있는 기이한 세계, 내 가족들의 고결한 품성, 그들의 가난한 삶, 그리고 끝으로 나의 비밀들, 이 모든 것들도 그러니까 표현될 수 있는 것이었다! 거기에는 어떤 해방감 같은 것이, 어떤 차원의 진실 같은 것이 담겨 있었다. 그 속에서는 예를 들어서 가난이 문득 그 진정한 모습, 즉 내가 막연히 짐작만 하면서도 은연중에 귀중한 것으로 떠받들고 있었던 모습을 드러내는 것이었다. 《고통》은 나에게 창조의 세계를 엿볼 수 있는 기회를 주었고 그 뒤 지드는 마침내 나로 하여금 그 세계 속으로 발 들여놓게 했다.

나는 진정으로 독서를 하기 시작했다. 다행스럽게도 병에 걸려 나는 바닷가 모래사장들과 갖가지 쾌락들로부터 멀어져버렸다. 나의 독서는 여전히 무질서한 방식으로 계속되었지만 거기에는 새로운 탐욕이 생겨났다. 나는 무엇인가를 찾고 있었다. 나는 이게 바로 나의 세계구나 하고 느껴지는, 그 어렴풋하게 엿보았던 세계를 다시 찾고 싶었던 것이다. 책에서 몽상으로 옮아가면서 나는 혼자서, 혹은 우정의 도움을 받아가면서, 차츰차츰 새로운 공간들을 발견해갔다. 오랜 세월이 지난 지금 나는 아직도 그 새로운 배움의 경이로움을 마음속에 간직하고 있다. 어느 날 아침, 나는 마침내 지드의 《나르시스론 *Le Traité du Narcisse*》과 맞닥뜨렸다. 이틀 뒤 나는 《사랑의 시도 *La Tentative amoureuse*》에 나오는 여러 구절들을 모조리 다 암송할 수 있었다. 《탕아 돌아오다 *Retour de l'enfant prodigue*》로 말하자면, 그것은 내가 절대로 입 밖에 내지 않는 책이 되어버렸다. 완벽한 것을 보면 입이 벌어지지 않는 법이니까 말이다. 나는 그 작품을 각색하여 나중에 몇몇 친구들과 더불어 무대에 올렸을 뿐이다. 그사이에 나는 지드의 모든 작품들을 다 읽었고 이번에는 나도 《지상의 양식》에서 남들에게 말로만 들었던 충격을 받았다. 그러나 보다시피 나는 두 번째 만남에서야 비로소 그 충격을 받게 된 것이었다. 아마도 그 책을 처음 읽었을 무렵의 나는 머릿속에 빛이 들지 않는 무지한 젊은이였다는 것이 그 이유였겠지만 또한 나에 관한 한 그 충격이 감각적인 것일 수는 없었다는 것도 하나의 이유였을 것이다. 그것은 말할 수 없을 만큼 결정적인 충격이었다. 지드 자신이 확실하게 그런 해석을 내리기 훨씬 전에 나는 이미 《지상의 양식》에서 내가 필요로 하는 헐벗음의 복음서를 읽어내는 법을 배웠던 것이다.

그 후 지드는 내 젊은 시절을 송두리째 휘어잡아버렸다. 우리가 적어도 단 한 번이라도 찬미했던 사람들이라면, 우리를 영혼의 가장 높은 곳에까지 끌어올려준 그들에게 어찌 한시인들 감사하지 않을 수 있겠는가! 그러나 그런 모든 일을 해주었는데도 그는 나의 사상의 스승도 글쓰기의 스승도 아니었다. 내게는 다른 스승들이 있었다. 내 눈에 지드는 오히려 내가 앞에서 말한 그 이유로 해서 예술가의 모델 같은 존재요 내가 살고자 하는 어떤 정원의 문을 지키는 문지기요 왕의 아들이었다. 예를 들어서 그가 예술에 대하여 말한 것 가운데, 시대가 그런 관념과는 거리가 멀어졌음에도 불구하고, 어느 것 하나 내가 전적으로 공감하지 않는 것이 거의 없는 것이다. 사람들은 지드의 작품이 이 시대의 불안과 멀리 떨어진 것이라고 비판한다. 한 작가가 위대해지려면 혁명적이 되어야 한다고 굳게 믿는 것이다. 그러나 그 작가가 혁명적이라면 그는 오직 혁명 때까지만 혁명적이라는 사실을 역사는 증명해주고 있다. 더군다나 지드가 자신의 시대와 멀어졌다는 주장도 확실한 것이 못 된다. 그가 대표하는 것으로부터 그의 시대가 멀어져갔다고 말하는 것이 더 확실할 것이다. 문제는 자살하지 않는 이상 그의 시대가 어떻게 그에게서 멀어질 수가 있느냐 하는 것이다. 지드 역시 지성적이려면 절망한 모습을 보여야 한다는 시대의 또 다른 편견 때문에 고생하고 있다. 이렇게 되면 토론은 쉬워진다. 이 편견은 한심한 것이기 때문이다.

그렇지만 나는 지드의 모범을 잊어버리지 않으면 안 되었다. 그리고 나는 일찍부터 내가 태어난 땅을 떠날 수밖에 없는 처지가 되면서 그와 동시에 그 순진무구한 창조의 세계에 등을 돌릴 수밖에 없었다. 우리 세대에게 역사는 강제적인 것이었다. 나는 어두운 세월의 문간에서 기다리는 사람들 속에 끼여서 줄을 서야 했다. 그리고 우리는 행군하기 시작했고 아직도 목적지에 다다르지 못했다. 그 후 내가 어찌 변하지 않을 수 있었겠는가? 그러나 적어도 나는 내가 삶을 시작했던 그 충만함과 빛의 세계를 잊어버리지는 않았다. 세상의 그 무엇도 그 세계보다 더 나아 보인 적은 없었다. 나는 지드를 부정하지 않았다.

과연 나는 우리의 가장 고된 시절의 끝에서 그를 다시 만났다. 그 당시 나는 파리에서 그의 아파트 한쪽을 차지하고 있었다.

그 집은 발코니가 딸린 아틀리에였는데 방 한가운데에 공중그네가 하나 매달려 있다는 것이 가장 큰 특징이었다. 나를 찾아오는 지식인들이 툭하면 거기에 매달리곤 하는 걸 보다 못해 나는 그만 그 공중그네를 없애버렸다. 내가 그 아틀리에에 들어 살기 시작한 지 여러 달이 지나자 이번에는 지드가 북아프리카에서 돌아온다. 나는 그 전에 지드를 한 번도 본 적이 없었다. 그런데도 우리는 마치 오래전부터 아는 사이인 것 같았다. 지드가 나를 친밀한 사이로 받아들여준 것도 아니었다. 만나자마자 알 수 있듯이 그는 우리 세계에서 우정의 표시로 인식되는 떠들썩한 마구잡이의 어울림이라면 질색하는 사람이었다. 그러나 나를 맞아주는 그의 미소는 단순하고 유쾌한 것이었다. 나는 한 번도 그가 나를 대할 때 조심스러워하는 것을 보지 못했다.

그 외에는 우리 사이에 가로놓인 마흔 살의 나이 차이, 그리고 둘 다 남을 곤란하게 만드는 일이라면 절대로 하지 못하는 태도가 있었다. 그렇기 때문에 나는 여러 주일 동안 그를 거의 만나지 않으면서도 그의 측근에 있을 수 있었다. 이따금 그는 나의 아틀리에와 자신의 서재 사이를 막고 있는 이중문을 두드리기도 했다. 그는 지붕을 통해서 자신의 방으로 들어간 암고양이 사라를 손에 받쳐 들고 서 있는 것이었다. 때로 그는 피아노 소리에 이끌려 찾아왔다. 또 한 번은 내 옆에 와 앉아서 라디오에서 들려오는 휴전 뉴스에 귀를 기울이기도 했다. 대부분의 사람들에게 고독의 종언을 의미하는 전쟁이 그에게나 나에게는 단 하나의 진정한 고독임을 나도 모르는 바 아니었다. 처음으로 그

라디오 옆에 같이 앉아서 우리는 시대 앞에서의 연대감을 느꼈다. 또 다른 날들에는 문 저쪽 편에 살고 있는 그에 대하여 내가 알 수 있는 것은 오직 오가는 발소리, 스치는 소리, 어렴풋하게 들썩이는 명상이나 몽상 같은 것이 전부였다. 그러나 그런 것이야 아무러하면 어떠랴! 그가 나와 아주 가까운 곳에 존재하고 있다는 것을, 그리고 내가 뚫고 들어가고 싶어 했던, 뒤얽힌 삶과 외침들 한가운데서도 항상 내 관심이 쏠리곤 했던 그 비밀의 영지를 그가 그 비길 데 없는 위엄으로 지키고 있다는 것을 나는 알고 있었다.

그가 우리에게 등을 돌려버린 오늘, 그 영지의 문을 지키는 내 늙은 친구의 자리를 그 누가 대신해줄 수 있을 것인가? 우리가 그곳으로 돌아갈 그날까지 그 누가 그 정원을 지켜줄 것인가? 적어도 그는 죽는 날까지 감시를 게을리 하지 않았다. 그렇기에 그는 우리가 진정한 스승들에게 바치는 그 한가로운 감사를 계속 받아야 마땅하다. 그의 떠남을 에워싼 불미스러운 소리들에도 달라지는 것은 아무것도 없을 것이다. 물론 싫어하는 사람들은 아직도 그 죽음에 잔뜩 성이 나 있다. 노예 같은 삶 속에 모든 것을 뒤죽박죽으로 섞어놓는 것이 아니라 특권을 널리 퍼뜨리는 것이 정의임을 부정하는 사람들에게서 특권 때문에 그토록 모진 질시의 대상이 되었던 그였는데 사람들은 그의 목숨이 다하는 날까지 그를 질책하고 그 같은 태연함에 분노한다. 지금도 그는 증오, 역정 혹은 무례함의 찬사를 받지 않는 날이 하루도 없다.

 그렇지만 이 조그만 쇠 침대 주위에서 이룩되어야 마땅한 것은 유례없는 만장일치가 아니고 무엇이겠는가. 많은 사람들에게 있어서 죽는다는 것은 너무나도 무서운 형벌이기에 행복한 죽음은 천지창조에 대한 약간의 보상일 수도 있다는 생각이 든다. 내가 만약 기독교 신자였다면 지드의 죽음은 내게 위안이 되었을지도 모른다. 그러나 내 눈에 보이는 신자들이 믿음을 가지고 있다면 그들은 대체 무엇을 믿는다는 것일까! 하기야 아무러하면 어떠랴. 은총을 얻지 못한 사람들은 하다못해 자기들끼리 너그러움이라도 실천하지 않으면 안 된다. 다른 사람들에겐 아무것도 부족한 것이 없다. 그들은 다 갖추고 있는 것이다. 혹은 다 갖춘 것처럼 행동한다. 반면에 우리에게는 모든 것이 결핍되어 있다. 있는 것은 형제애로 가득한 손뿐이다. 아마도 그래서 사르트르가 그들 서로간의 차이점을 초월하여 지드에게 모범적인 경의를 표했을 것이다. 이처럼 어떤 사람들은 자신의 성찰 속에서 인색하지도 안이하지도 않은 평정의 비밀을 찾아내는 것이다. 지드의 비밀은 자신의 온갖 의혹의 한가운데서도 인간으로서의 긍지를 결코 잊지 않았다는 데 있다. 죽는다는 것은 그가 끝까지 감당하고자 했던 그 조건의 일부였다. 여러 가지 특권을 누리면서 살았던 그가 만약 두려워 떨면서 죽었다면 사람들은 그에 대하여 뭐라고 했을 것인가? 그랬더라면 바로 거기서 그는 자신의 행복이 도둑맞은 것임을 증명한 셈이 되었을 터이다. 그런데 그게 아니었다. 그는 신비를 향해 미소 지었고 자신이 삶을 향해 보여주었던 것과 똑같은 얼굴을 심연을 향해서도 보여주었다. 우리는 우리 자신도 잘 알지 못한 채 마지막으로 한 번 더 그 순간을 기다리고 있었다. 마지막으로 한 번 더 그는 약속을 지켰다.

1951년 11월
《누벨 르뷔 프랑세즈*La Nouvelle Revue Française*(N. R. F.)》지의
추도 특집

감옥에 갇힌 예술가

《옥중기De Profundis》와 《레딩 감옥의 노래The Ballad of Reading Gaol》를 쓰던 시기까지 와일드는 위대한 천부적 지성과 가장 빛나는 재능도 진정한 창조자를 만들어 내기에 충분하지 않다는 사실을 자기 자신의 삶이라는 예를 통해서 증명하는 데 골몰했다. 그러면서도 그가 원하는 것은 오로지 위대한 예술가가 되는 것뿐이었다. 오직 예술만이 그의 유일한 신이었으므로 그 신이 자신에게 선택받는 은총을 거부한다는 것은 상상도 할 수 없었다. 과연 와일드는 두 가지의 세계, 즉 일상의 세계와 예술의 세계가 전혀 별개로 존재한다고 주장했다. 전자가 지루하게 반복되는 세계라면 예술 작품은 언제나 유일무이한 세계라는 것이다. 그래서 그는 일상의 현실에 등을 돌린 채 오직 자신이 이상적인 아름다움이라고 믿는 것의 광휘 속에서만 살고자 했다. 그는 자신의 삶 그 자체를 예술 작품으로 탈바꿈시켜서 오직 조화와 세련의 법칙에 따라서만 살기 위하여 가장 엄청난 노력을 바쳤다.

그는 그 어느 누구보다도 더 깊숙이 예술의 열광 속으로 파고들었지만 그러는 동안 그는 어느 누구보다도 덜 예술가였다. 그는 아름다움의 이름으로 세상을 멸시했지만 진정한 예술의 척도로 보면 그는 거의 아무것도 아닌 존재였다. 그 당시 그의 작품은 바로 그 도리언 그레이의 초상을 그대로 빼닮은 것이었다. 그 인물의 모델이 여전히 젊고 우아해 보이면 보일수록 그만큼 더 빨리 주름살로 온통 뒤덮여버리는 그 도리언 그레이 말이다. 한편 그의 삶은 어떠한가? 그가 하나의 위대한 걸작으로 만들고 싶어 했던 자신의 삶을 그는 《옥중기》의 첫 페이지에서 적절하게 비판하게 된다. 그러나 그 자신의 말처럼 삶에는 천재를 바치고 작품에는 재능을 바치겠다고 한 그가 아니었던가. 재치 넘치는 그 표현이 마음에 들었던지 지드는 그 말을 유난히 강조하며 소개했다. 그러나 그것은 말에 불과한 것이었다. 삶에도 작품에도 그 같은 천재, 아니 그 같은 재능이면 충분했다. 기껏해야 피상적인 작품을 만들어내는 것이 고작인 재능이라면 경박하고 대단치 않은 삶을 지탱해주는 것이 고작이라는 것을 알 수 있다. 꼭 천재여야 저녁마다 사보이 호텔에 가서 식사를 할 수 있는 것은 아니다. 심지어는 꼭 귀족일 필요조차도 없다. 그저 돈 많은 부자면 되는 것이다. 지드는 와일드를 아시아의 바쿠스, 아폴론, 로마 황제 등으로 묘사했다. "그는 빼어난 존재였다"라고 그는 말한다. 그럴지도 모른다. 그러나 감옥에 갇힌 와일드는 "최고의 악덕은 피상적이 되는 것이다"라고 말하지 않는가?

와일드가 형을 선고받기 전에 한 번이라도 이 세상에 감옥이라는 것이 존재한다는 생각을 해보았는지는 확실치 않다. 혹시 그런 생각을 해보았다 하더라도 암암리에 감옥이란 자기와 같은 자질을 갖춘 사람들을 위한 것은 아니라고 확신하고 있었을 것이다. 심지어 사법 제도는 자기와 같이 특권을 가진 사람들에게 봉사하는 것 외에 다른 기능이 있을 것 같지 않다고 믿었을 것이다. 왜냐하면 재판정에서 그가 먼저 더글러스 경의 아버지를 증인으로 소환했으니 말이다. 그 무슨 기이한 운명의 장난이었는지 바로 그 재판정은 와일드 자신에게 유죄 판결을 내렸다. 법이 자신에게 봉사해주기를 원했는데 자신이 법 앞에 무릎을 꿇고 노예가 된 것이다. 그제야 비로소 그는 세상에 감옥이라는 것이 존재한다는 것을 깨닫게 되었다. 전에는 생각지도 못했던 일이다. 사보이 호텔은 난방이 잘 되어 따뜻했던 것이다.

그는 그토록 많은 귀족들과 귀인들을 감옥에 넣은 바 있는 셰익스피어를 찬미했지만 그를 제대로 이해하지도 못한 채 찬미했던 것이 분명하다. 왜냐하면 그는 모든 생각과 행동에 있어서 자신은 감옥에 갇힌 무리들과는 아무 관계가 없다고 여기고 있었으니 말이다. 예술이 그의 유일무이한 종교였다면 그는 그 종교의 바리새 사람이었다. 와일드가 인정머리 없는 인간이어서가 아니라 상상력이 부족했기 때문이다. 그의 눈에 다른 사람들은 모두 다 행위자나 피행위자가 아니라 오직 관객으로만 보였던 것이다. 진정한 댄디로서 다른 사람들을 놀라게 하고 매혹하는 데 몰두한 나머지 자신은 그 어떤 진실에 의해서도, 심지어 자기가 그렇게도 추구한다고 자처했던 행복의 진실에 의해서도 놀라거나 매혹당할 줄은 모르게 되고 말았다. 그가 맛본 단 한 가지 행복은 유행의 첨단을 걷는 양복점에서 옷을 해 입는 것이었다. 그는 《옥중기》에서 이렇게 술회한다. "나의 잘못은 오로지 정원에서 해가 잘 드는 나무들 쪽에만 틀어박혀 있으면서 그늘과 어둠 때문에 그 반대쪽을 한사코 피했다는 점이다."

그러나 갑자기 해가 사라져버렸다. 자신이 무심코 청원했던 법정이 오히려 자신에게 형을 선고해버린 것이었다. 그의 유일한 목적이었던 사교계가 돌연 진부하다 못해 비열하기까지 한 본래의 모습을 드러내며 이해관계를 위한 쟁탈전을 벌였다. 하룻밤 새에 그는 스캔들의 이름으로 형편없이 박해받는 처지가 되고 말았다. 무슨 영문인지도 알지 못한 채, 자고 깨보니 허름한 옷차림으로 감옥에 갇혀 노예 취급을 받는 신세가 되어 있는 것이다. 누가 찾아와 그를 구해줄 것인가? 빛나는 삶이 유일한 현실이라면 그를 감방 안에 처박은 것은 다름 아닌 사교계의 복장을 한 현실이다. 숲의 해가 잘 드는 쪽에서밖에는 살 수가 없다면 와일드는 악취가 풍기는 그늘 속에서 절망하며 죽어야 한다. 그러나 인간은 죽기 위해서 태어난 것이 아니다. 그렇기 때문에 인간은 어둠보다 더 위대하다. 와일드는 고통 속이라 할지라도 살기를 택한다. 견디며 살아야 할 이유들을 바로 그 고통 속에서 발견했기 때문이다. "내가 자살하지 못하게 만든 것은 다름 아닌 연민이라는 것을 아십니까?" 하고 그는 훨씬 뒤에 지드에게 말했다. 고통 받는 자의 마음을 움직일 수 있는 유일한 힘인 연민은 특혜 받은 이에게서 올 수 있는 것이 아니다. 연민은 그와 함께 고통 받고 있는 사람에게서 온다. 감옥의 뜰에서 그때까지 와일드에게 단 한 번도 말을 건 적이 없었던 낯모르는 수인 한 사람이 그의 등 뒤에서 걷고 있다가 갑자기 중얼거리듯 그에게 말한다. "오스카 와일드, 당신이 가엾소, 우리보다 당신이 더 고통 받고 있을 테니 말이오." 그 말을 듣자 와일드는 마음의 동요를 느끼며 그에게 아니지요, 이곳에 있는 사람들은 모두가 다 똑같이 고통 받고 있는걸요, 라고 대답했다. 바로 그 순간 와일드가 전에 생각도 하지 못했던 어떤 행복을 맛본 것이라고 한다면 나의 착각일까? 이제 막 그의 마음속에서 고독감이 사라진 것이다. 도형수의 처지로 전락하여 아직도 이게 생시인지 끔찍하고 사나운 꿈속인지 분간이 가지 않는 지체 높은 귀족이 문득 모든 것을 제자리로 돌려놓는 빛의 세계로 발을 들여놓게 된 것이다. 그가 느끼는 수치가 쓰라린 것이 사실이지만 그것은 다만 남들을 판단하고 단죄해놓고 나서 화려하게 촛불 켜진 식탁으로 식사하러 가는 그 사교계와 자기가 한때 한통속이었다는 수치일 뿐이다. 자신의 형제는 리츠 호텔에서 살고 있는 사람들이 아니라 죄수들의 운동 시간에 자신의 앞에서 밑도 끝도 없는 말을 중얼거리며 걸어가고 있는 저 사람, 그리고 자신에게《레딩 감옥의 노래》를 받아 적게 하는, 새벽의 감옥 복도에서 사슬에 묶인 발걸음을 다른 발걸음들과 한데 섞고 있는 또 다른 저 사람이라는 것을 그는 이제 알고 있다. 그는 자기 친구들 중 가장 경박한 한 사람에게 이런 편지를 써 보낸다. "이 비참한 장소에 나와 함께 갇혀 있는 불쌍한 사람들 가운데 삶의 비밀과 상징적인 관계를 맺고 있지 않은 이는 단 하나도 없다네."

그와 동시에 그는 예술의 비밀을 발견한다. 와일드를 박해하는 사람들의 그 무슨 추가적 잔인함의 발로였는지, 그가 두 손 꽁꽁 묶인 채 두 형리의 감시하에 파산 법정으로 불려 나와 자기가 완전히 빈털터리가 되었다는 사실을 알게 된 날, 낄낄대며 비웃는 방청객들 한가운데서 오직 한 사람의 옛 친구가 심각한 표정으로 모자를 벗어 들며 자신에게 닥친 불행에 동정의 인사를 보내는 것을 보게 된 그날, 그리하여 이 별것 아닌 작은 행동이 자신에게 "모든 연민의 샘들의 물꼬를 터놓았다"는 사실을 깨닫고 또 그렇게 글로 쓰는 그날, 그는 동시에 잘 알지도 못하면서 그렇게 자주 입에 올렸던 셰익스피어와 단테를 이해할 수 있게 되고 그때 한 인간의 고통으로부터 생겨날 수 있는 가장 아름다운 책들 중 하나를 쓴다. 그 《옥중기》의 첫 문장에서부터 과연, 와일드가 생각해내려고 억지로 애를 썼다면 결코 찾아내지 못했을 어떤 새로운 언어가 메아리치기 시작하고 그 순간 초기 작품들의 화려하기만 할 뿐 너무나 허약했던 구조가 산산조각 나버린다. 《옥중기》의 핵심은 삶에 대해서뿐만 아니라 자신의 예외적인 삶으로 만들고자 했던 예술에 대해서도 자신이 착각을 하고 있었음을 털어놓는 한 인간의 고백이나 다름없다. 와일드는 예술을 고통과 분리시키고자 하다가 그만 예술을 그것의 뿌리들 중 하나로부터 단절시켜버렸고 그렇게 함으로써 자신마저 진정한 삶과 유리되었다는 것을 인정한다. 보다 더 확고하게 아름다움에 봉사하기 위하여 그는 아름다움을 세계의 저 머리 위로 떠받들어 올리고자 했는데 수인의 헌 옷을 입고 나자 그는 자신이 예술을 인간들의 저 밑바닥으로 실추시켰다는 것을 깨닫는다. 왜냐하면 그 예술은 아무것도 가진 것이 없는 사람에게는 전혀 도움이 되지 못하기 때문이다. 《살로메*Salomé*》나 《도리언 그레이의 초상*The Picture of Dorian Gray*》에는 도형수의 마음속에서 발견할 수 있는 것이란 아무것도 존재하지 않는다. 그러나 《리어 왕*King Lear*》이나 《전쟁과 평화》에는 우리의 끔찍한 고통의 집들에서 눈물 흘리거나 반항하고 있는 사람들이 알아볼 수 있는 고통과 행복이 담겨 있다. 와일드가 그때까지는 희귀한 꽃들을 쓰다듬을 때나 사용했던 손으로 감옥의 마룻바닥을 닦고 있을 때 그가 지금까지 자신이 썼던 것과 하늘 아래 글로 쓰인 것들로부터 빠져나올 수 있도록 구원해줄 수 있는 것은 오직 저 무서운 외침 소리밖에 없는 것이었다. 그 외침 속에서는 천재가 만인의 불행이 찬란하게 빛을 발하도록 만들고 있는 것이다. 그의 아름답게 장식된 문장들도 감칠맛 나는 콩트도 이때는 그에게 아무런 도움이 되지 못했다. 그러나 패배의 극단에서 세상의 질서에 순응하는 오이디푸스의 몇 마디 말은 그에게 도움이 될 수 있었다. 바로 그렇기 때문에 소포클레스는 창조자였지만 그때까지의 와일드는 창조자가 아니었다. 가장 드높은 모습으로 구현된 천재는 바로 더없이 비참한 사람이 가장 어두운 감옥 속에서도 만인의 눈에나 자신의 눈에나 영광의 빛을 받는 존재가 될 수 있도록 창조하는 사람이다. 고통에 어떤 의미를 부여하기 위해서가 아니라면, 하다못해 고통이 부당하다는 것을 소리쳐 말하기 위해서가 아니라면 창조가 무슨 소용이 있겠는가? 그 순간에야 아름다움은 불의와 악의 잔해 속에서 불쑥 모습을 나타낸다. 이러할 때 예술의 궁극적인 목적은 재판관들을 꼼짝 못하게 만들면서 모든 소송을 말소시켜버리고 오로지 진실의 빛이기 때문에 아름다움의 빛인 광명 속에서 삶도 인간들도 다 정당화하는 데 있다. 그 어떤 위대한 천재의 작품도 진정으로 증오나 멸시에 바탕을 두었던 적은 없다. 진정한 창조자는 결국 자신의 마음속 어느 곳에서나, 자신의 역사의 그 어느 순간에나, 갈라진 것들을 서로 화해시켜주고야 만다. 그리하여 그는 스스로를 규정하는 기이한 평범 속에서 공통의 척도를 발견한다.

오만하게도 별것 아닌 인간이 되는 것을 거부하는 예술가들이 얼마나 많은가? 그러나 그 별것 아닌 것이 그들에게 진정한 재능을 부여하기에 충분할 수도 있다. 그 별것 아닌 것이 없었더라면 그들은 그 진정한 재능을 획득하지 못했을 터이니까. 또한 그 별것 아닌 것이 없었더라면 그들은 자기도 모르게 노예로 전락하게 되고 자신들이 그토록 우습게 여기는 공통의 척도 아래로 추락하게 될 터이니까. 그런가 하면 또 공통의 척도에 도달하기만 하면 충분히 천재가 될 수 있다고 생각하고 또 실제로 공통의 척도에 도달하게 되면 아주 거기에 안주해버리는 예술가들이 얼마나 많은가? 그러나 이런 어리석음들은 상호 보완적이다. 일상의 진실을 거부하는 예술은 그렇게 함으로써 삶을 잃는다. 그러나 그 예술에 반드시 필요한 그 삶이 예술의 충분조건이 되지는 못한다. 예술가가 현실을 거부할 수 없는 것은 그 현실에 현실을 넘어서는 정당성을 부여할 책무가 그에게 있기 때문이다. 현실을 무시한다면 그 현실에 어떻게 정당성을 부여할 수 있겠는가? 그러나 바로 그 현실에 예속되는 존재가 된다면 그 현실을 어떻게 변화시킬 수 있겠는가? 서로 상반된 이 두 가지 운동과 맞서서 진정한 천재는 어둠과 빛 사이에 놓인 렘브란트의 철학자처럼 침착하면서도 기이한 자세로 몸을 가누며 버티고 서 있는 것이다. 그렇기 때문에 지칠 대로 지친 심신으로 출옥한 와일드는 겨우 힘을 내어 그 기막힌 《레딩 감옥의 노래》를 써서 어느 날 아침 레딩 감옥의 모든 감방들로부터 솟구쳐 오르는 저 비명 소리를 다시 메아리치게 함으로써 연미복 차림을 한 사람들에 의하여 교수형을 당하는 사람의 비명 소리를 전해주었다. 이 세상에서 아직도 그의 관심을 끌 수 있는 단 한 가지는 고통 받는 그의 형제들이었고 그들 중에서도 부끄럽게도 품위의 이름으로 형벌을 받고 있는 사람이었다. 《옥중기》의 마지막에서 와일드는 이제부터 예술과 고통을 동일한 것으로 여기겠다고 다짐했다. 자크 부르의 아름답고 예민한 번역으로 접할 수 있는 《레딩 감옥의 노래》는 그 같은 약속을 지키려는 듯, 저마다 남들과 섞여 있으면서도 자기 자신의 목소리에만 귀를 기울이는 살롱의 예술로부터 자기 동류인 다른 인간들에 의하여 죽임을 당하는 인간에게 찾아오는 저 단말마의 절규가 방마다 울려 나오는 감옥의 예술로 그를 인도해간 저 현기증 나는 도정을 마무리한다.

　아마도 이때에야 비로소 또 하나의 광란이 시작되는 것이리라. 새로운 발견의 충격으로 인하여 모든 삶을 고통과 맹목적으로 동일시하는 광란 말이다. 그러나 바로 이 순간 와일드는 애정과 찬미만을 받을 자격을 갖춘다. 책임은 오직 그의 시대, 그가 살았던 세계에 있을 뿐이다. 마음이 그럴 만한 자격을 갖추기만 한다면 행복 속에도 어떤 진실이 존재할 수 있다. 그런데 그 진실을 엿볼 수 있기 위해서는 항상 고통과 굴종이 필요하다면 그것은 결국 우리 사회처럼 비열한 사회들의 죄인 것이다. 그와 반대로 행복을 통해서 헐벗음에 도달하게 되는 인간들의 성취는 얼마나 큰 승리인가? 그러나 따지고 보면 출생이나 성향으로 인하여 생 쥐스트의 말처럼 행복에 대하여 끔찍한 관념밖에 갖지 못하는 사람들의 경우, 고통이야말로 진실의 한 모습인 ──그다지 고상하지 못한── 것이다. 그리고 노예의 진실이 귀족의 거짓보다는 더 가치 있는 것이다. 그러나 고통을 통해서 허영을 넘어 높이 솟은 와일드의 위대한 영혼은 불행을 넘어서 모색해야 할 저 자랑스러운 행복을 열망하고 있었다. "그런 다음에 나는 행복해지는 법을 배워야 할 것이다"라고 그는 말하곤 했다. 그는 행복하지 못했다. 진실을 향한 노력, 감옥 속의 인간을 저 밑바닥으로 끌어내리는 그 모든 것에 대한 단순한 저항은 그의 영혼을 기진맥진하게 만들기에 충분한 것이었다.《레딩 감옥의 노래》이후 와일드는 더 이상 아무것도 쓰지 못했다. 그리하여 그는 아마도 천재의 길을 알기는 하지만 이제 더 이상 그 길로 들어설 힘이 없어진 예술가의 저 형언할 수 없는 불행을 경험하게 된 것 같다. 나머지는 가난, 적의 혹은 무관심이 맡아서 끝장을 냈다. 전에 그의 삶의 목적이었던 사교계는 한 수인에 의하여 영원히 그것의 실체 그대로 평가받게 되었음을 감지했던 모양이다. 그렇기 때문에 사교계는 지난날 그 공허한 축제들의 주역이었던 그 사람에게 등을 돌려버린 것이었다. 그리하여 다시 한 번 스스로에 대한 판단을 내린 사교계는 또다시 이 시인을 지난날 피상적이었다는 죄악 때문이 아니라 무례하게도 불행했다는 이유 때문에 단죄했다. 심지어 지드까지도 아무런 재력도 없고 더 이상 글도 쓰지 않는 와일드를 파리에서 만났을 때 난처했다고 털어놓는다. 아마도 그가 그 난처한 내심을 끝내 감추지 못했는지 와일드는 어쩔 수 없이 이런 말을 내뱉었다. "이미 한 대 얻어맞은 사람을 원망하면 안 되지요." 그 순간 비참하고 고독하고 이제는 더 이상 글도 쓰지 못하게 된 와일드는 이따금 런던으로 돌아가서 다시금 "인생의 제왕"이 되는 것을 꿈에 그리면서도 필시 자신은 이제 모든 것을, 심지어 감옥의 뜰에서 자신의 눈앞에 나타났던 그 진실마저 다 잃었다고 혼자 마음속으로 중얼거렸을 것이다. 그러나 그는 잘못 생각한 것이었다. 그는 우리에게 확실한 유산인 《옥중기》와 《레딩 감옥의 노래》를 남기고 있었다. 그는 우리의 아주 가까운 곳, 예술과 노동이 똑같은 궁핍 속에서 친밀감을 맛보는 파리 좌안의 한 거리에서 죽었다. 그러나 그의 빈약한 장의 행렬을 따르는 것이 지난 시절의 그 빛나는 친구들이 아니라 보자르 거리의 서민들이었다는 사실은 바로 그의 새로운 귀족 신분을 입증하는 것이었으며 바로 얼마 전에 새로 태어난 한 위대한 예술가가 이제 막 사망했다는 사실을 통찰력 있는 이들에게 알려주는 것이었다.

팔레즈Falaize 출판사, 1952년
1952년 12월 19~25일 《예술Arts》지에 재수록되었다.

로제 마르탱 뒤 가르

《변화하라!*Devenir!*》를 펼치고 마즈렐 영감과 그의 아내의 모습을 그린 초상을 읽어보라. 로제 마르탱 뒤 가르Roger Martin du Gard는 이처럼 처녀작에서부터 이미 밀도 있는 초상화를 그려내는 데 성공하고 있다. 오늘날에 와서 우리 문학에서는 이런 초상을 그리는 비결은 찾아보기 어려워진 것 같다. 작품의 폭을 넓혀주는 이런 삼차원적 성격 때문에 그의 작품은 우리 시대의 문학 속에서 좀 색다르다는 인상을 준다. 실제로 오늘날 생산되는 작품들은 가치 있는 것일 경우 톨스토이보다는 도스토예프스키를 준거로 삼고 있다고 볼 수 있다. 그 작품들 속에서는 정념으로 들끓는, 혹은 영감을 받은 듯한 온갖 그림자들이 운명에 대한 성찰을 몸짓으로 대신 해석해 보이고 있다는 것을 알 수 있다. 뚜렷한 부조(浮彫)와 밀도는 도스토예프스키의 인물 묘사에서도 찾아볼 수 있는 것이긴 하다. 그러나 톨스토이의 작품에서처럼 그것이 창조의 규칙이 되고 있지는 않다. 도스토예프스키는 우선 움직임을 모색하는 데 비하여 톨스토이는 형태를 찾고자 한다. 《악령》의 젊은 여자들과 나타샤 로스토프 사이에는 영화에 등장하는 인물과 연극의 배우 사이에서 볼 수 있는 것과 똑같은 차이가 존재한다. 즉 생생하게 살아 움직이는 효과가 있는 반면에 육체 자체의 실감은 덜한 것이다. 하기야 천재가 지닌 이 같은 약점들이, 도스토예프스키의 경우에는, 원죄나 성스러움 속에 뿌리박은 어떤 부가적 차원(이번에는 정신적·종교적인 것인)에 의하여 보상되고 있는 것이 사실이다. 그러나 몇몇 예외가 있긴 하지만 도스토예프스키에게서 어둠을 유산 받았을 뿐인 우리 시대의 작가들은 이런 개념들을 한물간 것으로 간주하는 경향이 있다. 예술가라기보다는 현실 저 너머의 비전을 투시하는 능력의 인물인 카프카의 영향, 혹은 신경질적으로 그리고 지적으로 점점 더 힘들게 역사의 빠른 변화를 쫓아가며 모든 것에 다 대처해야 하다 보니 그 어느 것 하나 깊이 있게 다루지 못하는 예술가들이 추종해 마지않는 미국의 행동주의 소설 기법과 결합된 이 오만한 예는 우리 문단에 자극적이면서도 실망스러운 문학을 촉발시켰다. 그런 문학의 실패는 그 야망에 비례하는 것으로 아직 그 어느 누구도 그것이 어떤 유행의 끝물인지 어떤 새로운 시대의 예고인지 가늠하지 못한다.

  금세기 초에 데뷔한 로제 마르탱 뒤 가르는 그와 반대로 그 세대 사람들 가운데 톨스토이의 계열이라고 간주할 수 있는 유일한 문인이다. 그러나 동시에 그는 아마도 오늘의 문학을 예고하고 그 문학에 절박한 문제들을 유산으로 물려주며 또한 몇 가지 희망을 허락해줄 수 있는 유일한(지드나 발레리 이상으로) 문인일 것이다. 마르탱 뒤 가르는 존재들에 대한 관심, 그 존재들이 지닌 "육신의 어둠"을 그리는 기법, 그리고 용서의 지혜 등 오늘날에는 유행에 뒤떨어진 자질로 보이기 쉬운 특징들을 톨스토이와 공유하고 있다. 그렇지만 톨스토이가 그린 세계는 동일한 믿음에서 활력을 얻는 하나의 전체, 하나의 유기체를 이루고 있었다. 그의 인물들은 그래서 영원이라는 궁극의 모험 속에서 서로 만나고 있는 것이다. 가시적으로건 아니건 간에 그 인물 한 사람 한 사람은 한결같이 자신들의 역사의 어느 한 지점에서 결국은 무릎을 꿇는다. 그리고 톨스토이 자신은 추운 겨울에 가족도 영예도 버리고 보편적 비참인 그들의 불행에, 그리고 결코 절망할 수 없는 순수함에 동참하고자 한다. 그렇기 때문에 그의 작품은 동시에 의혹의 작품이며 실망에도 불구하고 집요하게 밀고 나가는 이성, 스스로 인정한 무지, 그리고 자신 이외에 그 어떤 미래도 약속받은 것이 없는 인간에게 거는 내기의 작품인 것이다. 그리하여, 그리고 눈에 보이지 않는 그 대담성이나 스스로 인정하는 모순으로 인하여, 그 작품은 우리 시대의 작품이다. 오늘에도 여전히 그 작품은 우리 자신에게 스스로의 모습을 설명해줄 수 있고 나아가 장래에 다가올 세대들을 도와주게 될 것이다.

과연 우리 작가들의 실질적인 야심은 《악령》을 자신의 힘으로 소화하고 나서 어느 날엔가는 《전쟁과 평화》를 쓰는 것일지도 모른다. 수많은 전쟁과 부정들을 거쳐 머나먼 길을 달려온 끝에 그 작가들은, 비록 내놓고 말하지는 않지만, 겸손과 숙련된 솜씨에 힘입어 마침내 유한한 생명의 살과 피로 된 인물들을 되살려낼 만유 보편적 예술의 비밀을 되찾을 수 있으리라는 희망을 품고 있다. 현 상태의 동서양 사회에서 그 같은 위대한 창조가 가능할지는 의심스럽다. 그러나 그 양대 사회가 전반적인 자살 행위를 저질러 스스로 멸망하지 않는 한 서로를 풍요롭게 만들어 다시금 창조를 가능하게 하리라는 희망을 가로막는 것은 아무것도 없다. 그러므로 우리는 천재의 기회를 남겨두기로 하자. 우월함과 신선함을 다하여 스스로 감당했던 모든 압력들을 빠짐없이 등재하여 동시대 모험의 핵심을 소화해내는 새로운 예술가가 도래할 기회를 마련해두자. 그러할 때 그 예술가의 진정한 운명은 미래에 올 것의 전조를 자신의 작품 속에 새겨 넣고 거기서 예외적으로 예언의 능력과 진정한 창조의 능력을 일치시키는 것이 되리라. 상상조차 하기 어려운 이러한 책무를 짊어진다고 해서 어쨌든 과거의 예술의 비밀들을 포기하고 버릴 수는 없을 것이다. 고독하면서도 견고한 모습을 가진 마르탱 뒤 가르의 작품은 바로 그런 몇몇 비밀들을 간직하고 있으며 우리도 알아볼 수 있는 겉모습을 씌워 그 비밀들을 우리 눈앞에 가져다 놓는다. 스승이며 공모자인 그에게서 우리는 우리가 가지지 못한 것을 발견하는 동시에 우리의 진정한 모습을 되찾을 수 있게 된다.

"걸작들은 우람한 짐승들과도 같아서 표정이 고요하다"라고 플로베르Gustave Flaubert가 말했다. 그렇다. 하지만 그들의 피 속에는 항상 기이하고 젊은 격정이 흐르고 있다. 우리를 마르탱 뒤 가르의 작품으로 다가가게 하는 것은 바로 그 타는 듯한 열기와 대담성이다. 따지고 보면 그 표정이 고요하기 때문에 더욱 뜨거운 열기 말이다. 일종의 순박함 같은 모습 뒤에 숨어 있는 가차 없는 명철함은 깊은 성찰을 통해 발견되고 그리하여 그 성찰 속으로 연장된다.

우선 지적해두어야 할 것은, 마르탱 뒤 가르는 단 한 번도 도발이 예술의 방법이 될 수 있다고 생각해본 적이 없다는 사실이다. 인간과 작품이 다 같이 침묵 속에 뒤로 물러나 참을성 있게 노력하는 가운데 가다듬어진 것이다. 마르탱 뒤 가르는 사실 우리의 중진 작가들 중에서 그의 전화번호를 아는 사람이 아무도 없는 희귀한 하나의 예다. 그 작가는 우리의 문단에 강력한 방식으로 존재한다. 그러나 그는 물에 탄 설탕처럼 그 속에 존재한다. 명예와 노벨상은 이를테면 그를 전보다 한결 더 짙은 어둠 속에 파묻어놓았다. 단순하면서도 신비스러운 그는 힌두교도들이 말하는 신성한 원칙 같은 그 무엇을 지니고 있다. 즉 사람들이 그의 이름을 부르면 부를수록 그는 더 멀리 모습을 감추는 것이다. 사실 무슨 계산이 있어 이처럼 그늘 속에 숨고자 하는 것은 아니다. 그 인간 됨됨이를 가까이서 접해보는 영광을 입은 사람들은 반대로 그의 겸손함에 가식이 없다는 것을 안다. 그래서 그 겸손함은 어딘가 비정상이라는 느낌이 들 정도다. 나는 항상 겸손한 예술가란 존재하지 않는다고 믿어온 터다. 마르탱 뒤 가르를 알게 되면서부터 나의 확신은 흔들리게 되었다. 그러나 이 겸손한 괴짜에게는 그의 특이한 성격 이외에 사람들과 멀리 떨어져 살아야 할 또 다른 이유가 있다. 즉 예술가라는 이름에 손색이 없는 사람이라면 누구나 당연히 하게 되는, 작품을 쓸 시간을 아껴야 한다는 걱정이 그것이다. 그러나 작가가 자신의 작품을 자신의 고유한 삶의 건설과 동일시하면서부터 그 이유는 절대적인 것이 된다. 이렇게 되면 시간은 더 이상 작품이 건설되는 자리가 아니라 조금만 딴 데로 정신을 팔면 즉시 위협을 받는 작품 그 자체인 것이다.

 소명 의식이 이 정도이고 보면 도발적 태도나 거기에 따른 계산된 책략이 들어설 자리는 없다. 그와 반대로 창조와 관련된 모든 것에 있어서는 진정한 노동의 법칙을 받아들일 수밖에 없어진다. 마르탱 뒤 가르가 문단에 데뷔하던 시대에는 문학에 입문하는 것은 어느 면에서 종교에 입문하는 것과도 같았다(N. R. F. 그룹의 역사는 그 사실을 잘 보여준다). 그런데 오늘날에는 마치 조롱하듯이 문단에 들어선다. 아니 적어도 그러는 척한다. 다만 그것은 어떤 사람들의 경우 그 나름대로의 효과를 가질 수 있는 비장한 조롱이다. 어쨌건 마르탱 뒤 가르에게 있어서 문학의 진지함은 시비의 대상이 아니었다. 성격적 힘의 부족으로 실패하고 만 문학적 소명의 이야기인 그의 첫 소설 《변화하라!》는 그 사실을 잘 말해준다. 거기서 그는 자신의 모습을 그린 인물의 입을 빌려 이렇게 말하고 있다. "누구나 다 얼마쯤의 천재는 갖추고 있다. 오늘날 사람들이 더 이상 갖지 못하게 된 것은——그 건 노력하여 획득해야 하는 것이니까——바로 의식이다." 그 인물은 스스로 "거세된" 예술이라고 칭하는, 너무 잘 다듬어진 예술도, "본질적으로 철들지 않은 천재들"도 좋아하지 않는다. 이런 특징의 진실성과 시사성에 대하여 독자들이 저자의 뜻을 바로 이해했으면 한다. 요컨대 마르탱 뒤 가르가 소설 속에서 "뚱보"라고 부르는 인물은 계속하여 자기 생각을 거침없이 털어놓는다. "파리에서는 모든 작가들이 다 재능을 가진 것 같아 보인다. 그런데 실제로 그들은 단 한 가지 재능도 능동적으로 획득할 여유가 전혀 없었다. 그들에게는 서로서로에게서 빌려온 일종의 요령이 있을 뿐인데 이 공동의 보물 속에는 개인적인 가치들이 산만하게 널려 있다."

예술이 일종의 종교라고 하더라도 그것이 별로 호의적인 종교는 아니리라는 것을 우리는 벌써 눈치 챌 수 있다. 이 점에 있어서 마르탱 뒤 가르는 예술을 위한 예술의 이론가들과는 즉시 거리를 두었다. 그의 세대의 작가들에게 그토록 미묘한 피해를 입혔던 상징주의도 그에게는 영향을 끼치지 못했다. 더러 인기 영합적인 문체[13]에서 그런 기미가 느껴지기도 하지만 그것도 젊은 날의 여드름인 양 그는 이내 버리게 된다. 그가 《변화하라!》를 썼을 때 나이가 겨우 스물일곱 살이었다. 그리고 그 처녀작에서 감탄을 숨기지 못한 채 인용한 작가는 그때 이미 톨스토이

---

13) "하늘의 우윳빛 강물이 은빛 가루들을 싣고 흘러가고 있었다"(《변화하라!》).

였다. 그때부터 마르탱 뒤 가르는 일생을 두고 변함없이 저 금욕적인 소명의 규칙과 예술적 장세니즘에 충실하게 된다. 그리하여 그는 과시 효과와 자기선전 같은 것은 아랑곳하지 않고 오로지 오래 살아남을 수 있는 작품을 위한 끊임없는 노력에 모든 것을 다 바친다. "어려운 것은 전에 중요한 인물이었다는 경력이 아니라 변함없이 그런 인물로 남는 것이다"라고 이 조숙한 통찰자는 말했다. 사실 천재는 한 번의 덧없는 기회에 불과해질 위험이 있다. 오직 각고의 노력과 성격적인 힘만이 천재를 하나의 영광으로, 하나의 삶으로 만들 수 있다. 노력과 그 조직, 그리고 겸허함은 이리하여 자유로운 창조의 중심에 자리 잡는다. 이렇게 되면 창조는 겸허한 작업만이 법인 어떤 세계와 뗄 수 없는 관계를 갖는다. 마르탱 뒤 가르의 미학 자체는 장차 개인의 문제들이 으뜸가는 자리를 차지하는 그의 작품을 역사적인 차원으로까지 확장시키게 된다고 말해도 지나칠 것이 없다. 자유로운 작업을 자신의 존재 이유와 기쁨으로 삼는 바로 그 사람은 결국은 바로 그 작업에 가해지는 수모 말고는 그 어떤 수모도 다 견딜 수 있다. 마찬가지로 그는 자신을 꾸준한 작업에서 떼어놓는 자유의 특권 이외에는 무슨 특권이든 다 받아들일 수 있다. 이런 작품들은 때로 은연중에 예술적인 노역을 사회 안으로 통합시킴으로써 실패건 승리건 간에 그 사회와 뗄 수 없는 관계가 된다.

그러나 다른 어떤 발견보다 앞서 얻게 되는 결실은 돌처럼 견고한 이 작품 세계가 될 것이다. 이 작품 세계의 몸통은 《티보 가의 사람들*Les Thibault*》이요 이 몸통을 떠받치는 걸침 벽은 《변화하라!》,《장 바루아*Jean Barois*》,《오래된 프랑스*Vieille France*》,《아프리카의 비밀*Confidence africaine*》과 극작품들이다. 우리는 이 작품 세계에 대하여 토론을 벌일 수도 있고 그 작품들의 한계를 찾아내려고 노력할 수도 있다. 그러나 그 작품들이 존재한다는 것을, 그것도 믿을 수 없을 만큼 정직하게, 멋지게 존재한다는 사실을 부정할 수는 없다. 그 작품들에 대한 해석과 평가가 작품에 보탬이 될 수도 있고 손상이 될 수도 있다. 그렇지만 이것이 프랑스에서 유례를 찾기 어려운 그런 작품 세계들 중의 하나라는 사실은 부인할 수 없다. 마치 우리가 어떤 큰 건물의 주위를 빙빙 돌며 지나가듯이 그 주위를 돌면서 바라보는 그런 작품 세계 말이다. 섬세하고 세련된 미학자들과 작가들을 우리에게 선보이곤 했던 바로 그 세대가 인간들과 열정들로 무거워진, 그리고 확실한 기법의 청사진에 따라 구축된 한 작품 세계를 우리에게 가져다주었다. 오직 일생을 두고 연마한 어떤 엄정한 기술로 축조한 이 인간들의 대사원은 영혼의 시인들, 에세이스트들, 소설가들의 시대에 무신론자인, 그러나 신념이 없지는 않은 건축 감독 피에르 드 크라옹이 태어났음을 증언한다.

    그렇지만 예술에는 한 가지 법칙이 있으니, 창조자는 누구나 자신의 가장 눈에 띄는 덕목들의 무게에 짓눌리게 되어 있다는 법칙이 그것이다. 마치 천재에게는 일과 시간표도 없다는 듯, 즉 흥성은 고되게 일해야 하는 시간과 무관하다는 듯, 온갖 이유로 천재와 즉흥성을 무엇보다 높이 떠받드는 시대이다 보니, 널리 알려진 마르탱 뒤 가르의 예술적 정직함은 때로 그의 진정한 모습을 가려버리곤 했다. 덕목을 높이 기리고 난 비평가는 할 일을 다 했다고 여겼는지 예술에 있어서 덕이란 위험에 봉사하는 한갓 수단에 불과하다는 사실을 망각했다. 그런데 지금 우리가 거론하고 있는 작품에는 결코 대담성이 없지 않다. 그 대담성은 거의 대부분 어떤 심리적인 진실에 대한 집요한 추구에서 생겨난 것이다. 그래서 그 대담성은 존재들의 애매성을 돋보이게 한다. 이 애매성이 없다면 그 진실은 아무런 가치가 없다. 이미 우리는《변화하라!》를 읽으면서 그 작품이 끝에 가서 보여주는 잔혹한 현대성에 놀란 바 있다. 그 작품에서 자신의 아내를 장사 지내고 고통스러워하는 앙드레는 자신이 눈독 들인 바 있는 젊은 하녀를 창가에서 바라본다. 우리는 앙드레가 그녀의 도움으로 슬픔을 견디낼 수 있을 것임을 짐작할 수 있다.

　마르탱 뒤 가르는 성(性)과 그것이 삶 전반에 던지는 그늘에 솔직하게 접근했다. 솔직하다는 것이 그렇다고 노골적이라는 말은 아니다. 오늘날의 많은 소설들을 도덕 교과서처럼 따분하게 만드는 것이 파렴치의 유혹인데 그는 한 번도 그런 유혹에 넘어간 적이 없다. 그는 따분하기만 한 무절제를 신이 나서 묘사하지 않는다. 그는 오히려 성생활의 때맞지 않은 면을 통해서 그것의 중요성을 보여주는 쪽을 택했다. 진정한 예술가로서 그는 성을 있는 그대로가 아니라 간접적으로, 성에 의하여 강요되고 있는 실상을 그렸다. 예를 들어서 퐁타냉 부인이 일생 동안 바람둥이 남편 앞에서 약한 존재가 되는 것은 바로 관능 때문이다. 우리는 그 사실을 안다. 그러나 퐁타냉 부인이 죽어가는 남편을 지켜보고 있을 때에야 비로소 그 사실이 겉으로 드러난다. 사실 욕망과 죽음의 테마의 기이한 뒤얽힘은 눈여겨볼 만한 대목이다. (자크가 리즈베트에 의하여 처음으로 성을 경험하는 것 역시 프릴링 엄마의 장례식 바로 전날 밤이다.) 어쩌면 이것은 예술가의 유별난 강박관념들 중 하나인 동시에 성생활의 엉뚱한 존재 방식을 고발하는 하나의 수단이라고 보아야 할지도 모른다.

그러나 욕망은 단순히 죽음과 관계된 것에만 끼어드는 것이 아니라 도덕을 오염시켜 애매한 것으로 만들어버리기도 한다. 선을 표방하고 기독교 신자임을 과시하는 티보 영감은 자신의 노트에 이렇게 적는다. "이웃에 대한 사랑과 어린아이를 포함하여 어떤 젊은 존재들이 가까이 있거나 그들과 몸이 닿을 때 느끼는 흥분을 혼동하지 말 것." 그리고 나서 그는 다만 '어린아이'라는 말만 지운다. 그러면 염치와 정직함 두 가지 중 어느 한 도 손상되지 않게 되는 것이다. 마찬가지로 제롬 드 퐁타냉은 자기가 매음의 세계에 빠뜨렸던 리네트를 거기서 구해냄으로써 회개한 바람둥이의 기쁨을 맛본다. "나는 착한 사람이야. 사람들이 생각하는 것보다 더 나은 인간이라고" 하고 혼자 생각하면서 흐뭇해한다. 그러나 그는 마지막으로 한 번 더 그녀를 건드리지 않고는 배기지 못한다. 이리하여 육체의 쾌락에 도덕의 쾌락이 추가된다. 마르탱 뒤 가르는 단 한 마디로 그러한 태도 속에 끼어든 기계적인 동시에 기발한 일면을 느끼게 만든다. "그는 자기도 모르게 손가락으로 치마의 고리를 벗기면서 한편으로는 어린 계집아이의 이마에 입술을 누르며 아버지 같은 키스를 했다."

작품 전체에는 이런 진실의 맛이 배어 있다. 놀라운 작품《오래된 프랑스》는 단순히 마르탱 뒤 가르가 우리에게 그려 보인 가장 음산한 모습, 즉 자전거 탄 아스타로트 같은 우체부 주아뇨의 초상만을 보여주는 것이 아니다. 그 책에는 시골 사람들의 마음을 가차 없이 드러내 보이는 대목이 많다. 이와 관련하여 책의 마지막 페이지는 놀라운 결론을 제시한다. 마찬가지로《아프리카의 비밀》에서 근친상간의 오빠는 오로지 어조의 단순함만을 통해서 그 불미스러운 사건을 자연스러운 것으로 만든다. 마르탱 뒤 가르는 1931년에 벌써《과묵한 사람 *Un Taciturne*》을 통해서 한 존경받는 기업가가 자신에게 동성애의 성향이 있다는 것을 발견하는 드라마를 어조 상 천박한 구석을 전혀 드러내는 법이 없이 무대 위에 선보인다. 끝으로,《티보 가의 사람들》에서는 새로운 착상들이 쏟아져 나오는 것을 볼 수 있다. 한 예로 자신이 사랑했던 남자가 다른 여자에게서 얻은 아기에게 처녀인 지즈가 제 젖을 물리는 장면을 꼽을 수 있을 것이다. 혹은 아버지가 죽은 다음 앙투안과 자크 사이에 그들의 뜻과는 무관하게 마치 무슨 자그마한 축제의 분위기 같은 것이 감돌게 만드는 만찬도 한 예다. 그러나 나는 그 모든 것 이상으로 위대한 소설가의 진면목을 드러내는 두 가지 새로운 착상을 예시하고 싶다.

그 하나는 앙투안이 처음으로 크루이 감옥에 면회를 올 때 자크가 보여주는 완강한 침묵이다. 굴욕감을 이 침묵보다 더 강하게 표현할 수 있는 방법은 없다. 피하는 듯 주저하는 말, 침묵을 에워싸며 그 침묵을 더욱 강조하는 망설임이 너무나도 정확하게 안배되고 계산되어 있어서 지금까지 단조롭게 이어지고 있었던 이야기 속에 돌연 신비와 연민이 밀려들면서 소설이 시작되는 무대인 파리 부르주아 계층과는 또 다른 광대한 조망이 이야기에 부여된다. 굴욕감을 객관적으로 묘사하는 데 성공한 작가를 꼽자면 오직 격렬하거나 신경에 거슬리는 수단을 동원하는 도스토예프스키(개인적인 굴욕을 이야기하는 로렌스의 경우는 예로 들지 않겠다)와 서사적인 양식으로(특히 나로서는 저자 자신의 생각을 거슬러가며 한사코 좋아하지 않을 수 없는《왕성의 길 *La Voie royale*》에서 그러하다) 표현하고 있는 말로 André Malraux 두 사람뿐이다. 그러나 어떤 작가도 그 굴욕을 한결같고 태연한 어조로 그려보려고 시도한 적은 없다. 그래서 마르탱 뒤 가르는 어쩌면 예술에 있어서 가장 어려운 것에서 성공한 것인지도 모른다. 만약 예술적인 기적이 존재한다면 실제로 그것은 은총의 기적과 닮은 것이리라. 그것과 관련하여 나는 항상 편협하고 탐욕스럽고 비정한 장사꾼보다는 악덕과 범죄로 망가진 인간을 구하는 것이 그에게는 더 용이한 일이었을 것이라고 상상해보곤 했다. 이처럼 예술에 있어서는 다루는 대상이 된 현실이 평범하면 평범할수록 그 현실을 양식화하는 것은 더 어려워지는 법이다. 심지어 바로 거기에 넘어서는 안 될 한계선이 존재한다고 볼 수 있다. 그 한계선의 존재 때문에 절대적인 리얼리즘을 표방하는 것은 불가능해지는데 현실과 형식화 작업 사이의 중간 지점인 이 한계선상에서 이따금 예술은 나무랄 데 없는 성공에 이르는 경우가 있다. 내가 볼 때 굴욕을 당한 자크의 초상은 바로 그런 성공의 좋은 예라고 생각된다.

마르탱 뒤 가르의 "수단들" 중 마지막 예로 티보 영감의 위장된 죽음을 살펴보자. 어떤 의미에서는 이 인물은 일생 그 자체가 코미디였다고 하겠는데 그 코미디가 그의 죽음 속에서 메아리치도록 만들어놓은 것은 과연 소설가의 비범한 착상이라고 하겠다. 남들의 눈에 보이기 위한 기독교도일 수밖에 없는 이 인물은 자신의 병이 치명적임을 알지 못한 채 병석의 한가함과 쇠약함 속에서도 여전히 마지막 순간의 코미디를 연출하지 않고는 못 배기는 것이다. 그리하여 그는 병석에 누운 채 반은 진정으로, 하인들을 총집합시킨 가운데 모범적인 회개, 칭송받을 만한 감화, 그리고 성스러운 영혼의 고양 등이 골고루 갖추어진 연극의 총연습에 돌입하는 것이다. 티보 영감은 그렇게 하면 자신에게 보답하는 뜻으로 가족들이 말도 안 되는 일이라고 항변하며 모든 환자의 마음속에 가끔 생겨나는 막연한 불안감을 말끔히 씻어줄 것이라고 기대한다. 그러나 가족들이 진짜로 비통해하면서 임박한 종말에 대한 그의 일장 연설을 말없이 받아들이는 것을 보자 그는 대번에 자신이 진정으로 어떤 상태에 놓여 있는 것인지를 깨닫는다. 그의 코미디는 그가 기대했던 흐뭇한 효과를 얻어내기는커녕 잔인하게도 그의 눈에 준엄한 현실을 비춰 보인 것이다. 그는 자신이 배우라고 생각하고 있었는데 실은 제물이었던 것이다. 그 순간부터 그는 실제로 죽어가기 시작하고 공포가 그의 신념을 무너뜨린다. 그리하여 "아, 하느님, 어찌 저에게 이렇게 하십니까!" 하고 그가 큰 소리로 내뱉는 절규는 그의 신앙의 공허함 및 이중성의 발견과 동시에 신앙의 필요성에 대한 극적인 발견을 마무리한다. 하지만 그는 신자로 되돌아가서 죽게 된다. 그러나 죽어가는 그의 주위에서는 "쯧, 쯧" 혀를 차는 소리와 유치하고 상투적인 말들이 온전한 인격을 손상당한 채 자기 과시와 허영의 가면을 제거당한 인간을 노출시킨다. 그는 벌거벗은 모습으로 죽음과 꾸밈없는 신앙의 손에 맡겨진다.

이 정도의 그림이라면 대가의 솜씨라고 하지 않을 수 없다. 존재 그 자체를 코미디의 수단으로 삼았던 한 인간의 영혼이 차례로 드러내 보이는 온갖 작태들을 그려낼 수 있었던 소설가는 이제 더 이상 남에게서 배울 것이 없다. 그는 다만 우리에게 교훈을, 그것도 오래오래 지속되는 교훈을 줄 뿐이다.

그러나 마르탱 뒤 가르의 주제들은 그의 기법 이상으로 우리의 시대성과 일치한다. 그가 다행스러울 만큼 느릿느릿 따라온 길을 우리도 모두 상황에 떠밀려 힘겹게 뒤따라 걸어왔다. 대체로 보아 그 길은 개인이 만인 공유의 역사를 인정하고 그 역사의 투쟁들을 수용하는 쪽으로 나아가는 진화의 과정이다. 아마 여기서도 마르탱 뒤 가르는 특이한 모습을 보여준다고 하겠다. 그는, 오직 개인에 대한 말밖에 하지 않고 역사에는 그때그때의 상황에 따른 지위밖에 부여하지 않았던 선배들과 동시대 사람들, 그리고 개인에 대해서는 마지못해 암시적으로 언급할 뿐인 자신의 계승자들의 중간 지점에 자리 잡는다. 반대로 《티보 가의 사람들》, 그리고 《장 바루아》에서는 개인들의 온전한 모습이 손상되는 법이 없으며 역사의 고통 또한 생생하게 느껴진다. 아직은 그 양자가 서로를 손상시키지 않고 있다. 마르탱 뒤 가르는 우리와 같은 상황을 경험한 적이 없다. 오늘날 우리가 처한 상황은 여러 번의 전쟁과 최근에 있었던 파괴의 불안으로 인하여 경직되고 마비된 역사와, 생기를 잃어버린 개인들로부터 물려받은 것이다. 우리의 생생한 시사성은 우리의 등 뒤에 있다고, 마르탱 뒤 가르의 것과 같은 작품 속에 있다고 해도 어폐가 되지는 않을 것이다.

하여튼 《장 바루아》는 1913년에 이미 오늘 우리의 관심사인 그 운동을 그리고 있다. 이 기이한 소설의 기법은 대단히 엉뚱하지만 그 주제는 우리에게 익숙한 것이다. 과연 기법 상으로 보면 그 작품은 소설과 비슷한 데가 조금도 없다. 소설 장르의 모든 전통과 관계를 단절하고 있는 이 작품은 그 뒤에 오게 될 문학 속에서도 비교 대상을 찾을 수 없다. 그 저자는 작심하고 가장 비소설적인 수단을 모색했던 것 같다. 이 책은 대화(연출을 위한 짤막한 지시를 동반한)와 어떤 것은 조금도 다듬지 않은 채 아예 있는 그대로 가져온 자료들로 구성되어 있다. 그런데도 흥미가 약화되지 않았으니 단숨에 읽힌다. 그것은 아마도 주제 자체가 그러한 테크닉과 완전히 조화를 이루기 때문인 것 같다. 사실 마르탱 뒤 가르는 장차 쓰게 될 자신의 모든 작품에 이 형식을 적용할 생각이었다. 그런데 오직 《장 바루아》만이 이 형식을 갖추게 되었다. 그런 의미에서 이 책은 (과학적인 것이 되기를 바랐지만 어쩔 수 없이 서사적인 이야기가 되고 만 졸라의 소설들 이상으로) 과학주의 시대의 유일한 걸작 소설이라고 말할 수 있을 것이다. 그만큼 이 작품은 과학주의의 기대와 실망을 잘 표현하고 있다. 이 문헌 소설은 어떤 종교적 위기에 대한 문헌이기에 더욱 놀라운 전문 서적이다. 그러나 바로 어떤 영혼의 충동들과 의혹들을 차곡차곡 카드로 분류 정리한다는 것이야말로 따지고 보면 몇몇 예외를 감안하더라도 과학적 종교에 자극받은 한 시대에 가장 어울리는 기획이라고 볼 수 있다. 책의 내용이 전개되는 동안 바루아는 이전의 신앙을 버리고 새로운 신앙을 택한다. 죽음에 직면하여 마지막 순간에 그는 그 새로운 신앙을 저버리지만 그렇다 해도 그는 여전히 1914년에 붕괴되고 마는 그 단명한 새 시대의 인물임에는 틀림이 없다. 그의 이야기는 새로운 복음서의 스타일로 서술되고 있기에 그만큼 더 우리에게 놀랍다는 인상을 남긴다. 이 문서는 마치 어떤 모험 소설처럼 읽힌다. 그 엉뚱한 형식이 작품의 이야기와 심도 있는 조화를 이루기 때문이다. 전통적인 믿음에 회의를 느끼게 되자 과학에서 보다 확실한 믿음을 찾을 수 있다고 믿는 한 인간[14)]의 변화 과정을 서술하는 데 있어서 마르탱 뒤 가르가 자신의 것으로 삼고자 했던 기법, 다시 말해서 거의 과학적이라 할 수 있는 묘사의 기법보다 나은 것은 없을 것이다. 결국 과학은 바루아에게도 책의 저자에게도 만족을 주지 못하지만 과학의 방법은, 아니 적어도 과학의 이상은 잠시나마 이 소설에서 온전히 효과적인 한 예술의 권위에 도달했었다. 이 시도는 우리 문학에 있어서나 마르탱 뒤 가르의 작품 자체 속에서나 그저 지나가는 에피소드가 되고 말았다. 그러나 그것에 영감을 불어넣어주었던 믿음 역시, 그 책 속에서 이미 위협받고 있었지만, 과도한 기계적 야만성에 직면하자 때 이르게 무너지고 만 것이 아닐까? 적어도《장 바루아》는 그 무너져버린 믿음에 대한 유언과도 같은 저작이다. 이 책에서 우리는 어떤 사라진 믿음의 감동적인 증언들, 그리고 우리 자신과 관련된 예언들을 발견할 수 있다.

세기 초를 뒤흔들었던 신앙과 과학의 갈등은 오늘날에 와서는 좀 진정된 느낌이다. 그러나 우리는《장 바루아》가 예고한 그 결과를 경험하고 있다. 한 가지 예만 들어보더라도 무신앙이 거기서 사회주의 운동의 상승 기류와 분명하게 연관되어 있다는 점에서 그 책은 우리 역사의 가장 강력한 추진력들 중 하나를 적나라하게 드러내 보이고 있다고 할 수 있다. 신과 대면하는 것을 회피한 결과 바루아는 인간들을 발견한다. 그의 해방은 드레퓌스의 주위에서 전개되는 적극적인 행동과 일치하게 된다. "씨 뿌리는 사람" 그룹은 바루아를 인간들과 다시 이어준다. 그는

---

14) 바루아는 말한다. "이해하고 설명하고자 하는 이 생득적인 욕구는 오늘날 우리 시대의 과학적 발전 속에서 광범위하고 완전한 만족을 얻는다."

바로 그 속에서 개화된다. 역사적 쾌락이라고 부를 수 있는 그 무엇(투쟁과 승리)이 그를 인간으로 완성시켜준다. 반대로 역사적 환멸은 그를 차츰차츰 고독과 불안으로 되돌아오게 하여, 죽음이 가까워오자 그는 자신의 새로운 신앙을 부정하기에 이른다. 어떤 때는 그가 살 수 있도록 도와주는 인간 공동체는 과연 죽는 것에도 도움이 되어줄 것인가? 이것은 마르탱 뒤 가르의 작품의 바탕을 이루는 동시에 그 작품에 비극성을 부여하는 중요한 질문이다. 왜냐하면 만약 그 질문에 대한 대답이 부정적이라면 현대의 무 신앙인의 상황은 일시적으로, 비록 태연한 모습이더라도, 광란 바로 그것이 될 터이니 말이다. 그렇기 때문에 아마도 오늘날 그토록 많은 사람들이 일종의 분노한 목소리로 인간 공동체는 죽는 것도 못하게 가로막는다고 잘라 말하는 것이리라. 마르탱 뒤 가르는 그 어디에서도 그런 말을 한 적이 없다. 실제로 그는 그렇게 믿고 있지 않기 때문이다. 그렇지만 그는 자신의 소설에서 바루아의 옆에다가 자신을 부정하지 않고 얌전하게 죽음을 맞이하는 어떤 합리주의자의 상을 그려놓고 있다. 이 금욕주의자 뤼스는 이 시대에 마르탱 뒤 가르의 이상형을 보여주고 있는 것이 분명하다. 뤼스 자신의 말을 들어보면 어지간히도 엄격하고 어두운 이상형이지만 말이다. "내가 아는 윤리는 두 가지가 아니다. 그 어떤 신기루에도 기만당하지 않은 채 오직 진실만에 의하여 행복에 도달해야 한다." 행복에 대한 양식 있는 포기를 이보다 더 잘 정의할 수는 없다. 그러나, 일체의 희망에 고개를 돌려버린 채 죽음 전체와 대결하기로 각오한 인간들은 그 뒤 우리 문학에 자주 등장하게 되지만 그 첫 번째 표상을 그려낸 작가는 1913년의 마르탱 뒤 가르라는 사실을 기억해두기로 하자.

역사와 신 사이에 끼인 개인이라는 그 중요한 주제는 모든 인물들이 1914년 여름이라는 대재난을 향하여 걸어가고 있는《티보 가의 사람들》에서 교향악적인 방식으로 전개될 것이다. 다만 여기서는 종교적인 문제가 더 이상 무대의 전면에 나서지 않는다. 이 문제는 처음 몇 권을 관통하다가, 역사가 차츰 개인들의 운명을 뒤덮으면서 모습을 감춘다. 그것은 앙투안 티보의 고독한 죽음을 묘사하는 마지막 권에서 부정적인 형태로 다시 나타난다. 그러나 이 문제의 재출현은 의미심장하다. 모든 진정한 예술가가 다 그렇듯이 마르탱 뒤 가르는 자신의 강박관념들을 완전히 청산하지 못한다. 그러므로 이 위대한 작품이 그의 여러 저작들을 한결같이 지배하는 주제로 끝난다는 것은 중요하다. 인간이 자신의 마지막 단계의 질문 앞에 놓이게 되는 죽음의 고통이라는 주제 말이다. 그러나《티보 가의 사람들》을 마감하는 〈에필로그L'Épilogue〉에서 마르탱 뒤 가르의 가장 중요한 두 인물인 신부와 의사 중에서 전자는 사라져버리고 없다. 적어도 거의 사라진 것이나 마찬가지다.《티보 가의 사람들》은 여러 사람의 다른 의사들에 에워싸여 홀로 숨을 거두는 한 의사의 죽음으로 끝난다. 마르탱 뒤 가르에게나 앙투안에게나 문제는 오로지 인간의 차원에서만 제기되고 있는 것 같다. 앙투안의 이 같은 변화를 설명해주는 것은 분명 역사의 경험, 그리고 그 역사가 강제하는 참여라고 볼 수 있다. 역사적 열정(이 말의 두 가지 의미에서[15])은 오늘날 무신론적인 것이다. 아니 적어도 그런 인상을 준다. 요컨대 20세기의 역사적 불행은 부르주아적 기독교의 붕괴에 큰 영향을 끼쳤다. 앙투안의 눈에 종교의 상징으로 여겨졌던 티보 영감[16]이 앙투안이 무신론적 신념 선언을 한 직후에 죽는다는 사실은 이런 생각을 상징적으로 말해준다고 볼 수 있다. 그와 동시에 전면적인 전쟁이 발발하면서 상업적이면서도 동시에 기독교적일 수 있다고 믿었던 사회가 피바다 속에서 붕괴한다. 《티보 가의 사람들》을 최초의 참여 소설로 간주하는 것이 옳다면 다만 그 작품이 오늘날의 소설들보다 더 정당한 이유로 그렇다는 사실을 기억해둘 필요가 있다. 왜냐하면 마르탱 뒤 가르의 인물들은 우리 시대의 인물들과 달리 역사적 투쟁 속에서 내기에 걸, 그리고 잃어버릴 그 무엇인가를 가지고 있으니 말이다. 시대의 압력이 전통적 구조들(그것이 종교건 문화건 간에)과 맞서도록 그들의 존재 자체를 짓누른다. 그 구조들이 파괴되자 어느 면에서 인간은 더 이상 존재하지 않게 된다. 인간은 다만 어느 날엔가 존재할 준비가 되어 있을 뿐이다. 이리하여 앙투안 티보는 우선 타자들의 삶을 향하여 자신을 개방한다. 그러나 그 첫 번째 발전은 다만 그에게 죽음의 면전에 나설

---

15) (옮긴이주) '열정'이라고 번역한 원문의 'passion'은 열정이라는 의미 외에 '고통, 괴로움'의 의미도 있다. 대문자로 쓰는 경우 그리스도의 수난을 의미한다. 카뮈는 여기서 그 두 가지 의미를 동시에 염두에 두고 말한다.

16) "나는 우리 아버지를 통해서밖에 신을 본 적이 없어."

것을, 그리하여 그 어떤 위안도 그 어떤 환상도 기대하지 못한 채 살아야 할 이유의 궁극적인 답을 찾을 것을 강요한다.《티보 가의 사람들》과 더불어 우리가 상대해야 할 반세기의 인간이 탄생한다. 그리고 참여시키거나 해방시키기에 딱 알맞은 그 인간은 우리가 그의 존재를 결정하지 않는 한 무엇이든 될 준비가 되어 있다.

그 주제가 가장 놀라운 방식으로 구체화된 인물이 바로 앙투안이다. 두 형제 중 지금까지 더 많은 칭찬과 사랑을 받은 쪽은 자크다. 그는 모범적인 인물로 보였다. 그러나 나는 그 반대로 앙투안이《티보 가의 사람들》의 진정한 주인공이라고 본다. 그리고 여기서 그토록 방대한 작품에 대한 주석을 달 수는 없지만 적어도 이들 두 형제를 비교함으로써 가장 중요한 핵심을 강조해볼 수는 있다고 생각된다.

그보다 앞서 앙투안을 가장 중요한 인물로 보는 이유들을 제시해보기로 하자.《티보 가의 사람들》은 앙투안에게서 시작하여 앙투안에게서 끝난다. 그가 점하는 차원은 점점 더 확대된다. 또한 앙투안이 자크보다 작자에 더 가까운 인물인 것 같아 보인다. 하기야 소설가란 자신의 모든 인물들 속에서 동시에 자기를 표현하고 자기를 노출시킨다. 그들 각자는 작가의 수많은 경향들과 유혹들 중의 한 가지를 나타내고 있는 것이다. 마르탱 뒤 가르는 앙투안 못지않게 자크였고 또 지금도 여전히 자크다. 그들의 입을 통해서 하는 말은 때로는 그의 것이고 때로는 그렇지 않다. 그러나 작자는 아무래도 내면에 가장 많은 모순들을 한데 지니고 있는 인물과, 바로 그 같은 이유 때문에, 더 가깝다. 그런 관점에서, 앙투안이 그 복합적인 성격과 소설적 유연성으로 인하여 자크보다 더 풍부한 인물이다. 그리고 마지막으로, 이것이 나의 주된 이유가 되겠는데, 《티보 가의 사람들》의 가장 심오한 주제는 자크에게서보다 앙투안에게서 더 설득력을 갖는다. 물론 두 사람 다 개인적인 세계를 떠나서 인간 공통의 세계에 합류한다. 심지어 자크는 앙투안보다 먼저 그렇게 한다. 그러나 전자의 변화는 보다 더 논리적이고 예측 가능한 것이라는 점에서 의미가 덜하다. 개인적인 반항에서 혁명의 사상으로 옮아가는 것보다 더 쉬운 것이 어디 있겠는가? 반면에 균형 있고 힘에 넘치며 솔직하게 자기를 존중할 줄 아는(오르테가 이 가세트는 이것이 바로 귀족성의 표시라고 본다) 한 행복한 인간으로 하여금 인류 공유의 비참을 인식하고 거기서 자신의 한계와 개화를 찾게 하는 저 엄청난 내면적 충동보다 더 심오하고 더 설득력 강한 것이 어디 있겠는가?

《티보 가의 사람들》의 초기 독자들이 자크에 대하여 보인 관심도 물론 이해할 만하다. 당시엔 청소년에 관한 주제가 유행이었다. 마르탱 뒤 가르의 세대는 청소년기에 대한 우선은 유쾌한, 다음에는 겁에 질린 숭배를 우리나라에 정착시켰고 그것은 우리 문학 전체에 퍼졌다. (오늘날 작가들은 저마다 젊은 사람들이 자기에 대하여 어떻게 생각하는지 고통스러울 정도로 궁금해하는 것 같다. 참으로 한 가지 흥미로운 것이 있다면 그것은 자신이 젊은이들에 대해서 어떻게 생각하는가를 아는 일일 터인데도 말이다.) 그러나 1955년의 독자가 여전히 앙투안보다 자크를 더 좋아하게 될지는 확실치 않다. 적어도 마르탱 뒤 가르가 자크라는 인물을 통해서 우리 문학의 가장 아름다운 젊음의 초상들 중 하나를 성공적으로 그렸다는 사실은 인정하자. 용기 있고 의지가 강하며 자기가 생각하는 모든 것을 다 말하고자 고집하고(사람이 생각하는 것은 모두 다 말로 할 가치가 있다는 듯이) 우정에 있어 열정적이지만 사랑에는 서투른, 동정을 간직한 사람들이 종종 그러하듯 뻣뻣하고 어색하며 자신이나 타인에게 편안치 못한, 비타협적인 면과 순수함 때문에 힘든 삶을 살 수밖에 없는 이 극도로 감수성 예민한 인물은 자신의 창조자에 의하여 빼어난 묘사의 혜택을 입었다.

그러나 그것은 또한 소설 속에서 눈먼 유성처럼 삶을 가로지르는 한 예외적인 운명의 모습이기도 하다. 어느 면에서 자크는 삶을 위하여 태어난 인물이 아니다. 그의 두 가지 큰 경험, 즉 사랑과 혁명이 바로 그 사실을 입증한다. 우선 자크가 사랑을 체험하기 전에 혁명을 겪는다는 사실을 주목할 필요가 있다. 그는 제니와 결합하게 되자 그 두 가지를 동시에 살고자 하지만 그 생각은 절망적인 것이다. 혁명이 스스로를 배반하고 또한 그를 배반하고 만다. 그러자 그는 대번에 제니를 버리고 고독한 죽음을 향하여 치닫는다. 그는 그 죽음이 모범적인 것이기를 바란다. 이런 식의 사라짐은 사실 그들의 사랑이 지속될 수 있는 유일한 보증이다. 우선은 자크를 증오하기 시작하며 사나워진 제니는 사실 그 누구도 사랑하지 않기에 아무도 자신을 건드리지 못하게 한다. 이건 깊이 생각해볼 문제다. 그렇지만 그녀는 자크와 멀리 떨어져 있게 되면서 그에 대하여 일종의 열정 같은 것을 느낀다. 그것은 따뜻한 애정과는 아무 관계가 없는 것이다. 그녀는, 오직 과부가 된 상태에서만 지속적으로 활짝 피어나는 성숙함——이것이 어떤 의미가 있는 말인지는 모르겠지만——을 발견할 수 있는 것이다. 이런 제니는 장차 여성 참정권을 주장하는 인물이 될 소질이 있어 보인다. 죽은 남편의 사상에 대한 충성, 그리고 그 기이한 사랑에서 얻은 아이에게 쏟는 정성은 그녀를 지탱시키기에 충분할 것이다. "궁지에 몰린" 이 두 사람의 모험에서 사실 그것 말고 또 어떤 탈출구를 상상할 수 있겠는가? 사회주의의 배반과 재난의 기미가 점점 더 뚜렷해지고 있는 모든 공공장소에서 상복 베일을 쓴 채 자크를 따르는 제니, 마침내 오후의 달아오른 햇볕 속에서 동원령의 종소리가 울려 퍼지는 가운데 이리저리 뛰어다니는 두 사람, 그들이 1914년 8월 파리에서 맛보는 사랑은 열광적이라기보다는 오히려 고통스러운 것이다. 그 두 연인이 침대에서 서로 결합했다는 사실을 알게 되면 우리는 놀라지 않을 수 없다. 사실 우리로서는 그런 형식적인 절차는 생각하고 싶지 않은 것이다. 예술적인 측면에서 이 두 인물은 강한 설득력을 갖추었다. 그들에게는 진정성이 있다. 인간적인 측면에서는 오직 자크만이 마음에 다가온다. 그가 고뇌와 실패의 모습을 보여주기 때문이다. 자신의 고독한 반항에서 출발하여 그는 역사와 투쟁을 발견하고, 가장 큰 패배를 맛보기 직전에 사회주의 운동 속으로 뛰어들어 고통 속에서 그

패배를 겪어내고, 번개 같은 한순간에 제니를 발견하는가 하면 그녀를 품을 때 그랬듯이 꿈인 양 그녀를 떠나고, 모든 것에 절망하여 또다시 고속 속으로 빠져 들어간다. 그러나 이번에는 희생자의 고독이다. "자신을 바칠 것, 그 바침을 통해서 스스로를 해방할 것." 어떤 결정적인 행위에 의하여 그는 그 삶에서 벗어난다. 그가 단 한 번도 진정으로 경험하지 못했던, 그러나 적어도 스스로 그런 방식으로 섬긴다고 믿게 될 그 삶에서. "모든 사람들과 맞서서 옳은 사람이 될 것, 그리고 죽음 속으로 도피할 것!" 과연 의미심장한 공식이다. 사실 자크는 심지어 참여가 무엇인지를 발견한 뒤에도 참여하지 않는다. 이 고독한 인물은 오직 희생이라는 고독한 형식으로밖에는 다른 사람들과 하나가 될 수 없다. 그가 내심 깊은 곳에서 바라는 것은 (따지고 보면 우리 모두가 바라는 것도 마찬가지지만) 모든 사람들과 함께 옳은 사람이 되는 것이다. 그러나 그것이 공상에 불과한 것이라면——과연 그것은 공상에 불과하다——그는 당연히 모든 사람들과 맞서서 옳은 사람이 되는 쪽을 택할 것이다. 이럴 경우, 고의적으로 죽는 것이야말로 결정적으로 옳게 되는 유일한 방식이다. 사실상 자크는 거창한 관념 속에서밖에는 다른 사람들과 하나가 되지 못했을 뿐 아니라 항상 그들에게 포위되어 있다고 느꼈다. "나는 항상 내가 다른 사람들의 먹잇감이라고 생각하여 만약 내가 그들과 멀리 떨어진 다른 곳에서 완전히 새로운 삶을 다시 시작할 수만 있다면 마침내 마음의 평정을 얻을 수 있을 것이라고 상상한다." 자크는 여기서 우리 모두가 언제든 한 번은 생각하는 바를 표현하고 있다. 그러나 다른 곳은 없고 새로운 삶이라는 것도 없다. 아니 적어도 인간이 없는 다른 곳이나 삶은 없다. 그리고 끊임없이 옳고 싶은 사람은 항상 자기가 다른 사람들과 맞선다고 느낄 것이다. 우리는 다른 사람들과 섞여 살면서 동시에 옳을 수는 없다. 자크는 단 한 가지 진정한 발전은 그게 아니라 혼자서 틀린 자가 되는 것을 배우는 일임을 알지 못한다. 그러나 거기에는 오랜 인내가 요구된다. 역사에 있어서, 예술에 있어서 위대한 작품들을 생산해낸 유일한 인내, 만들고 건설하는 인내 말이다. 그런데 어떤 유형의 인간들은 반대로 자신들의 인내력에 비추어 행동은 시간이 너무 오래 걸린다고 느낀다. 그들을 만족시키는 것은 행위뿐이다. 그런 유의 인간들의 극단에 위치하는 것이 바로 테러리스트다. 우리 문학에 있어서 자크는 그 테러리스트의 첫 대표들 중의 하나다. 그는 혼자서 고독하게 죽는다. 그의 모범 그 자체가 무용하다. 그리하여 그를 보게 되는 마지막 사람인 한 경찰관은 그를 죽이면서 욕을 퍼붓는다. 그를 죽여야 한다는 것이 너무나 싫었기 때문이다. 자크처럼 자신이 변하기 위해서 삶을 변화시키고자 하는 사람들은 삶을 변화시키지 못하고 그대로 둔 채 결국 자기 자신도 변하지 못한다. 다시 말해서 인간의 내면에 존재하는, 삶을 끝내 거부하고 또 거부하게 될 모든 것의 감동적이지만 소득 없는 증인들로 남게 되는 것이다.

한편 앙투안의 초상은 유난히 힘들고 교훈적이다. 앙투안은 자크와 반대로 삶을 열정적으로, 몸으로 사랑한다. 그는 삶에 대한 육체적이고 아주 실제적인 지혜를 가지고 있다. 의사로서 그는 육체의 왕국 속에서 군림한다. 그러나 그의 타고난 천성이 직업적 소명을 설명해준다. 그에게 있어서 앎이란 항상 여러 가지 감각들을 통해서 이루어진다. 그의 우정, 사랑은 육체적인 것이다. 친구나 형제의 어깨, 여자의 환하게 빛나는 얼굴은 그의 마음에 빛을 던지거나 지성을 따뜻하게 덥혀주기 위하여 감정이 거쳐 가는 길이다. 심지어 그는 자신이 믿는 것보다 몸으로 느끼는 것을 더 선호하는 때도 있다. 퐁타냉 부인 앞에서[17] 그는 오직 육체적인 공감 때문에, 자신과는 아무 상관도 없는 개신교를 옹호하기도 한다.

육체에 대한 이런 취향은 때로 도락자의 무기력이나 파렴치에 이르게 하기도 한다. 그러나 앙투안의 경우 그것은 사실 쌍을 이루는 것이기도 한 두 가지, 즉 일과 성격적 힘에 의하여 균형에 이른다. 그의 생활은 어떤 질서, 할 일, 그리고 특히 단 하나의 방향을 가지고 있다. 그것은 다름 아닌 직업이다. 이렇게 되면 그의 관능적 쾌락은 선(善)이 된다. 그것은 그의 직업을 수행하는 데 도움을 주고 의사에게 없어서는 안 될, 즉 몸의 내부에서 그의 길잡이가 되어주는 방향 감각을 그에게 부여한다. 그것은 또한 그에게 있어서 지나치게 의도적인 것을 부드럽게 녹여준다. 그의 요지부동의 균형, 주의 깊은 관대함, 그리고 지나칠

---

[17] 퐁타냉 부인과 앙투안은 은밀히 공감하는 말이나 몸짓도 서로 주고받지 않지만 그들 사이에서는 거의 사랑 같은 것이 감지된다고 말할 수 있다.

정도의 자신감은 바로 거기서 온다. 앙투안은 완전함과는 거리가 멀다. 그에게는 그의 미덕들에서 오는 약점이 있다. 자신을 즐기는 사람에게 있어서 어떤 형태의 고독한 행복에는 에고이즘과 맹목이 따르게 마련이다. 자크와 앙투안을 통해서 우리는 세상에 두 종류의 인간이 존재한다는 것을 깨닫게 된다. 그중 하나는 언제나 청소년 티를 벗지 못한 채 죽고 다른 하나는 이미 어른이 되어서 태어난다. 그러나 어른들은 자신들의 균형이 세상의 법이라고 상상할 위험이 있다. 그렇게 되면 불행은 결점이다. 앙투안은 자신이 살고 있는 사회가 있을 수 있는 최선의 사회라고, 요컨대 누구나 다 가령 위니베르시테 거리에 있는 화려한 개인 저택에 거주하고 의사라는 명예로운 직업에 종사하면서 삶이 제공하는 흐뭇한 것을 즐길 수 있다고 생각하는 것 같다. 그의 한계는 바로 여기에 있다. 적어도 소설의 처음 몇 권에서는 그러하여 여러 가지 눈에 거슬리는 태도들을 보이게 된다. 태어날 때부터 부르주아인 그는 자기를 에워싸고 있는 것이 자기에게 꼭 맞는 것이기에 그것은 영원히 변하지 않을 것이라고 생각하며 산다. 이런 믿음은 그의 진정한 천성에까지 영향을 끼쳐 그는 티보 가의 자식다운 몸에 꼭 끼는 복장으로 그 천성을 감싼다. 그는 육체적인 연애에서까지 가진 자로서 행동할 것이다. 즉 그는 쾌락을 돈으로 사면서도 다른 곳에서는 가식적인 품위를 과시한다.

그러므로 앙투안은 삶을 받아들일 필요가 없었다. 그에게 필요한 것은 오직 세상에 자기 혼자만 사는 것이 아니라는 것을 발견하는 일이다. 다만 그는 타고난 천성의 논리에 따라 자크와 정반대되는 길을 밟게 될 것이다. 소설의 깊은 진실은 여기서 모습을 드러낸다. 인간들은 자신이 배우게 되는 것을 상황 속에서가 아니라 상황과 접촉하면서 자신의 천성 속에서 발견하게 된다는 사실을 마르탱 뒤 가르는 잘 알고 있다. 그들은 타고난 자신이 되는 것이다. 그런데 아주 자연스럽게 앙투안이 목까지 푹 파묻혀 있는 껍질을 깨게 되는 것은 어떤 여자 덕분이다. 진실은 오직 육체를 통해서만 육체를 가진 인간에게 가 닿을 수 있다. 그렇기 때문에 그가 나아가는 길들은 예측이 불가능하다. 여기서 그 길은 다름 아닌 라셸이다. 그녀가 앙투안과 관계를 맺는 에피소드는 《티보 가의 사람들》 중에서 가장 아름다운 대목 중의 하나다. 앙투안과 라셸의 사랑은 문학 속의 수많은 사랑들과 달리 서로 흉금을 털어놓는 황홀감의 하늘나라에서 전개되는 것이 아니다. 그러나 적어도 그 사랑은 독자의 마음을 은근한 기쁨으로, 그 같은 진실들이 가능해지는 어떤 세계에 대한 감사의 마음으로 부풀어 오르게 한다. 라셸의 육체적 빛은 《티보 가의 사람들》 전체를 비춰주고 있으며 앙투안은 죽기 직전까지 그 빛의 위안을 받는다. 그가 라셸에게서 발견하는 것은 월급을 받는, 혹은 모멸을 당하는 먹잇감이 아니라 자신과 동등한 관대한 존재다. 그녀는 앙투안을 우러러볼지는 모르지만 그에게 예속된 존재가 아니다. 그녀는 자신의 삶을 살았고 세상을 헤매고 돌아다녔다. 그녀는 그의 앞에서 신비를 잃지 않고 있으며 자신의 됨됨이를 무너뜨리지 않는다. 앙투안을 끊임없이 사랑하면서도 그녀는 "난 본래 이런걸요" 하고 말한다. 그래서 앙투안은 자기의 손이 닿지 않는 곳에 그녀가 존재할 수 있으며 그러면서도 그런 존재 방식이 좋고 매력적이라는 것을 인정하지 않으면 안 된다. 그들의 만남 자체가 이미 그들을 동등한 자격으로 만든다. 폭우가 쏟아지는 어느 여름 밤 앙투안이 어쩔 수 없이 임시변통의 수단으로 어린 여자 아이를 수술할 때 라셸이 옆에서 등불을 단단히 붙잡아 들고 있어주는데 앙투안은 자신의 내면에 있는 의사가 그 단 하나뿐인 존재의 도움을 받고 있다는 사실을 발견한다. 수술이 끝난 뒤 기진맥진한 그들은 나란히 앉아서 잠이 들게 된다. 앙투안은 잠이 깨면서 자신의 옆구리에 따뜻한 체온을 느낀다. 라셸이 그에게 몸을 기댄 채 자고 있는 것이다. 얼마 후 그들은 연인 사이가 될 것이다. 그러나 그들은 이미 연인으로, 서로 허리를 팔로 감고 가장 위대한 생명을 서로에게 쏟아 부어주고 있는 것이다. 그 순간부터 앙투안은 기꺼이 감사하는 마음으로 자신의 권위를 버린다. 여러 해 동안 헤어져 있던 자신의 동생을 로잔에서 만났을 때 자크는 그가 "변했다"는 것을 느낀다. 백 번의 설교로도 이룰 수 없을 것을 한 여자가 해낸 것이었다. 그러나 그 여자는 앙투안이 유일하고 영원하다고 믿었던 세계에 속하는 존재가 아니다. 그녀는 항상 떠돌이가 되어 가버리는 종족에 속해 있었다. 그녀의 옆에서 느낄 수 있는 것은 다름 아닌 자유다. 물론 그것은 관능적인 자유다. 앙투안은 생전 처음 거기서 육체와 정신의 궁극적인 꿈인 차이 속에서의 그 동등함을 발견한다. 그러나 그것은 또한 편견들에 대한 마음의 자유다. 라셸은 그 편견들을 물리치려고도 하지 않는다. 그녀는 편견들을 알지도 못하기에 자신의 존재만으로 그 편견들을 태연히 부정한다. 이렇게 하여 앙투안은 그녀의 곁에서 마음이 단순해지면서 자신의 천성 속에서 유일하게 가치 있는 것, 즉 개인적인 관대함, 생기, 그리고 찬미하는 능력[18]을 발견한다. 그는 더 나은 사람이 되는 것이 아니라 자신의 밖에서, 그러나 자신과 더 가까운 곳에서, 또한 자신을 인정해주고 격려해주는 한 존재에 대한 즐거운 인정 속에서 좀 더 완성된 존재가 된다. 아마도 여기서 어떤 당당한 진실이 규정되는 것 같다. 다른 존재를 자신의 천성을 다하여 사랑함으로써 그 존재를 해방시키는 동시에 스스로도 본래의 자기로 되돌아갈 수 있게 된 한 인간의 진실 말이다.

서로 헤어지고 오랜 시간이 지난 뒤에도 이 진실은 앙투안을 떠받쳐줄 것이다. "그는 목구멍에서 터져 나오는 그 짧고 요란한 웃음을 터뜨리곤 했다. 그가 그토록 오랫동안 억눌러왔고 라셸이 영원히 해방시켜준 그 웃음을." 과연 그들은 비와 안개가 가득한 어느 날 밤 서로 헤어져 다시 보지 못한다. 얼른 보기에 그들의 사연은 짧게 끝난 것 같다. 라셸은 자신의 알 수 없는 내면의 마음의 길을 따라, 자신을 지배하는 그 신비스러운 사람을 다시 만나기 위해(여기서 그 동기는 좀 소설적이다) 아프리카로

---

18) 마르탱 뒤 가르는 (앙투안과 그의 스승 필리프 사이의 매우 아름다운 장면에서) 찬미를 하나의 주제로 다룬다. 놀라운 일이 아니다. 찬미가 결핍된 곳에서는 작품도 마음도 불구가 된다.

돌아간다. 사실 그녀는 죽음을 향해 가는 것이다. 이 살아 있는 여자는 죽음에 대한 아주 자연스러운 친화력을 가지고 있다. 그러나 그녀는 앙투안이 성숙해지도록 도움을 주고 간 것이다. 심지어 그녀는 그가 보다 더 잘 죽을 수 있도록 도와준 것이다. 왜냐하면 그는 죽음이 임박했을 때 다시 그녀에게로 돌아가기 때문이다. 그는 자크의 아들을 생각하며 노트에 이렇게 쓴다. "앙투안 삼촌을 미워하지 마라. 이 한심한 모험이 그래도 내 빈약한 삶에서는 가장 나은 것이다." 여기서 "빈약한"이라는 표현은 지나친 것이지만 그것은 마음이 약해진 죽어가는 사람이 쓴 말이다. 앙투안에게 사랑을 맛보게 해준 삶이 아주 풍부한 것이었다고 말할 수는 없지만 그 삶 속에서 라셸은 당당한 선물이었다. 다시 말해서 아무것도 강요하지 않고 풍요롭게 해주는 선물이었다. 자크에게 앙투안이 자신의 사랑에 대하여 힘들게 속내를 털어놓자 자크는 자신의 무지한 순수성만을 고집하며 거만하게 소리친다. "아, 아니지, 앙투안, 아니야, 사랑은 그런 게 아냐." 그것은 분별없이 한 말이다. 그는 배움이 모자란 것이다. 감사하는 앎을 가졌더라면 육체에 따르는 사랑에 대하여 그는 보다 겸손해질 수 있었을 것이고 삶과 인간들이 주는 즐거운 선물 앞에서 보다 더 자유스러워질 수 있었을 것이다.

    자유와 겸손, 이것이야말로 라셸이 앙투안의 마음속에서 깨어나게 해준 미덕이다. 삶은 몹쓸 것이다. 때로 앙투안은 이렇게 말하려고 노력한다. "마치 한사코 낙천적이고자 하는 상대에게 말을 걸듯이. 그런데 어리석게도 만족스러움을 감추지 못하는 그 고집스러운 상대는 바로 그 자신, 일상의 앙투안이었다." 보다 더 많은 것을 배운 그 앙투안은 라셸과의 관계가 끝난 뒤에도 계속 살아간다. 그는 삶이 좋은 것임을 안다. 그는 그 삶 속에서 편한 마음으로 움직이고 필요할 때는 거짓말도 한다. 그러면서 삶이 그러한 믿음을 정당화해주기를 참을성 있게 기다린다. 그러면 삶은 대개 그렇게 해준다. 그러나 그의 내면 어딘가에서 라셸이 일깨워놓은 어떤 불안감이 동시에 그 자신만만함을 인간적인 것으로 만들어놓는다. 앙투안은 이제 다른 사람들의 존재를 깨닫고, 그리하여 가령 사랑 속에서 우리는 혼자만 즐기는 것이 아니라는 것을 깨닫는다. 그것은 수많은 길들 중의 하나에 불과하다. 그러나 전진하는 역사 속에서 그가 혼자 고통 받지 않을 것임을 깨닫게 해주는 확실한 길이다. 프랑스는 전쟁의 길로 접어든다. 자크는 전쟁을 거부하고 그 거부 때문에 죽는다. 앙투안은 그 전쟁을 좋아하지 않으면서도 받아들인다.[19] 그리고 그 역시 그 받아들임 때문에 죽는다. 그는 명성 높고 부유한 의사의 삶, 새롭게 단장한 개인 저택을 버린다. 그의 병정 가방들 때문에 새로 칠한 벽의 페인트는 벗어지고 대리석 판과 장식들이 무너져 내린다. 실제로 그는 자기가 포기하는 세계를 결코 다시 찾지 못하리라는 것을 잘 알고 있다. 그러나 그는 가장 중요한 것, 즉 자신의 직업을 버리지 않는다. 그는 그 직업을 전쟁

---

[19] "오직 전쟁이 터지기 직전까지만 시민 노릇을 하겠다는 것은 정말이지 너무 안이한 생각인 것 같다."

속에서까지, 그리고 그 자신이 솔직하게 말하듯이 심지어 혁명 속에서까지 수행할 수 있을 것이다. 전진하는 광란의 역사 앞에서 앙투안은 이제 자유롭다. 그가 포기한 것은 자신이 소유했던 것이지 과거의 그 자신이 아니다. 그는 전쟁에 대하여 판단을 내릴 수 있을 것이다. 한 사람의 의사가 부상자들과 죽어가는 사람들 속에서 공식 발표문을 읽는 것이다. 가스에 중독되어 이윽고 자신의 죽음을 확신하게 된 그는 낡은 세계의 그 어느 것도 아쉬워하지 않는다. 〈에필로그〉에서 그의 단 두 가지 걱정은 인류의 미래(그는 전쟁이 다시 일어나지 않도록 하기 위하여 "승리자도 모멸당하는 사람도 없는 평화"를 바란다)와 자크의 아들인 장 폴이다. 그 자신으로 말하면 이제 추억밖에 더 이상 아무것도 가진 것이 없다. 추억 가운데서도 그의 삶의 지혜가 되어준 라셸의 추억은 이제 그의 죽음에도 도움이 되어줄 것이다.

《티보 가의 사람들》은 병든 의사의 일기와 주인공의 죽음으로 마감된다. 또한 한 사회가 그와 더불어 붕괴하게 된다. 그러나 문제는 한 너그러운 개인에 의하여 낡은 세계로부터 새로운 세계로 무엇이 전승될 수 있는가에 있다. 역사의 대대적인 범람이 여러 대륙과 민족들을 휩쓸고는 물러간다. 그리고 살아남은 사람들은 없어진 것과 지속적으로 남아 있는 것이 무엇인지를 헤아린다. 1914년 전쟁에서 살아남은 앙투안은 자신이 대재난에서 구할 수 있었던 것을 장 폴에게, 다시 말해서 우리에게 전해준다. 그의 위대함은 바로 여기에 있다. 그의 위대함은 명철한 정신을 가지고, 만인과 함께하는 높이로 되돌아왔다는 것이다.

앙투안이 자기 스승 필리프의 눈에서 가망이 없다는 신호를 읽어내고부터 최후의 고독에 이르기까지 실제로 이 인물의 스케일은 끊임없이 커간다. 그러나 그가 자신의 의혹들과 약점들을 하나하나 인식하는 그만큼 커가는 것이다. 자신에게 만족할 줄만 알았던 보잘것없는 의사가 이제 자신의 무지를 깨닫는다. "나는 나 자신과 세계에 대하여 별로 깨달은 것도 없이 죽을 운명이다." 그는 순수한 개인주의가 불가능하다는 것을 알고 있다. 삶이 젊은 힘의 이기적인 광휘 속에 송두리째 다 들어 있는 것은 아니니까 말이다. 매 시간 삼천 명의 신생아가 태어나고 그만큼의 사람들이 죽는다. 무한한 어떤 힘이 개인을 세대의 그칠 줄 모르는 물결에 실어 가서는 집단적인 죽음이라는 허기진 대양 속에 빠뜨린다. 한계를 가진 자신을 다시 받아들이고 자기 자신에 대한 의무와 타인들에 대한 의무를 타협시키려고 노력하는 것 외에 그가 또 무엇을 할 수 있겠는가? 그 나머지에 대해서는 그 역시 다시 한 번 내기를 하는 수밖에 없다. 가스에 질식하여 추락한 율리시스는 자신의 예지를 규정하려고 애쓰다가 그 예지라는 것이 광기와 위험의 얼굴을 가졌다는 것을 인정한다. 그 누구의 짐도 되고 싶지 않아 그는 우선 고독하게 자신의 목숨을 끊을 것이다. 그러나 그 방법이 너무나도 구체적이고 겸허하여 그가 성공한 바루아를 닮았는지 부르주아가 된 키릴로프를 닮았는지 가리기가 망설여진다. 그 분별 있는 자살에도 불구하고, 아니면 그 분별 있는 행동 때문에 그의 내기는 오히려 비합리적이고 낙천적인 것이 될 것이다. 즉 그가 남긴 마지막 말은 자크의 아들에게 주는 것이었기에 그는 인간적 모험의 연속성을 걸고 내기를 한 것이 될 터이다. 죽음을 통한, 그리고 살아남게 될 것에 대한 충실성을 통한 그 이중의 소멸로 인하여 앙투안은 진정한 역사 속으로 사라진다. 불행이라는 뿌리를 가진 인간적 희망의 역사 속으로 말이다. 그런 점에서 내게 가장 큰 감동을 주는 앙투안의 말은 그가 죽기 얼마 전에 적어놓은 그것이다. "나는 그저 평균적인 한 인간에 불과했다." 어떤 의미에서 그것은 맞는 말이다. 그리고 같은 기준에 따르건대 자크는 예외적인 존재다. 그러나 작품 전체에 힘을 불어넣어주고 그 깊은 충동에 빛을 던져주며 그 멋들어진 〈에필로그〉로 꼭짓점을 찍어주는 것은 바로 평균적인 인간이다. 따지고 보면 율리시즈의 진실은 안티고네의 진실과 상통한다. 그러나 그 역은 사실이라고 할 수 없다.

그러나 침묵 속에서 건설하고 아무런 주석도 달지 않은 채 이토록 상이하고 이토록 압도하는 두 인물을 우리에게 보여줄 수 있는 창조자에 대해서는 어떻게 생각하면 좋을 것인가?

지금까지 마르탱 뒤 가르가 얼마나 당대의 관심사와 직결되어 있는가에 국한하여 말했으니 이제 남은 것은 그가 품고 있었던 의혹들 그 자체가 바로 우리의 의혹들이라는 사실을 말하는 일일 것 같다. 티보 가의 사람들에게 있어서 역사의식의 탄생에는 우리도 이해할 수 있는 어떤 문제 제기가 동반된다. 전쟁 발발의 분위기가 고조되어가는 것과 동시에 세계의 미래에 결정적인 어떤 정황 속에서 사회주의가 실패하는 과정을 보여주는 《1914년 여름L'Été 1914》은 작가가 그 점에 대하여 품고 있었던 모든 의혹들을 요약하고 있다. 마르탱 뒤 가르에게 명철한 의식이 부족했던 것은 아니다. 《1914년 여름》은 《아버지의 죽음La Mort du père》(1929)이 나온 지 훨씬 뒤인 1936년에 발표되었다는 사실을 우리는 알고 있다. 이 오랜 기간 사이에 마르탱 뒤 가르는 이 대하소설 내부에서 그야말로 일대 혁명을 치러낸 것이었다. 그는 원래 세웠던 계획을 포기하고, 《티보 가의 사람들》에다가 예정했었던 것과 다른 대단원을 부여하기로 결정한다. 원래 계획은 삼십여 권의 연작을 이루게 되어 있었다. 두 번째 계획은 《티보 가의 사람들》을 열한 권으로 축소시킨다. 이때 마르탱 뒤 가르는 《아버지의 죽음》의 속편으로 2년간 노력하여 탈고한 《출범 준비L'Appareillage》의 원고를 주저 없이 파기한다. 이런 희생을 치른 1931년과 새로운 청사진에 따라 《1914년 여름》을 집필하기 시작하는 1933년 사이에 어쩌면 당연하다고 할 수 있는 혼란의 2년이 흘러갔다. 이 점은 벌써 책의 기법에서 느껴진다. 오랜 동안의 정지 상태 뒤끝이라 처음에는 기계가 원활하게 돌아가지 않다가 둘째 권에 가서야 최대의 능률을 발휘하기 시작한다. 그러나 내 생각으로 그 점은 작품의 여러 가지 새로운 조망들에서도 느껴지는 것 같다. 히틀러가 권좌에 오르고 2차 대전을 예감할 수 있는 시점에 시작된 이 거대한 역사적 벽화는——사람들은 여기서 그려지고 있는 갈등이 마지막 갈등이기를 바라고 싶어 했다——거의 스스로에 대한 반론이 될 수밖에 없다.《티보 가의 사람들》을 쓰지 못한 채 버려두고 지낸 바로 그 시기에 집필한《오래된 프랑스》에서 여교사는 이미 한 가지 두려운 질문을 던지고 있었다. "세상이 왜 이 모양이죠? 사회의 탓인가요……. 사람 탓이 아닐까요?" 똑같은 의문이 혁명의 신념으로 불타오르는 자크의 마음을 흔들어놓는다. 역사적 사건 앞에서 앙투안이 보이는 대다수의 태도들을 설명해주는 것도 바로 이 같은 의문이다. 그러므로 우리는 이것이야말로 소설가 자신의 마음을 떠나지 않고 있었던 의문이라고 가정할 수 있다.

어쨌든《1914년 여름》을 가득 채우고 있는──어쩌면 좀 지나칠 정도로──이념적인 대화들에는 사회적 행동이 야기하는 모순들이 그 어느 한 가지도 빠짐없이 망라되어 있다. 정의를 위하여 저지르는 폭력의 갈등은 그중에서도 가장 으뜸가는 것이라고 하겠는데 그것은 자크와 미퇴르그 사이의 대화 속에서 길게 논의되고 있다. 요기yogi와 형사 사이의 저 유명한 구별은 이미 마르탱 뒤 가르에 의하여 제시된 바 있다. 과연 그는 혁명의 테두리 안에서 사도와 기술자를 서로 대립적으로 구별하고 있는 것이다. 그는 거기서 한 걸음 더 나아가 혁명의 허무주의적 면모를 따로 분리하여 메네스트렐이라는 인물을 통해 깊이 있게 다룬다. 이 인물은 무신론이 인간을 신의 자리에 앉혔지만 그 다음에는 한 걸음 더 나아가서 이번에는 인간을 제거해버려야 한다고 생각한다. 그러면 그 인간의 자리를 누가 대신할 것인가라는 물음에 대한 답은 "무(無)"다. 하기야 영국인 패터슨은 메네스트렐을 "아무것도 믿지 않는 절망"이라고 규정한다.

끝으로, 허무주의를 통해서 혁명에 뛰어든 모든 사람들이 다 그렇듯이 메네스트렐에게는 최악의 정치학이 있다. 그는 자크가 베를린에서 가지고 온 비밀 서류를 주저 없이 불태우게 된다. 그 서류는 프로이센과 오스트리아 참모들의 공모 관계를 밝히는 증거로, 이 서류들을 공개할 경우 독일 사회민주당의 태도를 바꾸게 만들 가능성이 있으므로 메네스트렐이 사회의 전복을 위해서 "절호의 카드"라고 믿는 터인 전쟁을 포기하게 만들 위험이 있는 것이었다.

이런 예들만으로도 마르탱 뒤 가르의 사회주의에는 그저 소박하기만 한 관점은 전혀 개입되어 있지 않다고 단언할 수 있다. 그로서는 언젠가 역사 속에 완벽함이 구체적으로 실현되는 날이 온다고 믿을 수가 없는 것이다. 그가 그렇게 믿을 수가 없는 것은 그의 마음속에 일고 있는 의혹이 바로 《오래된 프랑스》의 여교사의 의혹이기 때문이다. 그 의혹은 인간의 본성과 관계가 있는 것이다. "인간들에 대한 그의 연민은 무한한 것이었다. 그는 인간들에게 자신의 마음에서 우러나는 모든 사랑을 다 쏟아 부었다. 그러나 별수 없이 그 모두가 헛고생이었다. 그는 인간의 도덕적 가능성에 대해서는 여전히 회의적이었던 것이다." 확신하는 것이라고는 오직 인간뿐인데 그 인간이 별 볼일 없는 것임을 안다는 사실, 이것이 바로 이 작품 전체를 관통하는 고통이다. 그럼에도 불구하고 얼마나 강건하고 충만한, 그리고 우리와 얼마나 가깝게 느껴지는 작품인가. 그러나 따지고 보면 그 근원적인 의혹은 모든 사랑 속에 숨어서 그 사랑에 가장 따뜻한 전율을 부여하는 의혹이라고 하겠다. 그토록 단순 소박하게 술회하는 무지는 그것이 바로 우리가 함께 나누어 가진 어떤 확신의 이면이기 때문에 우리의 마음에 다가드는 것이다. 인간에 대한 봉사는 역사의 실질적인 운동을 가능하게 하기 위하여 유지해야 할 어떤 애매성과 불가분의 관계에 있다. 앙투안이 장 폴에게 남기는 이중의 충고는 바로 거기서 유래하는 것이다. 그중 하나는 의무로서 받아들이는 신중한 자유다. "단체에 휩쓸려 다니지 마라. 어둠 속에서 혼자 더듬거리는 것은 답답하다. 그러나 그것이 재난을 최소화하는 일이다." 다른 하나는 믿음을 가진 데 따르는 위험 부담이다. 인류의 어둠 속에서 사람들의 무리들이 수세기에 걸쳐 믿을 수 없는 미래를 향하여 비틀거리며 걸어가고 있는 그 길로 모든 사람들 속에서 꾸준히 앞으로 나아가라.

보다시피 여기서는 그 누구도 확신을 가질 수 없다. 그러나 이 작품은 용기를 주고 어떤 기이한 믿음을 준다. 앙투안이 그렇게 하듯이 온갖 의혹들과 재난들을 넘어서 인간의 모험에 내기를 건다는 것은 결국 끔찍하면서도 그 무엇으로도 대신할 수 없는 것인 삶을 가상히 여긴다는 것을 의미한다. 티보 가의 사람들의 삶에 대한 치열한 애착은 작품 전체에 생명을 불어넣는 애착 바로 그것이다. 죽음을 맞이하는 티보 영감은 이렇게 자기 나름대로 소멸의 거부, 여러 차례의 예기치 않은 회생, 적들을 향한 불시의 반격, 간호사들과 친지들을 대혼란으로 몰아넣으며 육체적으로 죽음과 싸우는 그 특유의 방식을 통해서 한 모범적인 표상을 보여주고 있는 것이다. 여기서 카라마조프 형제들의 삶과 쾌락에 대한 사랑을, 그리고 드미트리의 절망에 찬 한마디를 어찌 생각하지 않을 수 있겠는가. "나는 삶을 너무 사랑해. 그래서 구역질이 날 지경이야." 그러나 산다는 것은 고상한 것이 아니다. 그 점, 드미트리도 잘 알고 있다. 모든 멸망을 피하기 위하여 수단과 방법을 가리지 않는 그 엄청난 투쟁이 역사와 역사 발전의 진리요 인간 정신과 그 정신이 이룩한 과업들의 진리인 것이다. 여기에 바로 그런 소멸의 거부에서 태어난 과업들 중의 하나가 있다. 그 거부, 인간들과 세계에 대한 무궁무진한 애착이 마르탱 뒤 가르의 책들이 가진 거침과 정다움을 설명해준다. 모멸당하면서도 즐기는 육체의 실감으로 가득 찬 이 다부진 책들은 거기에 자양분을 제공한 삶 속에 온통 파묻혀 있다. 그러나 그와 동시에 어떤 어마어마한 너그러움이 잔혹함을 관통하면서 그 잔혹함을 변모시키고 완화시키고 있다. 앙투안은 이렇게 쓴다. "삶은 언제나 우리가 알고 있는 것보다 더 큰 풍부함을 지니고 있다." 아무리 비속하고 아무리 못된 것이라 할지라도 하나의 삶은 그 어느 숨겨진 한구석에 그 삶을 이해하고 보속할 수 있는 그 무엇을 항상 은닉하고 있다. 이 거대한 벽화 속의 그 어떤 인물도, 심지어 가장 암울한 초상으로 그려진 위선적 기독교 부르주아까지도, 나름대로 은총의 한순간을 맞이하지 않는 경우는 없다. 결국 마르탱 뒤 가르의 눈에 유일한 죄인은 아마도 삶을 거부하거나 인간들을 단죄하는 자일 것이다. 인간은 관건이 되는 말, 최후의 비밀을 손에 쥐고 있는 것이 아니다. 그러나 인간은 판단을 내리고 보속하는 능력을 지니고 있다. 바로 여기

문학 비평 143

에 예술의 심오한 비밀이 있다. 그 비밀이 선전이나 증오에는 무용해지도록 만들고 마르탱 뒤 가르가, 예를 들어, 한 젊은 모라스주의자까지도 오직 너그러운 연민의 감정만으로 묘사하도록 만드는 것이 그 예술이다. 모든 진정한 창조자가 다 그러하듯이 마르탱 뒤 가르는 자신의 모든 인물들을 용서한다. 예술가에게는, 비록 그의 삶이 처음에는 투쟁과 싸움뿐이라 할지라도, 참다운 적은 없다.

그러므로 이 작품의 마지막 결정적인 말은 톨스토이가 죽은 이래 한 작가에 대하여 쓰기가 그리 쉽지 않게 된 그 말, 즉 선(善)이다. 여기서 말하는 선이 세상 사람들의 눈에 가짜 예술가들을 가려주는 동시에 그 예술가들에게 세상을 가려주는 병풍과도 같은 선이 아니라는 것을 구태여 밝힐 필요가 있을까? 마르탱 뒤 가르 자신이 어떤 종류의 부르주아적 선은 악을 수행하는 데 필요한 에너지의 부재라고 규정한 바 있다. 우리가 여기서 말하는 선은 그와 반대로 유난히 명철한 의식을 가진 덕목으로서 좋은 사람은 그가 지닌 연약함 때문에 용서하고, 악한 사람은 그의 너그러운 충동을 살려주기 위하여 용서하는, 고통을 당하는 동시에 희망을 잃지 않는 인류의 열정적인 일원이라는 사실을 고려하여 그 둘 다를 용서하는, 그런 선이다. 그래서 여러 해 동안 멀리 떠나 있다가 집으로 돌아온 자크가 죽어가는 자신의 아버지를 일어나 앉도록 부축하다가 전에는 자신의 눈에 억압의 상징이었던 그 거구의 몸이 닿는 것에 마음이 흔들리는 것을 느낀다. "그러자 돌연 그 축축한 몸과의 접촉에 충격을 느낀 나머지 그의 마음속에 예기치 않은 움직임이──연민이나 애정 같은 것을 훨씬 초월하는 어떤 육체적 감동, 꾸밈없는 어떤 감정이 솟아올랐다. 인간이 인간에 대하여 느끼는 이기적인 다정함 말이다." 이런 대목은, 그 어떤 것과도 유리되지 않고 한 인간과 한 시대의 모순들을 무명의 형언할 수 없는 수용을 통해서 극복하는 어떤 예술의 참다운 척도를 제공한다. 세상에는 고통과 투쟁과 죽음의 공동체라는 것이 분명 존재한다. 오직 그것만이 기쁨과 화해의 공동체에 대한 희망에 기초를 놓아준다. 이 공동체에 소속되었음을 인정하는 사람은 거기서 고귀함, 충실성, 그리고 자신의 의혹들을 받아들일 이유를 다시 발견한다. 그가 만약 예술가라면 거기서 자신의 예술의 깊은 원천을 찾아낼 것이다. 인간은 여기서 자기가 혼미와 불행의 순간에 고독하게 혼자서 죽어야 하는 것은 아님을 깨닫는다. 그 사람과 동시에 인간들 모두가, 같은 폭력 속에서 죽는 것이다. 그러할진대 어찌 그들 가운데 단 한 사람하고라도 분리되어 떨어져 있을 수 있겠는가? 예술가는 용서를 통해서, 인간은 정의를 통해서, 그에게 회복시켜줄 수 있는 가장 드높은 삶을 어찌 그에게 거부할 수 있겠는가? 이것이 바로 내가 앞에서 말한 시사성의 요체다. 그러나 이것은 단 한 가지 유효한 시사성이다. 모든 시대에 다 적용되는 시사성, 마르탱 뒤 가르를 용서와 정의의 인간으로, 우리의 영원한 동시대인으로 만들어주는 시사성이다.

N. R. F., 1955년

장 그르니에의 수상집 《섬》 서문

나는 스무 살 때 알제에서 이 책을 처음으로 읽었다. 내가 그 책에서 받은 충격, 그 책이 내게, 그리고 나의 수많은 친구들에게 끼친 영향으로 말하자면 오직 지드의 《지상의 양식》이 한 세대 전체에 끼친 충격 이외에는 그에 비견할 만한 것이 없을 것이다. 그러나 《섬Les Îles》이 우리에게 가져다 준 계시는 다른 차원의 것이었다. 지드적인 감동은 우리에게 찬양의 감정과 동시에 어리둥절한 느낌을 남긴 반면에, 이 책이 보여준 바는 우리에게 시의 적절한 것이었다. 사실 우리는 윤리라는 굴레에서 해방될 필요나 지상의 풍성한 열매들을 노래할 필요를 새삼스럽게 느끼는 형편은 아니었다. 지상의 열매들은 손만 뻗으면 닿을 곳에, 빛 속에 열려 있었다. 그것들을 입으로 깨물기만 하면 될 일이었다.

우리 중의 몇몇 사람들에게 가난과 고통은 물론 실제로 존재하는 현실이었다. 다만 우리는 피 끓는 젊음의 온 힘을 다하여 그런 것들을 거부하고 있을 뿐이었다. 세계의 진실은 오직 이 세계의 아름다움과 그 아름다움이 누리게 해주는 온갖 기쁨들 속에 있는 것이었다. 이리하여 우리는 감각 속에서, 세계의 표면에서, 빛과 파도와 대지의 그윽한 향기 속에서 살고 있었다. 그렇기 때문에 《지상의 양식》이 그 행복에의 초대와 함께 찾아왔을 때 우리로서는 그것이 너무 뒤늦게 왔다는 느낌을 지울 수 없었던 것이다. 행복으로 말할 것 같으면 우리는 그것을 이미 우리의 오만한 직업으로 삼고 있는 터였다. 그와 반대로 우리는 우리의 탐욕으로부터 딴 데로 관심을 좀 돌릴 필요가 있었고 우리의 저 야성적인 행복으로부터 깨어날 필요가 있었다. 물론 어둠침침한 설교자들이 이 세상과 우리를 둘러싸고 있는 생명들 위에 저주의 말을 던지면서 우리의 바닷가에 나타나 서성거리기라도 했더라면 우리는 격렬하거나 냉소적인 반응을 보였을 것이다. 우리에게는 보다 섬세한 스승이 필요했다. 예컨대 우리와는 다른 바닷가에서 태어났으되 그 또한 빛과 육체의 찬란함을 사랑하는 한 인간이 우리에게 찾아와서 겉으로 보이는 이 세상의 모습은 아름답지만 그것은 부서져 허물어지게 마련이니 그 아름다움을 절망적으로 사랑하지 않으면 안 된다는 사실을 그 모방 불가능한 언어로 말해줄 필요가 있었다. 그러자 곧 어느 시대에나 변함없는 이 거대한 테마는 우리의 마음속에서 소용돌이치는 새로움인 양 진동하며 메아리치기 시작했다. 바다, 햇빛, 얼굴들과 우리 사이에 어떤 보이지 않는 장벽이 가로놓이는 느낌이 들었고 여전히 그 매혹을 잃지 않은 채로 그것들은 우리에게서 점차 멀어져갔다. 요컨대 《섬》은 이제 막 우리에게 환멸이 어떤 것인가를 가르쳐준 것이었다. 이리하여 우리는 문화라는 것을 발견했다.

과연 이 책은 우리가 우리의 왕국으로 여기고 있었던 감각적인 현실을 부정하지는 않으면서도 그와 병행하여 우리의 젊은 불안이 어디서 오는 것인지를 깨달을 수 있도록 또 다른 현실을 보여주었다. 우리가 분명히 알지 못하면서 막연하게 체험한 감격과 긍정의 순간들은 그르니에의 가장 아름다운 페이지들의 원천이거니와, 그는 그것의 영원한 흥취와 동시에 그것의 덧없음을 우리에게 일깨워주었다. 그러자 곧 우리는 우리가 돌연하게 느끼곤 했던 우수의 정체가 무엇인지를 깨닫게 되었다. 불모의 땅과 어두운 하늘 사이에서 힘들게 일하며 사는 사람은 하늘과 빵이 가볍게 느껴지는 다른 땅을 꿈꾸게 된다. 그는 희망을 가져보는 것이다. 그러나 하루 중 어느 때건 빛과 둥근 구릉들을 모자람 없이 즐길 수 있는 사람들은 더 이상 바랄 것이 없는 법이다. 그들이 꿈꿀 수 있는 것은 오직 상상 속의 다른 고장뿐이다. 이리하여 북쪽 사람들은 지중해 기슭으로, 혹은 빛의 사막 속으로 도망쳐 오지만, 빛의 고장 사람들은 눈에 보이지 않는 세계 외에 달리 어디로 도망칠 수 있겠는가? 그르니에가 그리고 있는 여행은 상상의 세계, 눈에 보이지 않는 세계 속으로의 여행, 섬에서 섬으로 찾아 떠나는 탐구의 길이다. 멜빌이 《마디 Mardi》에서 다른 방법으로 그려 보여준 탐구의 길 역시 그와 마찬가지다. 짐승은 즐기다가 죽고 인간은 경이에 넘치다가 죽는다. 그리하여 마침내 이르게 되는 항구는 어디일까? 바로 이것이 이 책 전편을 꿰뚫고 메아리치는 질문이다. 이 질문은 사실 책 속에서 오직 하나의 간접적인 해답을 얻을 뿐이다. 과연 그르니에도 멜빌과 마찬가지로 절대와 신성에 대한 명상으로 그의 여행을 마감하고 있다. 힌두교도들에 대한 말끝에 그는 이름을 알 수도 없으며 어디에 있는지도 알 수 없는 어떤 항구, 어떤 다른 섬 이야기를 우리에게 들려준다. 너무나 멀리 있어 영원히 이르지 못하는 섬, 그 특유의 방식으로 인적이 없는 섬 말이다.

여기서도 역시, 전통적인 종교들의 테두리 밖에서 성장한 한 젊은이에게는 이런 신중하고도 암시적인 접근 방식이 아마도 보다 더 깊이 있는 성찰로 이끌어주는 유일한 방식이 되었던 것 같다. 개인적으로 볼 때 나에게도 신이 없었던 것은 아니었다. 태양과 밤과 바다……는 나의 신들이었다. 그러나 그런 것들은 향락의 신들이다. 그들은 우리를 가득히 채워주고 나서는 다 비워버린다. 오직 그들과만 어울리다 보면 나는 향락 그 자체에 정신이 팔려 그 신들을 잊어버리고 마는 것이었다. 내가 어느 날 그 교만한 마음을 버리고 나의 이 자연신들의 품으로 되돌아갈 수 있게 되기 위해서는 누군가가 나에게 신비와 성스러움을, 인간의 유한성, 그리고 불가능한 사랑을 상기시켜줄 필요가 있었다. 이처럼 내가 그르니에에게서 얻은 것은 확신들이 아니었다. 그는 나에게 확신을 줄 수도, 주고자 원하지도 않았다. 그와 반대로 나는 그에게서 의혹을 배웠다. 끝이 없이 계속될 그 의혹은 예컨대 내가 오늘날 흔히 쓰는 의미에서의 휴머니스트, 다시 말해서 근시안적인 확신들로 인하여 눈이 멀어버린 사람이 되지 않도록 힘이 되어주었다. 《섬》을 관통하고 있는 그러한 영혼의 떨림은 어쨌든 첫날부터 나의 경탄을 자아냈고 그리하여 나는 그 떨림을 모방하고 싶었다.

"나는 낯선 도시에, 홀로, 아무것도 가진 것 없는 빈손으로 도착하는 것을 그렇게도 여러 번 꿈꾸었다. 그러면 나는 겸허하게, 아니 심지어 비참할 정도로 가난하게 살게 되었을 것이다. 무엇보다 나는 비밀을 고이 간직할 수 있었을 것이다." 그렇다. 이것이 바로 내가 당시 저물어가는 알제의 거리를 걸어가면서 되뇌어보노라면 나를 마치 취한 사람처럼 들뜨게 만들어주던 저 일종의 음악 같은 말들이다. 나는 새로운 땅으로 들어서고 있는 듯했고, 내가 사는 도시의 높은 언덕배기에서 내가 수없이 끼고 돌던 높은 담장들에 둘러싸인 채 그 너머로 오직 눈에 보이지 않는 인동꽃 향기만을 건네주던, 가난한 나로서는 꿈에 그리듯 쳐다보기만 했던 저 은밀한 정원들 중 하나가 마침내 내게 문을 열어 보이는 것만 같았다. 내 느낌은 틀림없었다. 과연 비길 데 없는 풍요로움을 간직한 어떤 정원의 문이 열리고 있었다. 그 무엇인가가, 그 누군가가 나의 내면에서 어렴풋하게나마 꿈틀거리면서 말을 하고 싶어 하고 있었다. 한 젊은이의 경우 이 새로운 탄생은 단순한 독서나 어떤 짤막한 대화 한마디만으로도 촉발될 수 있는 것이다. 펼쳐 본 책에서 어떤 한 문장이 유난히 눈에 띄어 보이고 어떤 한 개의 어휘가 여전히 방 안에서 메아리처럼 울리게 되면 돌연 그 절실한 어휘, 그 적절한 어감의 주위에서 여러 가지 모순들이 풀려 제자리를 찾게 되고 무질서가 해소되어버린다. 그와 동시에 벌써 그 완벽한 언어에 대답이라도 하려는 듯 어떤 수줍은 노래가 전보다도 더 떠듬거리면서 존재의 어둠 속에서 솟아오르는 것이다.

《섬》을 발견하던 무렵에 나는 글을 쓰고 싶어 했던 것 같다. 그러나 그 막연한 생각이 진정으로 나의 결심이 된 것은 그 책을 읽은 뒤였다. 다른 책들도 이 같은 결심에 도움을 준 것이 사실이지만 일단 책들이 그 역할을 끝낸 다음에는 나는 그 책들을 잊어버렸다. 그와는 달리 이 책은 끊임없이 나의 내면에 살아 있었고 이십 년이 넘도록 나는 이 책을 읽고 있다. 오늘에 와서도 나는 《섬》 속에, 혹은 같은 저자의 다른 책들 속에 있는 말들을 마치 나 자신의 것이거나 한 듯이 쓰고 말하는 일이 종종 있다. 나는 그런 일을 딱하다고 생각지 않는다. 나는 다만 나 자신에게로 찾아온 이 같은 행운을 기뻐할 뿐이다. 그 누구보다도 꼭 필요한 시기에 스스로의 마음을 기울여 스승을 얻고, 그리하여 오랜 세월과 여러 작품들을 통하여 그 스승을 사랑하고 존경하고 싶은 욕구를 느꼈던 나 자신에게 이는 더없는 행운이었던 것이다.

일생 중에 적어도 한 번 저 열광에 찬 복종의 마음을 경험하게 된다는 것은 과연 행운이라 하지 않을 수 없는 것이다. 우리의 지식인 사회가 자랑하여 마지않는 어정쩡한 진리들 가운데는 저마다 다른 사람의 죽음을 원하는 저 자극적인 진리도 섞여 있다. 이렇게 되고 보면 곧 우리 자신이 모두 스승이요 노예가 되어 서로를 죽이는 꼴이 되고 만다. 그러나 스승이라는 말은 그와 다른 의미도 지니고 있다. 그 의미로 인하여 스승과 제자는 오직 존경과 감사의 관계 속에 서로 마주 대하게 된다. 이럴 경우 중요한 것은 더 이상 의식과 의식의 투쟁이 아니고, 한번 시작되면 생명의 불이 꺼지지 않은 채 어떤 삶 전체를 가득 채워주게 되는 대화인 것이다. 이 오랜 세월에 걸친 교류는 예속이나 복종을 요구하는 것이 아니라 다만 가장 정신적인 의미에서의 모방을 야기한다. 끝에 가서 제자가 스승을 떠나 자신의 독자적이고 다른 세계를 완성하게 될 때——실제에 있어서 제자는 언제나 자신이 모든 것을 얻어 가지기만 할 뿐 그 어느 것 하나 보답할 수 없음을 잘 알고 있던 그 시절에 대하여 변함없는 향수를 지니게 될 것이면서도——스승은 흐뭇해한다. 이렇게 하여 여러 세대에 걸쳐 정신이 정신을 낳게 되는 것이며 인간의 역사는 다행스럽게도 증오 못지 게 찬미의 바탕 위에도 건설되는 것이다.

 그러나 그르니에라면 이러한 어조로 말을 하지는 않을 것이다. 그는 오히려 한 마리 고양이의 죽음, 어떤 정육점 주인의 병, 꽃의 향기, 흘러 지나가는 시간에 대한 이야기를 더 좋아한다. 이 책 속에서 정말로 드러내놓고 말해버린 것은 아무것도 없다. 여기서는 모든 것이 어떤 비길 데 없는 힘과 조심스러운 어조를 통해 암시되어 있다. 정확하면서도 꿈에 잠긴 듯한 저 가벼운 언어는 음악의 유연성을 지니고 있다. 그 언어는 빠르게 흐르지만 그 메아리는 긴 여운을 남긴다. 구태여 비교를 해야 한다면 프랑스 말에서 새로운 악센트를 이끌어낸 바 있는 샤토브리앙과 바레스를 논함이 좋을 것이다. 하지만 비교가 무슨 소용이

랴! 그르니에의 독창성은 그런 비교를 필요로 하지 않는다. 그는 다만 우리에게, 단순하고 친숙한 경험들을 꾸밈없는 언어로 이야기한다. 그러고 나서 그는 우리 자신이 좋을 대로 해석하도록 맡겨둔다. 단지 이런 조건에서만 예술은 남에게 강요하지 않는 천부의 재능이다. 이 책으로부터 그토록 많은 것을 얻었기에 나는 이 천부의 재능이 얼마나 폭넓은 것인지 잘 알고 내가 그 재능에 큰 빚을 지고 있음을 인정한다. 한 인간이 살아가는 동안에 얻게 되는 위대한 계시란 드문 것이어서 기껏해야 한두 번일 수 있다. 그러나 그 계시는 행운처럼 삶의 모습을 바꾸어놓는다. 삶의 열정, 앎의 열정에 사로잡힌 사람들에게 이 책은 한 페이지 한 페이지 넘어갈 때마다 그와 같은 계시를 제공하리라는 것을 나는 안다. 《지상의 양식》이 감동시킬 대중을 발견하는 데 이십 년이 걸렸다. 이제는 새로운 독자들이 이 책을 찾아올 때가 되었다. 나는 지금도 그 독자들 중의 한 사람이고 싶다. 길거리에서 이 조그만 책을 펼치고 그 처음 몇 줄을 읽다 말고는 다시 접어 가슴에 꼭 껴안고, 마침내 아무도 보는 이 없는 곳에 가서 미친 듯이 읽고 싶다는 일념으로 내 방까지 한달음으로 뛰어갔던 그날 저녁으로 나는 되돌아가고 싶다. 나는 아무런 회한도 없이, 부러워한다. 오늘 처음으로 이 《섬》을 펼쳐 보게 되는 저 낯모르는 젊은이를 뜨거운 마음으로 부러워한다.

《프뢰브*Preuves*》, 1959년 1월

르네 샤르

르네 샤르René Char와 같은 시인을 불과 몇 페이지의 글로 정당하게 평가할 수는 없지만 적어도 그의 위치를 자리매김할 수는 있다. 어떤 작품들은 우리가 그 어떤 기회를 이용해서라도 그 작품들에 은혜 입은 바에 대한 감사의 뜻을 거칠게나마 표시할 가치가 있다. 그래서 나는 내가 특히 좋아하는 시편들의 독일어 판이 간행되는 기회에 내가 르네 샤르를 우리의 가장 위대한 생존 시인으로 생각하고 있다는 것을, 그리고《열광과 신비Fureur et Mystère》를《일뤼미나시옹Les Illuminations》과《알코올Alcools》이래 프랑스 시가 우리에게 보여준 가장 놀라운 성과로 여기고 있음을 말할 수 있게 된 것을 기쁘게 생각한다.

과연 샤르의 새로움은 눈부신 것이다. 그가 초현실주의를 거친 것은 사실이다. 그러나 그는 혼자서 걸을 때 발걸음이 더 확실해진다는 것을 깨달을 때까지, 그 사조에 자기를 맡겼다기보다는 잠깐 동안 동참했을 뿐이다.《홀로 머물다Seuls demeurent》

가 발표되면서부터 어쨌든 불과 얼마 안 되는 시편들만으로도 그는 충분히 우리 시단에 자유롭고 순정한 바람을 일으킬 수 있었다. 처음에는 "부질없는 장난감"을 제작하는 데 골몰했던 우리 시인들이 류트를 손에서 내려놓았다 하면 겨우 나팔을 입에 물고 외쳐대는 것이 고작이었던 수많은 세월이 지난 뒤 시는 건강에 유익한 장작더미로 변해가고 있었다. 시는 시인의 땅에서 바람을 향기롭게 하고 흙을 기름지게 하기 위하여 풀밭을 태우는 저 광대한 불처럼 타올랐다. 마침내 우리는 숨을 쉴 수 있게 되었다. 그때까지 그림자와 메아리들만 보고 기뻐하고 있었던 방 안으로 자연의 신비, 신선한 물, 그리고 빛이 밀려들었다. 이것이야말로 시적 혁명이라고 말할 수 있다.

그러나 동시에 이 시에 영감을 준 것이 그토록 옛것이 아니었다면 이 시의 새로움에 대한 나의 찬탄은 줄어들었을 것이다. 샤르는 현명하게도 소크라테스 이전 그리스의 비극적 낙관론을 주장한다. 엠페도클레스에서 니체에 이르기까지 어떤 비밀이 정점에서 정점으로 전수되었는데 오랜 공백기가 지난 뒤 샤르는 그 비밀의 견고하고 귀중한 전통을 이어받는다. 견딜 수 없을 만큼 달구어진 그의 몇몇 경구들 속에는 에트나 화산의 불이 파묻혀 있고 질스마리아의 위풍당당한 바람이 그의 시편들에 생명을 불어넣어 그 속에서 신선하고 도도한 물소리가 반향하게 한다. 샤르가 "눈물 가득한 예지"라고 불렀던 것이 여기, 우리의 대재난의 바로 저 높은 꼭대기에서 되살아난다.

옛것이면서 동시에 새로운 것인 이 시는 세련됨과 단순함을 결합시킨다. 그것은 동일한 충동 속에 낮과 밤을 동시에 떠안고 있다. 샤르가 태어난 고장의 저 엄청난 빛 속에서는 때때로 태양이 어둠인 것을 우리는 알고 있다. 오후 두 시, 들판이 더위에 지쳐 탈진할 때면 그 무슨 검은 숨결이 그 들판을 뒤덮는다. 그와 마찬가지로 샤르의 시가 어두워지는 것 같아지는 것은 이미지의 격렬한 응축이나 빛의 농축 때문이다. 이때 그의 시는 추상적인 투명함과 멀어진다. 대개는 우리가 별로 비싼 대가를 지불하지 않아도 된다는 이유 때문에 안이하게 요구하는 그 투명함 말이다. 그러나 그와 동시에 햇빛이 내려쬐는 들판에서처럼 그 검은 점은 맨 얼굴들이 그대로 노출되는 광대한 빛의 벌판들을 자기 주위에서 단단한 고체로 만들어버린다. 가령 《흩뿌려진 시 Poème pulvérisé》의 중심에는 하나의 신비스러운 초점이 자리 잡고 있어서 뜨거운 이미지들의 물결이 끊이지 않고 그 주위를 돌고 있다.

바로 그 때문에 이 시는 우리를 그토록 정확하게 만족시킨다. 우리가 한 발 한 발 앞으로 나아가고 있는 어둠 속에서 발레리적인 하늘의 고정되고 둥근 빛은 우리에게 아무런 소용이 되지 못한다. 그 빛은 향수일 뿐 구원이 아닐 것이다. 반대로 샤르가 우리에게 제시하는 기이하면서도 엄격한 시에서는 우리의 밤 그 자체가 빛을 발하여 우리는 다시 걷는 법을 배우게 된다. 모든 시대의 시인인 그는 정확하게 우리 시대를 위하여 말을 건넨다. 그는 뒤얽힌 혼란의 중심에 서서 우리의 불행에도 소생에도 자신의 공식을 부여한다. "우리가 번개 속에 들어앉아 있다면 그것은 영원한 것의 심장이다."

샤르의 시는 바로 번개 속에 들어앉아 있다. 단순히 비유적인 의미에서만 그런 것이 아니다. 똑같은 걸음으로 가고 있는 인간과 시인이 어제는 히틀러의 전체주의와 대결하는 투쟁에 가담했고 오늘은 우리의 세계를 찢어발기고 있는 서로 상반되면서도 공모 관계에 있는 허무주의들을 고발하는 일에 열중한다. 공동의 투쟁에서 샤르는 그 투쟁의 향유가 아니라 희생을 받아들인다. "도약이어야지 그것의 후일담인 진수성찬은 안 된다." 반항과 자유의 시인인 그는 결코 자기만족을 허용하지 않았고 그의 표현처럼 반항과 화내는 것을 혼동하지도 않았다. 모든 사람들이 매일같이 우리에게 확인시켜주는 바이지만 반항에는 두 가지 종류가 있다는 사실은 아무리 강조해도 지나치지 않을 것이다. 그중 하나는 우선 예속에의 동경을 감추고 있는 반항이고 다른 하나는 샤르의 절묘한 표현처럼 빵이 치유 받게 되는 자유로운 질서의 세계를 절망적으로 요구하는 반항이다. 빵을 치유한다는 것은 모든 독트린들을 초월하여 먹을 빵에 그것 나름의 자리를 부여한다는 것, 그리고 우정에 대한 지향을 의미한다는 사실을 샤르는 잘 알고 있다. 이 반항아는 이리하여 결국 경찰이나 공모자로 전락하고 마는 수많은 그럴듯한 폭도들의 운명을 피해 간다. 그는 항상 자신이 단두대의 날을 가는 자라고 부르는 자들에 대항하여 일어설 것이다. 그는 감옥의 빵을 원하지 않는다. 마지막 순간까지 그에게 있어서 빵은 검사들보다 떠돌이들에게 더 맛있는 것이 될 터이다.

문학 비평

이때 비로소 우리는 어떻게 하여 이 반란자들의 시인이 아무 어려움 없이 사랑의 시인이 될 수 있는가를 깨닫게 된다. 흔히들 생각하는 것과는 달리 그의 시는 부드럽고 신선한 뿌리를 사랑 속에 박고 있다. 그의 윤리와 예술의 한 양상은 송두리째 《흩뿌려진 시》의 자랑스러운 공식 속에 요약되어 있다. "오직 사랑을 위해서만 몸을 굽혀라." 과연 그에게 중요한 관심사는 몸을 굽히는 일이고 그의 작품을 관류하는 사랑은 한편 그토록 씩씩한 것이면서도 정다운 애정의 악센트를 지니고 있으니 말이다.

그런 까닭에 우리 모두가 그렇듯이 샤르는 가장 착종된 역사와 씨름하면서 그 역사 속에서 몸을 지탱할 수 있고, 또한 그 속에서 바로 그 역사 때문에 우리가 점점 더 절망적인 갈증을 느끼는 대상인 아름다움을 찬양하기를 두려워하지 않을 수 있는 것이다. 그리하여 아름다움은 저 놀라운 《힙노스의 종잇장들 Feuillets d'Hypnos》에서, 마치 반항하는 자의 무기처럼 붉고 뜨겁게 달아오르고 기이한 세례를 넘치도록 받으면서 타오르는 불꽃의 정점이 되어 불쑥 그 모습으로 나타나는 것이다. 그때 우리는 그 아름다움을 본래의 모습 그대로, 다시 말해서 각종 아카데미들의 빈혈에 걸린 여신이 아니라 우리 시대의 친구로, 연인으로, 반려로 인식하게 된다. 투쟁이 한창인 곳에서 한 시인이 감히 우리에게 이렇게 소리쳤다. "우리의 암흑 속에는 아름다움을 위한 하나의 자리가 있는 것이 아니다. 모든 자리가 아름다움을 위한 것이다." 그 순간부터 자기 시대의 허무주의와 대면한 채 모든 배반들과 맞서서 샤르의 시편 하나하나는 어떤 희망의 길을 가리켜주는 팻말이 되었다.

　오늘날 한 시인에게 그 밖에 또 무엇을 요구하겠는가? 우리의 파괴된 요새들의 한가운데서, 여기 은밀하고 너그러운 예술의 힘 덕분에 여자가 존재하고 평화와 힘겨운 자유가 존재한다. 우리는 투쟁에서 등을 돌려버리기는커녕 오히려 이렇게 되찾은 귀중한 것들이야말로 우리의 싸움을 정당화해주는 유일한 것임을 깨닫게 된다. 일부러 원해서가 아니라 자신의 시대의 것이라면 그 어느 것 하나 거부하지 않았기 때문에 샤르는 우리의 존재를 표현하는 것 이상의 일을 해내고 있다. 그는 우리의 내일을 노래하는 시인이기도 한 것이다. 그는 고독한 존재이면서도 통합하는 힘을 가졌고 그가 자아내는 찬탄의 감정에는 인간들에게 그들 최고의 결실을 맺어주는 저 위대하고 우정 어린 열기가 섞여 든다. 우리는 이제부터 이와 같은 작품들에서 구원과 통찰을 기대할 수 있다는 것을 확신할 수 있을 것이다. 그 작품들은 진실을 전해주는 메신저들이다. 그 진실이 우리의 조국이요 그 진실로부터 멀리 떨어지면 우리는 유적의 고통을 느끼게 되리라는 것 이외에는 오랫동안 진실에 대해 아무런 할 말이 없는 터이긴 하지만 그래도 이제부터는 매일매일 우리가 가까이 다가가고 있는 중인 그 잃어버린 진실 말이다. 그러나 마침내 언어들이 형상을 갖추고 빛이 돋아나고 있나니 어느 날엔가 조국은 자기 이름을 얻게 될 것이다. 오늘 한 시인이 그것을 멋지게 예고하면서, 현재를 정당화하기 위하여 그 조국은 "비개인적인 성운들 한가운데의 땅이요 속삭임"이라는 것을 벌써부터 우리에게 상기시켜주고 있다.

1958년

보유

장 폴 사르트르의 《구토》

한편의 소설은 결코 이미지로 바꾸어놓은 철학에 불과한 것이 아니다. 그런데 한 편의 좋은 소설에서 철학은 송두리째 이미지들 속으로 흘러들어가서 표현된다. 그러나 그 철학이 인물과 행동을 초과하거나 작품에 붙인 라벨 같은 것이 되어버리면 금방 스토리는 진정성을 상실하고 소설은 생명을 잃는다.

그러나 끈질긴 생명을 가진 작품은 심오한 사상 없이는 성립될 수 없다. 위대한 소설가(가령 《인간의 조건 La Condition humaine》 같은 책에서 드러나는 것과 같은)를 만들어내는 것은 경험과 사상, 생명과 그 의미에 대한 반성의 혼합이다.

오늘 이야기하려는 소설에서는 그 균형이 깨져 있고 이론 때문에 생명이 훼손되었다. 얼마 전부터 이런 일은 매우 흔한 일이 되었다. 그러나 《구토 La Nausée》에서 볼 수 있는 놀라운 점은 소설가의 감동적인 재능과 가장 명철하고 가장 잔혹한 정신의 유희가 그 작품 속에서 아낌없이 발휘되는 동시에 낭비되고 있다는 사실이다.

사실, 따로따로 놓고 보면 이 괴이한 명상의 각 장(章)은 그 쓰라림과 진실성에 있어서 거의 완벽에 이르고 있음을 알 수 있다. 거기서 드러나는 소설의 윤곽은 어떤 것인가? 프랑스 북부의 작은 항구, 교회의 미사와 맛있는 식사를 잘 타협시키며 사는 부르주아 선주들, 작중 화자에게는 먹는 일이 혐오감을 자아내기 십상인 식당, 요컨대 삶의 기계적인 면과 관련된 모든 것이, 희망의 여지를 남기지 않는 명철함이 특징인 확고한 솜씨로 묘사되고 있다.

다른 한편, 좁은 골목길을 따라 맴돌고 있는 한 노파의 미래가 보이지 않는 제자리걸음을 통해 형상화된 시간에 대한 성찰들은 나머지 요소들과 따로 떼어 놓고 보면 키르케고르, 셰스토프, 야스퍼스, 혹은 하이데거에 요약되어 있는 불안의 철학에 대한 가장 절실한 표현들이다. 이처럼 이 소설의 두 가지 국면은 다 같이 강한 설득력을 지니고 있다. 그러나 그 두 가지를 한데 합쳐놓는다고 해서 한 편의 예술 작품이 이루어지는 것은 아니다. 하나에서 다른 하나로의 이동이 너무 급작스럽고 너무 근거가 약해서 독자는 소설이라는 예술을 성립시키는 저 깊은 확신을 찾을 수가 없다.

사실 이 책은 그 자체로 놓고 볼 때 소설이 아니라 독백의 모습을 갖추고 있다. 한 사람이 자신의 삶을, 그리하여 자기 자신을 돌아보며 판단을 내린다. 다시 말해서 그는 자신의 세계 내적 존재를, 즉 자신이 손가락을 움직이고 정해진 시간에 식사를 한다는 사실을 분석한다. 그리하여 그가 가장 초보적인 행위의 근저에서 발견하는 것은 자신의 근원적인 부조리다.

　가장 잘 준비된 삶들에 있어서도 항상 무대 장치가 무너지는 한순간이 오게 마련이다. 무엇 때문에 이것이며 저것인가, 무엇 때문에 이 여자, 이 직업, 그리고 미래에 대한 이런 애착인가? 간단히 한마디로 말해서 언젠가는 썩어 없어질 두 다리 속에서 왜 이토록 요란한 삶의 몸부림인가?

　이 감정은 우리 모두에게 공통된 것이다. 하기야 대다수의 사람들에게는 다가오는 식사 시간, 받아 든 한 장의 편지, 혹은 지나가는 사람의 미소, 이런 것만으로도 한 고비를 넘기에 충분하다. 그러나 자기의 생각들을 깊이 천착하는 성향을 가진 사람들에게는 그 생각을 정면으로 바라보는 것만으로도 삶이 불가능해져버린다. 그래서 산다는 것이 무용하다고 판단하면서도 산다는 것, 이것이 바로 불안을 자아내는 요인이다. 물결을 거슬러 살아가다 보면 결국 어떤 구역질이, 어떤 반항이 존재를 송두리째 뒤흔들어놓는다. 이때 느끼는 육체의 반항, 이것을 구토라고 부른다.

　어쩌면 기이한 주제라고 할 수도 있겠지만 실은 세상에서 가장 평범한 주제다. 사르트르 씨는 이 주제를 처음부터 끝까지 힘차고 확실하게 이끌어가면서 겉보기에는 이토록 미묘한 구역질의 일상적인 특면을 잘 드러낸다. 바로 이런 노력에 있어서 사르트르 씨는 지금까지 《구토》와 관련해서 언급된 적이 한 번도 없는(적어도 내 생각에는) 다른 한 작가, 즉 프란츠 카프카와 일맥상통하는 데가 있다.

  그러나 다른 점은, 독자가 사르트르 씨의 소설을 읽노라면 뭔가 알 수 없는 거리낌 때문에 전적으로 수긍하기를 주저하다가 동의하기 직전에 그만두게 된다는 것이다. 내가 보기에 그것은 사상과 그 사상이 구체화되는 이미지들 사이의 너무나도 완연한 불균형 때문인 것 같기도 하다. 그러나 아마도 달리 설명할 수도 있을 것 같다. 어떤 문학의 오류는 삶이 비참하기 때문에 비극적이라고 믿는다는 데 있으니 말이다.

  삶은 충격적이면서 멋들어진 것일 수 있다. 바로 이것이 비극인 것이다. 아름다움, 사랑 혹은 위험이 없다면 산다는 것은 거의 쉬운 것이라고 말해도 좋을 터이다. 그런데 사르트르 씨의 주인공은 인간의 몇몇 위대함에 근거하여 절망할 이유를 제시하는 것이 아니라 인간에게서 구역질을 자아내는 것에 강조점을 두는 것으로 보아 불안의 진정한 의미를 제시하지 못한 것 같다.

  삶의 부조리를 확인한다는 것은 목적이 될 수 없다. 그것은 단지 시작에 불과하다. 그것은 거의 모든 위대한 정신들이 출발점으로 삼는 하나의 진실이다. 우리의 관심사는 부조리의 발견이 아니라 거기서 이끌어낼 수 있는 귀결들과 규칙들이다. 불안의 한계점으로 가는 그 여행의 끝에서 사르트르 씨는 하나의 희망을, 즉 글을 씀으로써 스스로를 해방시키는 창조자의 희망을 허락하는 것 같다.

원초적인 의혹으로부터 "나는 글을 쓴다, 고로 나는 존재한다"가 태어날지도 모른다. 우리는 이 희망과 그것이 생겨나게 만든 반항 사이의 별것 아닌 불균형을 지적하지 않을 수 없다. 결국 거의 모든 작가들은 어떤 순간들에 비추어 보건대 자신의 작품이란 얼마나 보잘것없는 것인가를 잘 알고 있으니 말이다. 사르트르 씨의 의도는 이 순간들을 묘사해보자는 것이었다. 그렇다면 왜 궁극에까지 밀고 나가지 않는단 말인가?

하기야 이것은 아직도 모든 것에서 장래를 기대할 수 있는 한 작가의 첫 소설이긴 하다. 의식적인 사고의 극단에서 버티며 지탱하는 이토록 자연스러운 유연함, 이토록 고통에 찬 명철함은 곧 무한한 재능을 드러내는 것이다. 그것만으로도 특이하고 힘찬 한 정신의 첫 부름으로서의 《구토》를 아끼고 사랑하기에 충분하다. 우리는 장차 이어질 그의 작품들과 교훈들을 애타게 기다리는 바이다.

알베르 카뮈
《알제 레퓌블리캥*Alger républicain*》, 1938년 10월 20일

《기슭》지(지중해 문화 잡지) 소개

하나의 잡지가 태어나는 데는 항상 나름대로의 계절이 있는 법이다. 그러나 《기슭Rivages》은 그 어떤 시사적인 필연성에 부응하겠다는 야심을 가지고 있지 않다. 이 잡지는 어떤 생명 과잉으로부터 태어난다. 그것은 아직 무질서하게 부글거리는 수액의 결실이다. 그래서 정당화에 대한 무시 이외에는 그 무엇도 그것에 정당성을 부여하지 않는다. 그렇기 때문에 《기슭》으로서는 스스로를 규정하면서 태어나기가 어렵다. 왜냐하면 이 잡지의 목표가 바로 자기규정이기 때문이다. 또 한 문화의 모습을 규정하면서 태어나기도 어렵다. 우리는 다만 그 문화가 존재한다는 것, 그리고 우리가 아직 그 반향들을 분류 정리하지는 못한 채로나마 그 문화를 사랑한다는 것을 알고 있다.

인간과 그가 이룩한 작업들에 대한 젊음과 열정의 운동이 우리의 기슭에서 태어났다는 것을 모를 사람은 아무도 없을 것이다. 잘 조화되지 못한 채 다양하고 격렬하게 소용돌이치는 여러 경향들이 서투르고 부적절한 모습으로 표현되고 있다. 그래도 그 경향들은 연극, 음악, 조형 예술, 문학 등 가장 다양한 분야에서, 그러나 삶에 대한 공통된 사랑, 그리고 사심 없는 지성의 취향 속에 나타나고 있는 것이 사실이다. 얼마 전 같으면 사심 없다는 것은 당연한 것으로 여겨졌을 것이다. 그러나 오늘에는 새로운 정신이 분명 그 말 속에서 비밀스러운 도취 같은 것을 찾을 수 있을 것이다······.

온갖 학설과 교리가 우리를 세상과 유리시키려고 하는 지금, 젊은 땅 위에 태어난 젊은 사람들이 바다, 태양, 햇빛 속의 여자들과 같이 우리 삶에 어떤 의미를 부여하는 덧없으면서도 근본적인 몇몇 재화들에 대한 자신들의 애착을 소리 높여 표명하는 것은 나쁠 것이 없다. 그것들이야말로 살아 있는 문화의 재산이다. 그 밖의 것들은 우리가 거부하는 죽은 문명에 불과하다. 진정한 문화가 어떤 종류의 야만성과 불가분의 관계에 있는 것이 사실이라면 야만적인 것의 그 어느 하나도 우리와 무관하지 않다. 중요한 것은 야만적이라는 말의 의미에 대한 합의다. 그러니 그것만으로도 벌써 하나의 프로그램이다.

《기슭》은 살아 있는 잡지가 되고자 한다. 문학적인 측면에서 말해볼 때 이 잡지는 규칙을 정할 것이 아무것도 없는 곳에서 규칙을 정하고자 하는 유혹에 넘어갈 수 없다. 오직 표현하기를 바랄 뿐이다. 이 잡지는 정답을 제시하려는 것도 아니고 설득하려는 것도 아니고 오직 독자의 마음을 사로잡고자 한다.

《기슭》은 어떤 유파를 대표하는 것이 아니다. 그런데 아마도 항상 같은 모습의 내포(內浦)에서 바다가 항상 똑같은 모습으로 부풀어 오르는 것을 바라보고 지내다 보면 그곳의 사람들이 여러 가지 면에서 어떤 공통된 감수성을 만들어 가지지 않을 수 없는 것이다. 그러나 그들 서로간의 차이 또한 무시할 수 없는 것이니《기슭》이 형상화하고자 하는 것은 바로 그 공통의 교감과 그 대립인 것이다.

피렌체에서 바르셀로나까지, 마르세유에서 알제까지 북적대며 형제 같은 공감을 느끼는 한 무리의 사람들이 우리 삶에 대한 근본적으로 중요한 교훈을 준다. 그 무수한 존재의 한복판에는 모든 사람들에게 충분한 것이기 때문에 보다 더 은밀한 한 존재가 잠들어 있다. 우리가 소생시키려고 애쓰는 것은 햇빛 속에서 김을 내뿜는 지중해를 앞에 두고 하늘과 바다에서 자양분을 얻고 있는 그 존재, 아니 적어도 그 존재가 우리 각자의 내면에서 태어나게 하는 삶에 대한 열정의 오색영롱한 형태들인 것이다.

가장 다양한 정신들, 어제만 해도 무명이었던 위대한 작가들은 여기서 만남의 터전을 발견할 것이며 살아 있는 언어로 된 텍스트들(스페인어, 이탈리아어, 아랍어)의 수많은 번역을 통해서 자신들의 젊음을 되찾을 것이다. 우리가 유일하게 요구하는 것은 품질이다. 형식과 사상의 품질, 조화롭고 정돈된 야만성, 그것이 없다면 살아 있는 그 어떤 것도 소통 가능한 존재가 될 수 없다. 그리하여 자발성에서 태어난《기슭》은 자기 억제를 바탕으로 한 가장 미묘한 자유 속에서 하나의 문화, 사상 그리고 운동을 표현하게 될 것이다. 우리는 우리의 생명적 힘의 이름으로 추상과 죽음의 위력을 거부하는 한, 모두가 다 여기서 그 문화, 사상, 운동과의 연대 의식을 가진다.

그런 의미에서 우리는 크세노폰이 말하는 저 병사들에게로 되돌아가야 한다. 페르시아에서 그리스로 끝날 줄 모르는 긴 퇴각의 길을 걸어와 배고픔과 목마름과 피로에 지칠 대로 지치고 쓰라림과 굴욕감에 젖은 그 병사들은 마침내 바다가 내려다보이는 언덕 꼭대기에 도착했다. 그곳에 이르자 그들은 무기를 버리고 피곤과 패배도 잊은 채 전쟁과 멀리 떨어진 곳에서 텅 빈 시선으로 자신들의 신들이 미소 짓고 있는 찬란한 빛의 물결을 앞에 두고 춤을 추기 시작했다. 한 인간의 삶의 유일한 진실인 아름다움과 살아 있는 시를 축성하는 바다 앞에서의 그 춤은 《기슭》의 프로그램인 동시에 그 잡지의 독자들을 위한 보증이다.

태양과 바다의 유희에서 영감을 얻은 하나의 사상은 판단에 있어서 부당할 수 있고 서정성에 있어서 과도해질 수 있다. 그것은 죽은 사상이 될 수는 없는 것이다.

바로 여기에 《기슭》이 스스로 정한 프로그램의 야심차면서도 동시에 겸손한 한계가 있다.

알베르 카뮈
1938년 12월

장 폴 사르트르의 《벽》

우리는 이 지면에서 이미 장 폴 사르트르의 《구토》에 대하여 논한 바 있다. 그가 이제 막 한 권의 단편집을 내놓았다. 여기서 우리는 그의 첫 소설의 기이하고도 씁쓸한 주제들이 다른 형식으로 다루어지고 있는 것을 볼 수 있다. 사형수들, 광인, 성적인 정신이상자, 성불능자, 남색, 이런 사람들이 이 단편들의 등장인물들이다. 사람들은 어쩌면 이런 편파적인 선택에 대하여 놀라워할지도 모른다. 그러나 《구토》도 이미 예외적인 케이스의 일상적 이야기에 애착을 보이고 있었다. 사르트르 씨는 마음이나 본능의 한계선상에서 영감을 얻는 것이다.

그러나 분명히 해둘 것이 있다. 우리는 가장 평범한 인간들이 이미 하나의 괴물이라는 것, 예를 들어서 우리는 모두 다 우리가 사랑하는 사람들의 죽음을 다소간 바란다는 것을 증명해 보일 수 있다. 이것이 적어도 어떤 문학이 말하고자 하는 바이다. 그런데 사르트르 씨가 말하고자 하는 바는 그것이 아닌 것 같다. 좀 미묘한 뉘앙스를 꼬집어 말해본다면, 그의 목적은 가장 변태적인 인간이 가장 평범한 인간처럼 행동하고 반응하고 또 그렇게 스스로를 묘사한다는 것을 보여주자는 데 있다고 할 수 있다. 그리고 이런 각도에서 비판해야 할 것이 있다면 그것은 다만 외설을 이용하는 저자의 태도일 것 같다.

문학에 있어서 외설이 위대한 경지에 이르는 것은 가능하다. 가령 셰익스피어의 외설을 생각해보면 그 속에 어떤 위대함의 요소가 내포되어 있다는 것을 알 수 있다. 그러나 적어도 작품이 그것을 요구할 때 그렇다. 그런데 단편집《벽 *Le Mur*》에서 가령 〈에로스트라트 *Érostrate*〉의 경우는 거기에 해당되지만 〈친밀한 관계 Intimité〉는 그렇지 못한 경우로 성적인 묘사가 대개는 무용하다는 느낌을 준다.

사르트르 씨에게는 온전한 의미에서, 그리고 신체적인 의미에서, 무력함에 대한 취향이 있다. 그 취향 때문에 그는 자신의 한계에 도달하여 초극할 수 없는 부조리와 맞닥뜨려 비틀거리는 인물들을 다루곤 한다. 그 인물들은, 감히 말하건대, 자유의 과잉 때문에 자기 자신의 삶과 충돌한다.

이 존재들은 매인 데도, 원칙도, 아리아드네의 실도 없이 해체되어버릴 정도로 자유롭다. 그들은 귀가 멀어 행동이나 창조의 부름 소리를 듣지 못한다. 단 한 가지 문제가 그들을 사로잡고 있지만 그들은 그것이 무엇인지 규명하지 못했다. 거기서 사르트르 씨의 이야기들의 대단한 흥미가 생겨나고 그와 동시에 그들의 깊은 통제력이 생겨난다.

초현실주의에서 출발하여 극우파 악시옹 프랑세즈로 낙착되는 젊은 뤼시앵, 미치광이 남편을 두어서인지 자신이 배척당하고 있는 그 무분별한 영역 속으로 온 힘을 다하여 들어가겠다고 애쓰는 에브, 혹은 〈에로스트라트〉의 주인공, 그들이 행동하고 말하고 느끼는 모든 것이 하나같이 다 예측 불허다. 그런데 그들이 우리 눈앞에 등장하는 순간에는 그 다음 순간에 그들이 어떤 행동을 하게 될 것인지 예고해주는 것이 하나도 없다. 디테일을 자세하게 말해주고 그 보잘것없는 존재들의 단조로운 움직임을 추적하는 것이 사르트르의 예술이다. 그는 묘사하고 암시하는 일이 별로 없이 인물들을 참을성 있게 따라가며 오직 그들의 하찮은 행동들에만 중요성을 부여한다.

이야기를 시작할 때 작가 자신도 그 이야기가 어디로 나아가게 될지 잘 알지 못한다는 것은 별로 놀라울 것이 없다. 그러나 그런 이야기에서 느껴지는 매력은 부인할 수 없다. 더 이상 이야기에서 눈을 돌리지 못하게 된 독자들은 종말을 향하여 인물들을 이끌고 가는 이 고상하고도 우스꽝스러운 자유를 받아들일 수밖에 없게 된다.

과연 이 인물들은 자유스러운 것이다. 그러나 그들의 자유는 그들에게 아무런 소용이 없다. 적어도 이런 것이 사르트르 씨가 증명하려는 바이다. 그토록 자주 마음을 흔들어놓는 이 페이지들의 감동, 그 글의 잔혹한 비장함은 아마도 거기서 오는 것이리라. 이 세계 속에서 인간은 자신의 온갖 편견들의 모든 구속으로부터, 때로는 자신의 본성으로부터 해방되었으니 말이다. 오직 자기 자신만을 관조할 뿐인 인간은 그 자신이 아닌 모든 것에 대한 깊은 무관심을 의식한다. 인간은 혼자서 그 자유 속에 감금되어 있다. 그것은 오로지 시간 속에 자리하는 어떤 자유다. 그래서 죽음은 그 자유를 짧고 현기증 나는 방식으로 반박한다. 그의 조건은 부조리한 것이다. 그는 더 이상 앞으로 나아갈 수 없을 것이다. 삶이 다시 시작되는 저 아침들의 기적은 그에게 더 이상 아무런 의미가 없다.

이런 진실들과 대면한 채로 어떻게 명증한 정신을 유지할 수 있겠는가? 영화 구경, 사랑 혹은 레지옹 도뇌르 훈장 같은 인간적인 유희들을 빼앗겨버린 이 존재들이 이번에는 그들 스스로 광란, 성적인 광기 혹은 범죄와 같은 사슬을 고안해내면서 비인간적인 세계 속으로 몸을 던지는 것은 당연한 일이다. 에브는 미쳐버리고 싶어 한다. 〈에로스트라트〉의 주인공은 범죄를 저지르고자 하고 랄라는 성불능자인 남편과 살고자 한다.

이런 식의 혁명을 피하는 자들, 혹은 이런 식의 혁명을 완성하지 않는 자들이 볼 때 이들은 항상 어떤 자기 파멸에의 향수를 지닌 것으로 보인다. 이 단편집 중에서 가장 훌륭한 작품인 〈방 La Chambre〉에서 에브는 자신의 남편이 이상한 짓을 하는 모습을 바라본다. 그녀가 융합되고자 하는 그 세계, 그녀가 영원히 문을 걸어 잠그고 잠들기를 열망하는 그 밀폐된 방의 비밀을 알아내고자 몸부림치는 남편을 바라보는 것이다.

이 밀도 있고 극적인 세계, 빛나면서도 동시에 색채 없는 이 그림은 사르트르의 작품 세계를 잘 규정해주며 그 자체가 작품의 매력이기도 하다. 단 두 권의 책으로 핵심적인 문제를 향해 곧바로 나아가서 강박적인 인물들을 통하여 그 문제를 살아 움직이게 할 줄 아는 한 작가에 대하여 우리는 벌써 하나의 작품 세계를 운위해도 좋을 것 같다. 위대한 작가는 항상 자신의 세계와 그에 따르는 설교를 가져와 선보이는 법이다. 사르트르 씨의 설교는 허무로 개종시키는 동시에 명철한 의식으로 인도한다. 인물들을 통해서 그가 영구화하는 이미지, 자신의 삶의 폐허 한가운데 앉아 있는 한 인간의 이미지는 그 작품의 위대함과 진실의 표상을 썩 잘 보여준다.

알베르 카뮈
《알제 레퓌블리캥》, 1939년 3월 12일

이냐치오 실로네의 《빵과 포도주》

그라세 출판사에서 최근 이냐치오 실로네Ignazio Silone의 소설 《빵과 포도주Pane e vino》의 탁월한 번역이 나왔다. 이 역시 우리 시대의 문제들에 깊숙이 참여하고 있는 작품이다. 그러나 이 책이 이 문제들에 접근할 때 보여주는 초연함과 불안이 뒤섞인 태도는 우리가 《빵과 포도주》에서 하나의 위대한 혁명적 작품을 박수로 맞아들이도록 만든다. 그 이유는 여러 가지다.

우선 이 소설은 반파시스트 소설이다. 그러나 소설이 담고 있는 메시지는 반파시즘을 넘어선다. 집단 포로수용소에서 탈출한 다음 여러 해 동안 망명 생활을 해온 이 혁명가가 이탈리아로 돌아와서도 여전히 파시즘을 증오해야 할 동기들을 발견하지만 그와 동시에 회의적이 되어야 할 이유들을 또한 그곳에서 발견하게 되니 말이다. 자신의 혁명적 신념에 대하여 회의적이 되는 것이 아니라 그 신념이 표현되는 방식에 대하여 회의하게 되는 것이다. 이 책에서 절정을 이루는 대목들 중 하나는 아마도 주인공 피에트로 사카가 이탈리아 농민들의 기초적인 일상생활과 접촉하면서 자신이 그 민중에 대하여 지니고 있었던 사랑을 왜곡한 이론들이 자신을 바로 그 민중 자체로부터 멀어지게 만든 것이 아닐까 하고 자문하는 순간이다. 우리가 이 작품을 혁명적이라고 평가할 수 있는 것은 바로 이 때문이다. 이런 종류의 작품은 승리와 정복을 찬양하는 작품이 아니라 혁명의 가장 고통스러운 갈등 상황들을 노출시키는 작품이니까 말이다. 그 갈등 상황들이 고통스러우면 고통스러울수록 그것은 더욱 강한 효력을 나타낸다. 너무 빨리 확신을 가지게 된 투사와 진정한 혁명가 사이의 관계는 편협한 신자와 신비주의자 사이의 그것과 같다. 신앙의 위대함은 신앙의 의혹들을 보고 알 수 있기 때문이다. 그런데 피에트로 사카를 사로잡는 의혹은 민중 속에서 태어나 민중의 존엄을 옹호하기로 결심한 그 어떤 정직한 투사도 결코 무시하고 넘어갈 수 없는 의혹이다. 이 이탈리아 혁명가를 괴롭히는 불안은 실로네의 책에 암울한 광채와 비통함을 부여하는 불안 바로 그것이다.

다른 한편, 예술적인 품질을 갖추지 못한 혁명적 작품이란 성립하지 않는다. 이 말이 역설적으로 들릴지도 모른다. 그와 관련하여, 우리 시대가 우리에게 무엇인가 가르쳐주는 것이 있다면 그것은 곧, 혁명적 예술은 사상의 가장 비루한 형태로 전락하지 않는 한 예술적 위대함을 배제하고는 이루어질 수 없다는 사실이라고 나는 생각한다. 저속한 선전과 빛나는 창조, 말로가 "증명하고자 하는 의지"라고 부르는 것과 《인간의 조건》과 같은 작품 사이에 중간은 없다.

《빵과 포도주》는 이 요청에 부응한다. 반항자를 그린 이 소설은 가장 고전적인 형식 속에 녹아 있다. 짧은 문장, 순진하면서도 사려 깊은 세계관, 자연스럽고 밀도 있는 대화는 실로네의 문체에 번역문 속에까지 나타나 보이는 어떤 비밀스러운 떨림을 부여한다. 시(詩)라는 말이 어떤 의미를 가진다면 그것은 바로 여기서, 즉 이 영원불변의 전원적 이탈리아의 묘사들 속에서, 사이프러스 나무들이 서 있는 저 언덕들과 비길 데 없는 하늘에서, 그리고 이 이탈리아 농민들의 오랜 세월 동안 되풀이되어 온 몸짓들 속에서 다시 발견된다.

이 몸짓들과 이 진실을 되찾는다는 것, 혁명의 추상적인 철학으로부터 단순소박함의 빵과 포도주로 되돌아온다는 것이 바로 이냐치오 실로네의 여정과 이 소설의 교훈이다. 평화에 대한 우리의 유일한 희망으로 남아 있는 자랑스럽고 인간적인 한 민중의 얼굴을 시대의 온갖 증오들을 거슬러 다시 찾도록 우리를 자극한다는 것은 이 소설의 결코 과소평가할 수 없는 위대함이다.

알베르 카뮈
《알제 레퓌블리캥》, 1939년 5월 23일

지성과 단두대

전해지는 말에 따르면, 루이 16세는 단두대를 향하여 걸어 나가다가 감시병 한 사람에게 왕비 앞으로 보내는 메시지를 전해달라고 했다가 다음과 같은 대답을 들었다고 한다. "나는 당신의 심부름을 하기 위하여 여기 있는 것이 아닙니다. 나는 당신을 단두대로 인도하기 위해 여기 있는 겁니다." 표현의 적절함에 있어서나 그 말 속에 담긴 완강함에 있어서 멋진 본보기가 될 만한 이 예는 내가 보기에 우리나라 소설 문학 전반에 대해서는 아니라 하더라도 적어도 프랑스 소설의 어떤 특정한 전통에는 꼭 들어맞게 적용될 수 있을 것 같다. 이런 유형의 소설가들은 심부름을 거절한다. 그들의 유일한 관심은 자신의 작중 인물들을 그들을 기다리는 약속의 장소로 냉정하게 인도하는 데 있는 것 같다. 그 약속 장소가 클레브 부인이 물러나 사는 집이건 쥘리에트의 행복이나 쥐스틴의 파멸이건, 쥘리앵 소렐의 단두대, 아돌프의 고독, 그라슬랭 부인이 죽어가는 침상,

혹은 프루스트가 게르망트 부인의 살롱에서 목도하는 늙음의 축제이건 관계없다. 그 작가들이 지닌 고유한 점은 의미, 의도의 통일성이므로 그들의 소설 속에서 가령 빌헬름 마이스터의 저 끝도 없이 이어지는 사랑의 모험에 해당되는 것을 아무리 찾아봐야 헛된 일이다. 그것은 우리가 현학 취미와 무관하기 때문이 아니라 다만 우리의 현학 취미는 다행스럽게도 괴테의 그것과는 다르기 때문이다. 우리가 말할 수 있는 것은 오직, 예술에 있어서 단순성의 이상은 언제나 고정된 의도를 요구한다는 점이다. 바로 이것이 중요하다. 이리하여 우리는 프랑스 소설의 중심을 이루는 것은 어떤 종류의 집요한 추구라고 말할 수 있다.

바로 그 이유 때문에 소설은 무엇보다 먼저 예술의 문제들을 제기하는 것이다. 우리나라 소설가들이 무엇인가를 증명해 보인 것이 있다면 그것은 사람들이 생각하는 것과는 반대로 소설은 완벽한 짜임새 없이는 성립되기 어렵다는 사실이다. 다만 여기서 문제되는 것은 항상 형식적인 것만은 아닌 어떤 특이한 완벽성이다. 아마 사람들은 소설이라는 장르가 스타일 같은 것은 요구하지 않는다는 잘못된 생각을 가질지도 모른다. 그런데 실제에 있어서 소설은 가장 힘든 스타일을 요구한다. 즉 스스로 복종하는 스타일이 바로 그것이다. 그러나 바로 우리의 위대한 소설가들이 스스로 제기한 문제들은 형식을 위한 형식과는 무관하다. 그 문제들은 다만 그들의 어조와 사상 사이에 그들이 이끌어 들이고자 했던 정확한 관계에 대한 것이었다. 단조로움과 수다스러움 사이에서 그들은 자신의 의도에 적합한 어조를 찾아내지 않으면 안 되었다. 그 언어가 빈번히 겉으로 보이는 위용을 갖추지 못한 것같이 여겨지는 것은 그 언어가 많은 것을 희생시킨 결과로 이뤄진 것이기 때문이다. 소설가들은 거기서 남의 심부름 따위는 제거해버렸다. 모든 것이 오직 핵심적인 것으로 환원되었다. 바로 그런 이유 때문에 스탕달과 라파예트 부인같이 정신적으로 아주 판이한 작가들 사이에서 어떤 가까운 혈연의 분위기가 느껴지는 것이다. 그들은 둘 다 꼭 필요한 언어만을 사용하기 위하여 최선을 다했다는 점에서 닮았다. 스탕달이 스스로 제기하는 가장 으뜸가는 문제는 과연 위대한 세기의 소설가들의 문제 바로 그것이다. 그는 자신의 기법과 정념들 사이의 완벽한 일치를 스타일의 부재라고 부른다.[20] 이 나라 소설 문학의 독창성은 다른 나라의 그것과 달리, 그 소설 문학이 삶의 유파일 뿐만 아니라 기법의 유파이기도 하다는 데 있다. 거기서는 가장 활력 있는 불꽃이 적확한 언어 속을 관류하고 있다는 말이다. 우리의 가장 위대한 성공은 힘에 대한 매우 독특한 개념에서 생긴 것이다. 우리는 그 힘을 우아함이라고 부를 수도 있겠지만 이는 장차 더 분명하게 규명될 필요가 있다.

글을 쓸 때는 두 사람이 되어야 한다. 프랑스 문학에 있어서 가장 큰 문제는 그러니까 자기가 느끼는 것을 남이 느낄 수 있는 것으로 번역해내는 문제다. 독자가 이해하지 못하는 어떤 내

---

[20] "내가 쓰는 말이 분명하지 않으면 모든 나의 세계가 다 무너져버린다"(스탕달).

면적 문맥과 관련시켜 자신을 표현하는 작가를 우리는 부족한 작가라고 부른다. 그렇기에 시원치 않은 작가는 자신의 마음에 드는 것이면 무엇이든 다 말을 하게 된다. 반대로 예술가가 지켜야 할 커다란 규칙은 자신을 반쯤 잊어버린 채 타인에게 전달할 수 있는 표현만을 중요시하는 것이다. 이것은 희생을 치르지 않고는 이루어지지 않는다. 기상천외한 자신의 운명을 뒤덮어 버려야 하는, 이 소통 가능한 언어의 탐색은 작가가 자기 마음에 드는 말이 아니라 자기가 반드시 해야 할 말만을 골라 쓰도록 만든다. 프랑스 소설가들이 지닌 천재의 가장 큰 몫은 뿜어져 나오는 정념의 절규에 어떤 순정한 언어의 질서를 부여하기 위하여 기울이는 현명한 노력에 기인한다. 요컨대 내가 거론하고 있는 문학 작품들 속에서 가장 지배적인 것은 다름 아닌 이미리 품고 있는 어떤 생각, 즉 지성이다.

    그러나 이 말의 뜻을 똑바로 알아들을 필요가 있다. 사람들은 항상 지성이란 외면적인 것에만, 예를 들어서 구성에만 관심을 쏟는다고 생각하는 경향이 있다. 그런데 이상하게도 17세기 소설의 전형이라 할 수 있는 《클레브 공작부인》은 짜임새가 매우 느슨하며 여러 가지 이야기들로 오르락내리락하고 비록 끝에 가서 통일을 이루긴 하지만 처음은 매우 복잡하게 시작된다. 사람들이 순전히 짐작으로만 《클레브 공작부인》에 갖추어져 있다고 여기는 간명한 맥락과 줄거리를 발견해내기 위해서는 사실상 19세기의 《아돌프Adolphe》의 등장을 기다리지 않으면 안 된다. 마찬가지로 《위험한 관계Les Liaisons dangereuses》(라클로

Pierre A. F. C. de Laclos의 소설)는 순전히 연대순으로 서술되고 있을 뿐 기법상의 탐구는 별로 눈에 띄지 않는다. 사드의 소설들이 보여주는 구성은 초보적인 것으로, 철학적인 논술과 에로틱한 묘사들이 번갈아가면서 교차되는 방식이 끝까지 계속되고 있는 것을 볼 수 있다. 스탕달의 소설들은 기이하게도 무성의의 흔적을 그대로 노출시킨다. 가령, 《파르마의 수도원》 마지막 장에서 작가는 놀랍게도 목표 지점에 거의 다 왔다는 듯 허둥지둥 끝맺느라고 작품의 다른 부분에서보다 두 배나 많은 사건들을 뒤죽박죽으로 늘어놓고 있다. 어쨌든 이런 작품들을 보고 기막히게 완벽한 형식이라는 결론을 내릴 수는 없는 것이다.

그러므로 통일성과 깊이 있는 단순성, 고전적 형식은 이런 작품이 아닌 딴 곳에 있다. 이 소설가들은 각자가 자기 나름대로 항상 똑같은 것을 항상 똑같은 어조로 이야기한다는 데 위대한 특징이 있다는 사실을 지적하는 것이 아마도 더 진실에 가까울 것이다. 고전적이라는 것은 스스로 했던 말을 되풀이하는 것이다. 이리하여 우리는 우리 소설가들의 작품의 한복판에서 어떤 형태의 인간관이 지성에 의해 얼마 안 되는 수의 상황들을 통하여 명백히 밝혀지고 있다는 것을 볼 수 있는 것이다. 연극이 행동으로 자기 세계를 만들듯이 소설이 지성으로 자기 세계를 형성하는 것이 사실이라면 물론 그 어느 훌륭한 소설에 대해서도 그렇게 말할 수 있을 것이다. 그러나 이러한 프랑스 전통의 특징은 이야기 줄거리와 인물들이 모두 다 바로 이 생각에만 집중되는 경향을 보이고 모든 것이 이 생각을 끝없이 반향하도록 배열되어 있다는 점이다. 여기서 지성은 단순히 그 나름의 관념을 제공할 뿐만 아니라 그 자체가 곧 기막힌 구조와 일종의 정열에 찬 단조로움의 원칙이 되고 있다. 지성은 창조자인 동시에 기능공이다. 고전적이 된다는 것은 곧 스스로 했던 말을 되풀이함으로써 스스로를 되풀이할 줄 안다는 것이다. 지성이 작품에 영감을 불어넣어주기는 하면서도 그것 스스로의 반동에 의하여 질질 끌려 다니는 다른 소설 문학에 비하여[21] 우리의 소설이 다른 점은 바로 이것이다.

정확한 예를 들어보자. 내가 보기에 라파예트 부인은 오직 사랑에 대한 지극히 독특한 어떤 관념을 우리에게 가르쳐주겠다는 생각 외에는 그 어떤 것에도 관심이 없는 것 같다. 그 작가가 내거는 기이한 대전제란 그 같은 정념은 인간을 위기 속으로 몰아넣는다는 사실이다. 이런 것쯤이라면 일상의 대화 속에서도 할 수 있는 말이겠지만 그 논리를 라파예트 부인만큼 궁극에까지 밀고 가볼 생각을 해본 사람은 아무도 없다. 《클레브 공작부인》이나 《몽팡시에 공작부인》, 혹은 《탕드 백작부인》에서 그려지고 있다고 느껴지는 것은 사랑에 대한 끊임없는 경계다. 작품에 씌어지고 있는 말에서 우리는 이미 그 점을 느낄 수 있다. 정말이지 작가가 어떤 말을 하고 싶어 안달을 한다는 것을 알 수 있다. "클레브 공작부인이 그의 초상화에 대하여 한 말은, 그녀

---

[21] 예를 들어서 러시아 소설들이나 조이스가 보여주는 것 같은 시도들.

가 미워하지 않는 이는 바로 그 사람이라는 것을 깨닫게 만들어 줌으로써 그에게 새로운 생명을 안겨주었던 것이다." 그러나 그 인물들은 또한 그들 나름대로 우리에게 이 유익한 경계심을 실감하도록 해준다. 그들은 모두가 다 감정을 이기지 못해 망하는 줄 알면서도 갈등에 찬 정념 속으로 빠져 들어가서 치명적인 병을 앓는 인물들이다. 부차적인 인물들에 이르기까지 모두가 마음의 동요 때문에 죽어가는 것이다. "그는 오로지 죽음이 내려쳐주기만을 기다리고 있는데 그에게 은총이 베풀어졌다. 그러나 너무나 엄청난 공포감에 사로잡힌 나머지 그는 더 이상 의식을 회복하지 못한 채 며칠 후에 죽었다." 가장 과감한 낭만주의자들이라 하더라도 감히 그렇게까지 대단한 위력을 정념에 부여하지는 못했다. 내면의 감정이 이토록 엄청난 파괴력을 가지고 있다는 사실을 깨달은 라파예트 부인은 그래도 해악이 적은 것이 바로 결혼이라고 생각한 나머지 정념으로 고통을 받느니 불행하게라도 결혼을 하는 편이 낫다는 기막힌 이론을 이야기의 탄력 점으로 삼고 있다는 것을 우리는 쉽사리 이해할 수 있다. 여기서 우리는 어떤 깊이 뿌리박은 생각이 고집스럽게 반복됨으로써 작품에 나름대로의 의미를 부여하고 있다는 것을 발견하게 되는데 그것은 바로 질서에 대한 생각이다.

실제로 라파예트 부인은 괴테보다 훨씬 먼저 불행한 상황에서 오는 불의와 정념의 무질서를 팽팽하게 대립시켜놓은 바 있다. 괴테보다 훨씬 앞서 그녀는 저 놀라운 비관론적 심정의 움직임에 따라, 아무것에도 방해가 되지 않는 불의 쪽을 선택했다. 다만 여기서 그녀가 문제 삼는 질서는 사회적 질서라기보다는 사상과 영혼의 질서일 뿐이다. 그녀는 마음속 정념들을 사회적인 편견에 예속시키려 하는 것이 아니라 사회적인 편견을 이용하여 그 걷잡을 수 없는 마음의 혼란이 주는 폐해를 막아보려 한다. 그녀는 자신과 무관한 사회 관습과 제도들을 방어하는 데 관심이 있는 것이 아니라, 그것의 유일한 적이 무엇인지 알고 있기에 마음속 깊은 곳의 자신의 존재를 보호하고자 하는 것이다. 사랑은 광란이며 혼란일 뿐이다. 이 일견 객관적인 듯한 문장 속에서 느껴지는 저 뜨거운 기억들을 우리는 어렵지 않게 엿볼 수 있다. 우리는 저 헛된 "구성"의 문제에서보다도 바로 여기에서 더 확실하게 한 위대한 예술적 교훈을 얻을 수 있다.

왜냐하면 극복해야 할 것이 아무것도 없는 곳에 예술은 없기 때문이다. 이리하여 우리는 격식을 갖춘 저 엄숙한 멜로디가 단조롭게 느껴질지 모르지만 그 단조로움은 투철한 계산과 동시에 가슴을 찢는 듯한 정념의 산물이라는 것을 이해하게 된다. 그 속에 오직 한 가지의 감정밖에 없는 것은 그 단 한 가지의 감정이 모든 것을 삼켜버렸기 때문이요, 그 감정이 한결같이 딱딱한 톤으로 표현되고 있는 것은 큰 소리로 절규하는 것이 허용되지 않기 때문이다. 이 같은 객관성은 싸워서 얻은 승리의 산물이다. 교훈적이기는 해도 별로 이득이 없는 다른 소설가들도 객관성의 훈련은 했다. 그러나 그것은 그들이 달리 아무것도 할 줄 몰랐기 때문이다. 바로 그런 까닭에, 많은 소설들, 그리고 꽤 괜찮은 소설들을 쓴 이른바 자연주의·사실주의 소설가들은 단

한 권의 위대한 소설도 쓰지 못한 것이다. 그들은 묘사하는 것 이상으로 밀고 나가지 못했다. 반면에 라파예트 부인의 경우, 저 고고한 예술의 위대함은 그것의 한계가 "의도적으로" 설정되어 있었다는 것을 느끼게 만드는 힘, 바로 거기에 있다. 그러할 경우 그 한계는 저절로 사라지면서 작품 전체가 진동하는 것이다. 이것이 바로 지성과 감정 억제의 노력의 결과로 얻어진 조화로운 예술의 경지다. 그러나 이 예술은 무한한 고통의 가능성과 동시에 언어적 진술을 통하여 그 고통을 이겨내겠다는 확고부동한 결단에서 생겨난다는 점 또한 명백하다. 이 억제된 비장감, 그 고통을 새로운 모습으로 탈바꿈시켜주는 이 강렬한 지성의 빛을 표현하는 데는 《클레브 공작부인》속의 다음과 같은 멋진 구절보다 더 적절한 것이 없을 것이다. "그의 고뇌에 한계가 있는 한, 나는 그의 뜻을 수락했으며 나 또한 그 고뇌 속에 빠져들었노라고 나는 그에게 말한다. 그러나 나는 그가 절망에 몸을 맡겨버리거나 이성을 잃는다면 더 이상 그를 동정하지 않겠다고 말한다." 이 말의 어조에는 뛰어난 데가 있다. 어떤 종류의 영혼의 힘은 영혼의 표현을 통제함으로써 불행에 한계를 그어줄 수 있다는 사실을 이 어조는 말해주고 있는 것이다. 그 영혼은 자신의 운명에 항거하여 투쟁하는 인간에게 언어의 여러 가지 위력을 제공함으로써 예술이 삶 속으로 파고들게 한다. 여기서 비로소 우리는 이런 종류의 문학이 삶의 유파가 되는 것은 바로 그것이 동시에 예술의 유파이기 때문이라는 것을 알 수 있다. 분명 이러한 삶과 작품들이 주는 교훈은 단순히 예술에 대한 교훈에 그치는 것이 아니라 스타일에 대한 교훈이기도 하다. 여기서 우리는 자기의 행동에 어떤 형식을 부여하는 방법을 배운다. 라파예트 부인이 되풀이하여 강조하며, 영원히 잊지 못할 형식으로 이 구절 속에서 표현하고 있는 이 한결같은 진리는, 이 말을 한 사람과 결국은 절망한 나머지 죽게 되는 사람이 동일한 인물(클레브 공작)이라는 사실이 드러날 때 비로소 참다운 의미를 가지면서 내가 이야기하고자 하는 바를 구체적으로 보여준다.

우리는 사드, 스탕달, 프루스트, 그리고 몇몇 희귀한 현대 작가들에게서 제각기 다르기는 하지만 항상 어떤 선택, 계산된 독립성, 통찰력 있는 추구로 이루어져 있는 어떤 삶의 스타일의 가르침을 쉽사리 발견할 수 있다. 사드에게서 볼 수 있는 바와 같이[22] 정당화한 죄 속으로 한사코 빠져 드는 집착, 스탕달[23]에게서 볼 수 있는 정력에의 끈질긴 예찬, 인간적인 절망을 저 각별한 삶 속에 송두리째 다시 새겨놓기 위한 프루스트의 영웅적인 금욕주의, 이 모든 것이 한결같이 말하고 있는 것은 오직 한 가지뿐이다. 그들은 자신들을 줄기차게 사로잡았던 단 한 가지만의 감정을 각기 다르면서도 단조로운 모습을 가진 작품으로

---

[22] "그는 거대한 문제들과 접해보기 위해서 자신이 실제로 체험하지 않았고 체험하게 되지도 않았을 잔혹한 일들을 억지로 만들어냈다"(오토 플레이크). 사드의 거대한 문제란 신 없는 인간의 무책임 바로 그것이다.

[23] 클레브 공작의 이 말과 스탕달이 《일기》에 적어놓은 다음과 같은 말을 서로 비교해보는 것이 좋을 것이다. "자신의 에너지를 한두 가지의 생사를 건 문제에 집중시킨 사람들의 경우에 흔히 볼 수 있듯이 그는 느긋하고 소홀한 표정이었다."

빚어내는 것이다.

  물론 여기에 나타난 것은 오직 몇 가지의 징후들뿐이다. 그 징후들만으로도, 이 소설 문학이 지닌 엄격성, 순수함, 속으로 감춘 힘을 만들어내는 것이 순전히 형식적인 자질만이 아니라는 것을(예술에 있어서 사실 순수한 형식이라는 표현은 별 의미가 없다) 인정하기에 충분할 것이다. 그것은 적절한 어조에 맞추고자 하는 집요한 노력과 그에 따르는 한결같은 영혼, 희생이라는 문학적·인간적 지혜에서 우러난 것이다. 그와 같은 고전적 성격은 편들기[24)]로 이루어진다. 지성을 효과적으로 숭상하는 것은 예술 못지않게 문명과 삶의 지혜를 만드는 데 기여한다. 더군다나 이러한 태도는 한계와 제약의 설정 없이는 성립되지 못하는 것일지도 모른다. 그러니 그것은 필요한 한계와 제약일 것이다. 오늘날 우리는 이와 같은 명철한 노력을 과소평가하는 경향이 있다. 그리고 우리는 스스로가 지닌 취향의 보편성에 대하여 매우 자랑스럽게 생각하고 있다. 그러나 그 보편성이 어쩌면 우리의 내적인 힘을 이완시키는 것인지도 모른다. 사람들이 뉴턴에게 어떻게 그의 이론을 수립하게 되었느냐고 물었을 때 그는 "항상 그 생각만 하다 보니까 그렇게 됐지요"라고 대답했다. 집요한 고집이 없이는 위대함도 없다.

  어쨌든, 이것이 내가 우리나라의 위대한 소설들을 읽을 때 매

---

24) 바로 그런 이유로 프랑시스 퐁주의 시집 《사물의 편에서 *Le Parti pris des choses*》는 현대의 얼마 안 되는 고전적 작품들 중의 하나라고 할 수 있다.

우 강하게 느끼는 감정에 대한 설명이다. 그 작품들은 인간의 창조 작업이 가진 효율성을 위하여 증언하고 있다. 여기서 우리는 예술 작품이란 인간의 산물이라는 것, 결코 충분할 만큼 인간의 것이 되지 못하고 있는 산물이라는 것, 그리고 창조자는 어떤 초월적인 계시나 명령을 받아 적을 필요가 없다는 것을 확신하게 된다. 그 소설은 번개같이 스치는 영감의 산물이 아니라 변하지 않는 일상적 성실성의 산물이다. 숙명에 대한 조화 있는 감각과 동시에 개인적 자유에서 통째로 생겨난 기법을 나타낼 수 있다는 것, 그렇게 하여 마침내 운명의 힘들이 인간의 결단과 충돌하는 저 이상적인 영토를 형상화한다는 것은 프랑스 소설이 지닌 요체 중의 하나다. 이 예술은 하나의 설욕이요, 운명에 형상을 부여함으로써 그 어려운 운명을 극복하는 하나의 방식이다. 여기서 우리는 운명의 수학을 배운다. 그것은 운명으로부터 해방되는 하나의 방법이다. 모든 것에도 불구하고 클레브 공작이 장차 자신을 죽음으로 몰고 가게 될 저 떨리는 감성보다 더 우위의 존재인 것은 절망과 몰이성을 그리기를 거부하는 저 위대한 말들을 다듬어낼 수 있었기 때문이다. 우리의 위대한 소설가들 중 그 어느 누구도 인간의 고통을 외면하지 않았다. 그러나 동시에 그들 모두가 그 고통에 몸을 맡겨버리는 것이 아니라 감동적으로 인내하며 예술의 규칙들을 통해서 그 고통을 극복한 것이다. 우리 시대의 한 프랑스 사람이 사나이다운 씩씩함에 대해서 가질 수 있는 생각은(물론 그 씩씩함이란 요란스럽게 자랑하는 것과는 상관없는 것이다) 저 메마른 동시에 불덩이처럼 뜨겁게 이글거리는 일련의 작품들의 전통에서 온 것이다. 그 작품들 속에서는 그 전통이 끊임없이 작동하는, 지성의 고귀한 실천이 단두대에 이르는 길에까지 전개되고 있다.

《콩플뤼앙스*Confluences*》
1943년 7월 21~24호 특집 〈소설의 제 문제〉

인터뷰 발췌—"아닙니다, 나는 실존주의자가 아닙니다……"

— 아닙니다, 나는 실존주의자가 아닙니다. 사르트르와 나는 우리 두 사람의 이름이 서로 결부되어 세인에게 인식되는 것을 보고 놀라곤 했습니다. 심지어 우리는 어느 날 조그만 광고를 내고 아래에 서명한 두 사람은 아무런 공통점이 없으며 서로에 대하여 지고 있다고 여겨지는 빚에 대하여 보증하기를 거부한다고 밝힐 생각까지 하고 있습니다. 이건 물론 농담입니다. 사르트르와 나는 서로를 알기 전에 각자 예외 없이 모든 책을 발표했습니다. 우리가 서로 알게 되었을 때 우리는 서로의 차이를 확인했을 뿐이지요. 사르트르는 실존주의자입니다. 그런데 내가 펴낸 단 한 권의 사상적인 책인 《시지프 신화 *Le Mythe de Sisyphe*》는 이른바 실존주의 철학들에 대항하는 쪽으로 방향을 잡은 것으로…….

사르트르와 나는 신의 존재를 믿지 않는 것이 사실입니다. 그런데 우리는 절대적인 합리주의 또한 믿지 않아요. 그렇지만 따지고 보면 쥘 로맹Jules Romains도, 말로도, 스탕달도, 폴 드 코크Paul de Kock도, 사드 후작도, 앙드레 지드도, 알렉상드르 뒤마Alexandre Dumas도, 몽테뉴Montaigne도, 외젠 쉬Eugène Sue도, 몰리에르도, 생테브르몽Saint-Évremond도, 레츠Retz 추기경도, 앙드레 브르통André Breton도 다 마찬가지죠. 그 모든 사람들을 다 같은 유파로 간주해서야 되겠습니까? 하지만 우리는 이런 건 그냥 접어두는 게 좋겠어요. 사실, 신의 은총 속에 살고 있지 않은 모든 사람들에게 흥미를 갖는 것에 대하여 내가 설명을 해야 할 까닭을 알 수 없으니까요. 그들에 대해서 생각할 때가 충분히 되었지요. 왜냐하면 그들의 수가 훨씬 더 많으니까요.

세계의 부조리에 대하여 강조하는 철학이라면 그건 그 사람들을 절망 속으로 빠뜨릴 위험이 있는 게 아닐까요?

나는 여기서 내가 하는 말의 상대적 성격을 헤아리면서 개인적인 입장에서 대답할 수밖에 없군요. 우리를 에워싸고 있는 모든 것의 부조리를 받아들이는 것은 하나의 단계요 필요한 경험입니다. 그것이 막다른 골목이 되어서는 안 됩니다. 부조리는 어떤 반항을 야기하고 있으며 그 반항은 풍요로운 것이 될 수 있지요. 반항의 개념을 분석하면 삶에 어떤 상대적인, 그러나 항상 위협받는 의미를 다시 부여할 수 있는 개념들을 발견해내는 데 도움을 얻을 수 있을 겁니다.

각 존재마다 반항은 개별적인 형태들을 갖습니다. 만인에게 다 통하

는 개념들을 가지고 그 반항을 진정시킬 수 있는 것일까요?

그렇습니다. 지난 5년간 두드러지게 눈에 띄게 된 사실은 바로 사람들 서로 간에 생긴 극도의 유대 관계입니다. 어떤 사람들에게서는 범죄 속에서의 유대고 또 어떤 사람들에게서는 폭발하는 저항 속에서의 유대지요. 피해자들과 가해자들의 유대까지 있어요. 한 체코인을 총살하게 되면 파리의 본Beaune 거리에 있는 식료품 가게 주인이 겨냥의 표적이 됩니다.

프랑스 사람들은 개인주의 때문에 그런 유대 감정을 진정으로 느끼며 살기가 힘든 것 아닐까요?

그건 증명해봐야 알 수 있는 일이죠. 사실, 이토록 극심한 부조리의 세계 속에서는 사람들이 최대한 솔직하게 서로 간에 최대의 이해에 이르려고 노력하지 않으면 안 될 겁니다. 거기에 이르든가 멸망하든가 둘 중 하나지요. 그러자면 몇 가지 조건이 필요합니다. 사람들이 솔직해야 하고(거짓말은 만사를 불분명하게 만들지요), 자유로워야 합니다(노예들과는 의사소통이 안 되지요). 그리고 끝으로 그들이 주위에서 어떤 정의(正義)를 느낄 필요가 있습니다.

선생께서는 《시지프 신화》에서 이렇게 말했습니다. "희망이 없고 또 희망 없음을 의식하는 한 인간은 더 이상 미래에 속하지 않는다." 선생은 종교적 본질의 도피를 믿지 않으시니 혹시나 젊은이들이 행동을 외면해버리지나 않을까 우려하지 않으십니까?

오늘날 우리가 신의 밖에서 살고 행동하지 못한다면 아마 서양의 엄청나게 많은 사람들이 비생산적인 불모의 운명에 처하게 될 것입니다. 젊은이들은 그 점을 알고 있습니다. 예컨대 내가 그토록 많은 대학생들과 이렇게 대단한 유대감을 느끼게 되는 것은 우리가 모두 같은 문제를 앞에 놓고 있기 때문이고 내가 그들도 나와 마찬가지로 효과적이면서도 인간에게 봉사할 수 있는 방향으로 그 문제를 풀어가기를 바라고 있다는 것을 믿기 때문이죠.

젊은이들을 그렇게 잘 알고 계시다니, 교사의 경험이 있나요?

없어요. 하지만 공부를 계속하기 위해서 나는 아주 여러 가지 직업에 종사해봤습니다. 자동차 부품업, 기상관측소, 해상 화물 중개업 등이죠. 나는 구청의 직원으로도 일했고 연극배우(한 달에 보름 동안 공연하는 극단에 소속되어 있으면서 나머지 시간에는 학사 학위를 준비했죠), 신문기자로도 일했죠. 그 덕에 여행하는 일이 많았지요.

그런 여러 가지 직업을 거친 뒤 글을 쓴다는 것은 프랑스에서보다 미국에서 더 흔한 일이죠. 선생의 첫 소설 《이방인 L'Étranger》은 포크너, 스타인벡 같은 작가의 어떤 작품들을 연상시킵니다. 이건 그냥 우연일까요?

우연이 아닙니다. 그러나 미국 소설의 기법은 내가 보기에 막다른 골목에 이른 것 같아요. 내가 《이방인》에서 그 기법을 활용한 것은 사실입니다. 그러나 그건 그 기법이 겉보기에 별 의식 없이 살아가는 한 인간을 묘사하는 나의 목적에 어울리는 것이기 때문이었어요. 하지만 이 방식을 일반화했다가는 자동인형과 본능의 세계에 이르고 말아요. 그렇기 때문에 미국 소설 나름의 가치를 인정하면서도 나는 헤밍웨이 백 명을 스탕달이나 뱅자맹 콩스탕 하나와 바꾸지 않겠어요. 그리고 나는 많은 젊은 작가들이 그 문학의 영향을 받고 있는 것을 유감스럽게 생각합니다.

그렇지만 선생은 혁명적인 작가로 통하고 있는데요.
나는 그게 무슨 말인지 잘 모르겠군요. 자신의 예술에 대하여 의문을 던지는 것이 혁명적이라는 것이라면 모를까……. 그러나 나는 스타일이 없는 문학은 상상하지 못합니다. 예술에 있어서 내가 아는 혁명은 단 한 가지뿐이죠. 그건 모든 시대에 공통된 것으로 형식과 내용, 언어와 주제 사이의 정확한 상호 적응입니다. 그런 견지에서 나는 내심으로 위대한 프랑스 고전 문학 외에는 아무것도 좋아하지 않습니다. 사실 나는 생테브르몽과 사드 후작의 작품들을 그 범주에 넣고 생각합니다. 과거와 현재의 몇몇 아카데미 회원들을 그 범주에서 제외하는 것도 사실입니다.

앞으로의 계획은 어떤 것입니까?
"페스트"에 관한 소설 한 권, "반항하는 인간"에 대한 에세이한 권. 어쩌면 실존주의에 대해서 연구를 해봐야 될지도 모르겠고요…….

기록 : 자닌 델페슈
《레 누벨 리테레르Les Nouvelles littéraires》, 1945년 11월 15일

《세르비르》지와의 인터뷰

　선생에 대한 시평(時評)을 읽는 독자들에게 인상적인 것은 흔히 선생의 이름이 장 폴 사르트르의 이름과 함께 등장하곤 한다는 점입니다. 마치 선생께서도 실존 철학의 한 문하생이나 된다는 듯이 말입니다. 그런데《이방인》은 사르트르식의 이야기들과는 거리가 먼 작품입니다. 《시지프 신화》의 경우도 마찬가지여서 선생은 그 책에서 비판하기를……

　(카뮈가 말을 끊는다) 거기서 내가 비판하는 것은 바로 실존주의라는 것입니다. 이런 식으로 많은 것이 설명될 수 있지요. 나로서 말할 수 있는 것은 다만

　1. 나는 철학자가 아닙니다. 나는 어떤 체계의 존재를 믿을 만큼 이성을 신뢰하지 않습니다. 내가 관심을 가지는 것은 어떻게 처신하느냐 하는 문제입니다. 더 정확하게 말해서 신도 이성도 믿지 않을 경우 어떻게 처신하는 것이 옳은가 하는 문제입니다.

　2. 실존주의에는 두 가지 형태가 있습니다. 하나는 키르케고

르, 야스퍼스와 더불어 이성에 대한 비판을 통해서 신성함으로 나아가는 길이고 무신론적 실존주의라고 부를 수 있는 다른 하나는 후설, 하이데거, 그리고 머지않아 사르트르와 더불어 그 역시 신격화로, 그러나 오직 유일한 절대로 간주되는 역사의 신격화로 귀결되는 길입니다. 나로서는 종교적 해결책에 대한 관심을 이해는 합니다. 그리고 역사의 중요성을 누구보다도 더 잘 알고 있습니다. 그러나 나는 그 어느 쪽도 절대적인 의미에서 믿지 않습니다. 나는 마음속으로 질문을 던집니다. 그러나 성 아우구스티누스와 헤겔 중에서 절대적인 선택을 해야 한다면 나는 아주 난처해질 것 같습니다. 나로서는 그 두 가지 사이에 견딜 만한 어떤 진실이 존재할 거라는 생각입니다.

  선생이 일간지 《콩바Combat》에 기고한 수많은 글들을 읽은 독자들은 선생의 근본적인 관심사들 가운데는 아랍의 문제가 포함되어 있을 것 같다는 생각을 하게 됩니다. 선생은 프랑스에서 그 관계를 규정한 극히 드문 인사들 중 한 사람입니다. 그리하여 이슬람 사회에 많은 희망을 가져다주었습니다. 우리 독자들을 위해서, 진정으로 생산적이고 창조적인 프랑스-아랍 정책에 도달하려면 어떤 길로 나아가야 한다고 생각하는지를 말씀해주십시오.

  그 이야기를 하자면 너무 길어집니다. 다만 이렇게 말해볼 수는 있겠습니다. 프랑스가 아직도 정중한 대접을 받는다면 그것은 이 나라의 영광스러운 과거 때문이 아닙니다. 오늘날의 세계는 과거의 영광을 우습게 여기니까요. 그게 아니라 프랑스가 아랍 권력이기 때문입니다. 이것은 프랑스 사람의 99퍼센트가 알지 못하고 있는 진실입니다. 만약 프랑스가 향후 몇 년 내에 위대한 아랍 정책을 생각해내지 못한다면 프랑스의 미래는 없습니다. 척박해진 한 나라에 있어서 위대한 정책이란 모범적인 정책일 수밖에 없습니다. 이 점에 대하여 내가 할 수 있는 말은 한 가지뿐입니다. 프랑스가 진정으로 아랍 국가에 민주주의를 뿌리박게 한다면 단순히 북아프리카만 얻게 되는 것이 아니라 전통적으로 다른 열강들을 추종하는 모든 아랍 국가들을 얻게 된다는 것 말입니다. 진정한 민주주의는 아랍 국가에서는 새로운 사상입니다. 우리에게 민주주의는 백 개의 군대와 천 개의 유정(油井)과 같은 가치를 가진 것입니다.

북아프리카에 대한 그토록 깊은 애착은 어디서 오는 것입니까? 전쟁이라는 우연으로 인하여 그 고장으로 이끌려 간 우리 중 많은 사람들이 그 애착을 함께 나누어 가지고 있는 터이지만.

나는 거기서 태어났으니까요. 어느 한구석도 손상당한 바 없는 힘들이 넘치는 위대한 고장입니다. 그곳 하늘에서 멀리 떨어져 있으면 나는 항상 약간은 유배당해 와 있다는 느낌이 듭니다. 당신도 그 나라를 알고 있으니 내 마음을 이해할 겁니다.

일간지 《콩바》는 여러 차례에 걸쳐서 정부와 정당들을 향하여 프랑스를 위하여 가장 바람직하다고 판단하는 정책을 분명히 규정하라고 요구했습니다. 따라서 이번에는 선생의 입장을 분명히 밝혀달라고 요청하고 싶군요.

《콩바》는 적절한 때에 정치적 입장을 밝혔습니다. 겉보기와는 달리 우리는 겸손합니다. 우리 세대는 십 년쯤 걸려서 나름대로의 공식을 만들게 될 것입니다. 반드시 성공하게 되기를 바라면서 나도 내 자리에서 일하겠습니다. 그 밖에, 나는 전통적으로 모든 종류의 노동자들을 옹호하는 정당들에 공감을 느낀다는 것을 감추지 않겠습니다.

얼마 전부터 선생은 저널리즘 쪽의 활동을 그만두었지요. 그 이유를 말씀해주실 수 있겠습니까?

나의 이유들이 내가 보기엔 옳은 것 같아서요.

최근의 희곡 작품 《칼리굴라Caligula》가 성공을 거두고 있으니 화제를 바꾸어 이야기를 나누고 싶어지는군요. 비평가들은 계속 철학적인 연극이라고들 합니다. 그들의 생각에 동의하십니까?

비평가라는 직업은 정의를 내리는 일이니까요. 작가의 직업은 작품을 만들어내는 일이지요. 그 두 가지가 일치하는 것은 불가능합니다.

흔히들 말하는 것처럼 선생의 연극 작품은 인간들에게 전하는 "메시지"를 담고 있다고 생각하십니까? 만약 그렇다면 그 메시지란 어떤 것입니까?

나는 한 번도 스스로를 예수 그리스도로 생각한 적이 없습니다. 내 건강 상태는 양호합니다. 감사한 일이지요.

선생의 모든 활동들 중에서 남들과 함께 화제로 삼기를 원하지 않는 것이 한 가지 있다고 알고 있습니다. 레지스탕스 활동 말입니다. 그렇지만 인터뷰를 마감하면서 그 시대의 추억 한 가지만 말씀해 주십사고 부탁드리고 싶은데…….

레지스탕스는 잊어버리시죠. 그걸 경험해본 적이 없는 사람들은 답답해하고 대다수 사람들은 거기서 살아 돌아오지 못했지요. 우리가 그들에게 이제부터 줄 수 있는 것이 있다면 그건 침묵과 기억입니다.

마지막으로, 1944년 여름 이래 프랑스와 전 세계에서 나타나고 있는 정치적·윤리적 정신 상태를 규정할 수 있는 결론들에 대하여 한마디…….

1944년 이후 프랑스와 세계 말씀입니까? 1960년이 되면 우리는 극히 미약하나마 공평한 것이 될 수 있는 어떤 판단을 내리게 되겠지요. 그때까지 프랑스 사람들은 프랑스에 대하여, 프랑스는 세계에 대하여 인내심을 가질 필요가 있어요. 이것이 내가 생각해낼 수 있는 가장 혁명적인 희망입니다.

《세르비르*Servir*》, 1945년 12월 20일

쥘 루아의 《행복한 골짜기》

오늘날의 작가들은 자기들에게 일어난 일에 대하여 이야기한다. 그런데 톨스토이는 소설 《전쟁과 평화》를 자신이 겪어본 일이 없는 러시아 후퇴 작전을 중심으로 서술한다. 오늘날 같았으면 그는 초기 나폴레옹을 세 번째 나폴레옹으로 대치하거나 안드레이 대공을 톨스토이 자신이 직접 가담해 싸웠던(그러나 쥐 떼들에 대한 공포심을 끝내 극복하지 못한 채) 세바스토폴 공략 속으로 몰아넣지 않고는 우리 시대 독자들의 마음을 사로잡지 못했을 것이다.

거기에는 다 복잡한 이유가 있다. 그러나 어쨌건 우리 시대의 작가들 가운데 상상의 인물들을 살아 움직이게 하고 그 인물들을 진정으로 사랑하고 따라서 그들을 사랑하게 만들 수 있는 순수함을 갖춘 경우는 별로 많지 않다. 그 까닭은 결국 시간도 없고 미래도 없어서 전쟁과 혁명 사이의 얼마 안 되는 시간에 서둘러 허겁지겁 창조해야 하기 때문이라고 할 수 있다. 그러니 가장 급한 일부터 해야 할 판이다. 그 급한 일이란 바로 자신이 행동한 것과 본 것을 보고하는 일이다. 그런데 위대한 작품이란 다 어느 면에서 정신적 모험에 대한 보고요 이야기인 것이 사실이다. 그러나 일반적으로 그 보고는 암시되거나 변형된 모습을 갖추게 된다. 그런데 오늘날에는 보고와 문헌 그 자체에 머물면서 자연주의자들이 상스럽게 표현한 바와 같이 "인생의 한 토막"을 보여주는 것에 만족한다. 최소한의 준비, 몇 쪽의 라드 기름, 몇 장의 황산지(黃酸紙)만으로 고기 토막을 익히지도 않은 채 식탁에 올리는 것이다.

그러니까 요리사는 점점 더 찾아보기 어려워진 것이다. 하나의 양식(樣式)이 수명을 다해가거나 적어도 잊혀가고 있으니 결국 있는 그대로의 자기 모습을 받아들이는 것이 최선이 된다. 하지만 그것 때문에 통찰력을 잃어서는 안 될 것이며, 푸줏간 도마 위의 생고기 쪽으로의 새로운 경도 현상은 오랫동안 우리 문학의 힘이요 때로는 폭발력이었던 것의, 다시 말해서 염치의 상실로 인도한다는 사실을 망각해서는 안 될 것이다. (말의 뜻을 좀 더 분명히 하기 위하여 약간 무리한 표현을 써본다면 사드 후작에게도 염치가 있었다고 말할 수 있다.) 솔직함이 지나쳐 야단법석이 되고 모든 사람이 다 그리로 몰려드니 마침내 그것은 새로운 순응주의로 변한다. 이런 태도는 사실 충분히 이해가 된다. 옛날 작가들의 모험은 거의 언제나 사랑에 이르렀다. 쌍방의 파트너들에 대한 존중과 세상에 대한 배려로 그 작가들은 상황을 바꾸어 표현했다. 오늘날에는 아무도 존중하지 않는 사람들, 그리고 전쟁 혹은 혁명이라고 부르는 격렬한 소란들이 경험의 재료를 제공해준다. 그러니 염치 같은 것이 무슨 소용이란 말인가? 따라서 고기에서는 피가 줄줄 흐르는 것이 좋다. 그게 맡은 기능인 것이다.

그렇긴 해도 여전히 예술은 염치가 없이는 성립되지 않는다. 예술은 염치의 운동 그 자체다. 그렇긴 해도 여전히 예술은 시간이 고통이나 기쁨에 부여하는 거리 속에 존재한다. 그러므로 설령 시대가 예술로부터 등을 돌리고 온통 날것 그대로의 고통 속으로 몸을 던지도록 강요한다 해도 아름다운 작품들은 여전히 피해를 줄이고 거추장스러운 시대성의 그 어떤 것도 거부하지는 않으면서도 조금이라도 자신을 억제하는 그런 작품들이다.

달리 어떻게 표현해야 할지 몰라서 나는 쥘 루아Jules Roy의 책 《행복한 골짜기La Vallée heureuse》가 예외적인 작품이라고 생각한다는 것을 이처럼 장황하게 에둘러 말할 수밖에 없었다. 이 책은 시대의 모든 절대적 요청을 따르면서도 바로 그 살육의 도살장에 약간의 섬세함을 도입하고 있다. 그러나 이 책에서 저자는 어떤 개인적인 경험을 아주 조금만 변형시킨 모습으로 보여주고 있다. 열 페이지도 채 읽지 않아서 우리는 물론 슈브리에라는 인물이 쥘 루아 자신이라는 사실을 알게 된다. 오직 결론 부분만이 소설적인 시각에서 약간 손질된 것 같다. 그 밖의 것들은 아주 분명하다. 루아는 영국 공군에서 전투기 승무원들을 지휘하여 규정에 따라 독일 상공에서 30회의 폭격을 실시하게 되어 있다. 통계상으로 보아 한 대의 전투기가 한계점인 20

회를 넘기는 경우는 드물다. 그 이전에 폭발하고 마는 것이다. 확률과의 이 단조롭고 무모한 싸움이 책의 주제를 이룬다. 루아는 승무원들과 함께 자신의 비행기 "B"에 탑승한다. 그리고 임무를 완수하고 돌아온다. 그리고 다음 임무를 기다린다. 그는 다시 "B"에 올라탄다. 등등. 소설은 그저 여러 가지 다양한 상황들을 묘사한다. 방공 장벽, 적의 전투기는 이미 이륙했는데 뒤늦어서야 목표물에 도착, 혹은 착륙시의 충돌. 이 경우 탑승한 인원 및 적재한 폭탄과 함께 폭격기가 박살났어야 마땅하다. 결국 이야기는 어떤 동료의 죽음으로 끝난다. 그 동료는 30회 출격이라는 믿을 수 없는 행운을 누리지 못했던 것이다. 그러니까 이 책은 어떤 행운의 이야기다. 그러나 거기에 어울리는 겸허한 태도로 감당한 행운의 이야기다.

바로 여기에 《행복한 골짜기》의 독창성이 있다. 우리 모두가 다 그렇듯 루아도 순수함을 잃어버렸을 수 있다. 그러나 그는 그 문제에 대하여 허풍 떨며 길게 늘어놓지 않는다. 그것은 순수함에 접근하는 또 다른 한 방식이다. 여기서는 무엇 하나 일반적인 시각에서 다루어지는 법이 없다. 탄식하거나 열광하는 식으로 전개되지도 않는다. 《행복한 골짜기》를 가지고 루아는 무슨 윤리서나 영웅주의 책을 쓰고자 하는 것이 아니다. 거기에서는 그 어떤 운명론도 찾아볼 수 없다. 저자는 그저 자기 자신과 동지들에 관해서 이야기할 뿐 거기서 인간에 대한 어떤 판단을 이끌어내려고 하지 않는다. 그런 판단이 암시되어 있다면 그것은 독자의 몫이다. 다시 말해서 루아는 경험을 받아들였을 뿐 그 경험을 위에서 내려다보려고 하는 것이 아니다. 그는 경험 속에 갇혀버렸다. 아니 사람들이 그를 쥐처럼 경험 속에 가두어 놓았다고 하는 것이 옳겠다. 그는 저 집단적인 비행(飛行)에 말려들었듯이 경험 속에 걸려든 것이다. 그는 그 비행에 대하여 감동적으로 말한다. 비행기들이 날개와 날개를 맞댄 채 어둠의 심장에 엉겨 붙어 있다. 저마다의 승무원들은 언제나 가능한 충돌에 대한 끔찍한 예감, 돌아올 때 느끼는, 모든 폭탄을 다 쏟아 버리지 않았으면 어쩌나, 그래서 착륙하는 순간이 또 다른 죽음의 순간이 되면 어쩌나 하는 살 떨리는 두려움 외에는 아무런 감정도 느끼지 못한 채 환상과도 같은 소음과 하늘의 어둠 속에 격리되어 맡은 바 일에 열중하고 있다. 날이 가고 달이 가는 동안 어깨와 어깨를 맞댄 채 루아는 이렇게 자신이 싫어하는 전쟁의 어둠 속에서 묵묵히 일한다. 그는 그 일에서 인간의 운명에 대한 어떤 거시적인 관점을 이끌어내기보다는 두려움에 사로잡혔던 순간들과 다시 용기를 되찾은 순간들을 차근차근 기록하는 것에 그친다. 이렇게 하여 그는 만인을 위하여 이야기할 수 있었다. 그 덕분에 우리는 감옥처럼 변한 우리 도시들의 캄캄한 하늘을 여러 해 동안 누비고 다녔던 사람들이 어떤 생각을 하고 있었는지를 상상할 수 있다.

그러니까 《행복한 골짜기》는 우리가 늘 요구하고 있는 위대한 휴머니즘 소설들 가운데가 아니라 우리가 오랫동안 망각하고 있었던 취향인 힘과 염치의 작품들 가운데 자리하는 것이다. 슈브리에가 두렵다고 말할 때(폭격기가 어떤 새로운 사명을 띠고 출발하기 위하여 부르르 떠는 순간 그의 내면에서 솟아오르는 저 끔찍한 '미제레레') 그것은 자기 가슴을 두드리기 위해서가 아니다. 어떤 상황에서 한 인간이 두려움을 느끼는 것은 너무나도 당연한 것이다. 마찬가지로 그는 전투기의 지각으로 인하여 열 배나 더 위험해진 조건 속에서 목표를 향해 돌진하라고 명령을 내리면서도 그 어떤 특별한 감정도 노출하지 않는다. 그 어떤 조건에서건 한 인간이 자기의 맡은 일을 수행하는 것은 너무나도 당연한 것이다. 이렇게 우리는 이 책의 페이지마다에서 늘 똑같은 고지식함을(실러가 그리스적 고지식함이라고 말할 때의 의미로) 발견한다. 내가 가장 덜 좋게 생각하는 장(章)은 루아가 사랑에 대하여 말하는 장인데 그 대목은 그 기이한 전사가 자신의 감상(感傷)을 있는 그대로, 다시 말해서 무방비 상태로 인정하고 받아들였다는 것을 증명한다. 다시 말해서 그는 자연스럽게 두려워하고 용기를 냈듯이 자연스럽게 감상적이 되는 것이다. 그것만으로도 모든 것을 정당화하기에 충분하다.

　이 정도의 단순함과 올바름에 도달하게 되면 한 인간을 통째로 다 받아들이거나 아니면 통째로 다 물리쳐야 한다. 이 점에 대한 나의 감정은 표현하기 어렵지 않으니 말하지 않아도 충분히 짐작할 줄로 믿는다. 그러나 이 책은 우리를 진지하게 만드는 책이다. 다시 말해서 한 인간의 책인 것이다. 여기에 무슨 찬사를 덧붙일 것인가? 다만 슈브리에가 운과 죽음과 자기 자신과 맞서서 그토록 오랜 투쟁을 전개해온 과정을 줄곧 지켜본 우리는 우리의 마음속에서 솟아오르는 억누를 수 없는 존중의 감정은 한 선의의 작가가 한 선의의 독자에게 받기를 원할 수 있는 가장 진정한 우정 어린 경의일 것이라고 말하고 싶을 뿐이다.

그리고 끝으로 문체에 대하여 한마디. 그것은 또한 투쟁의 문체다. 그것은 샘에서 자연스럽게 흘러나오는 것이 아니라 힘들여 수고하는 문체다. 문장은 대체로 긴 편이며 담화는 강하게 뒷받침되어 있다. 이미지는 윤곽이 분명하게 다가들고 때로는 느슨해졌다가도 다시 밀도 있는 언어 속에 살아나서 마침내 그 자체의 힘과 살의 무게를 드러낸다. 그토록 대단한 긴장감의 연속이고 보면 이따금 문체가 좀 불분명하거나 둔해지는 것은 어쩔 수 없는 일이다. 그러나 그런 노력 자체가 이미 루아의 가장 큰 성공과 자신이 말하는 것을 눈에 보이듯이 만드는 그 놀라운 자질을 잘 설명해준다. 날개와 날개가 서로 닿을 듯이 근접 비행하며 전쟁의 거대한 불꽃을 터뜨리기 위하여 어둠과 구름의 길 저 끝으로 달려가는 폭격기들처럼 편대를 이루어 한 덩어리가 된 말과 문장들이 그리도 오랫동안 앞뒤 좌우로 요동치고 나면 이미지 역시 마침내 독자가 그 폭발과 대재앙의 진동을 느낄 수 있을 정도로 아름답고 무시무시하게 폭발하는 것이다. 가령 임무를 마치고 돌아오는 전투기 편대가 어둠 속에서 돌연 정찰 로켓탄에 에워싸이고 적기들의 기관총 사격을 받으면서 그 거대한 폭격기들이 하나하나 화염에 휩싸이는 장면이 그러하다. "휘발유의 무거운 불꽃이 바람에 누우면서 굽이치는가 하면 또 새로운 불들이 일어났다. 폭격기들이 가장자리를 부딪치며 구르더니 이윽고 양 날개의 연료 탱크에서 확 불길이 일어나면서 한동안 조금 더 허공에 떠서 흘러가다가 별들처럼 폭발하는 것이었다."

알베르 카뮈
《라르슈 *L'Arche*》, 1947년 2월

허먼 멜빌

낸터컷 섬의 포경선들이 여러 해 동안 바다에 나가 머물고 있던 시절에 젊은 멜빌(22세)은 그 배들 중 한 척, 그리고 나중에는 전함의 선원과 수병으로 여러 대양을 누비고 다닌다. 아메리카로 돌아온 그는 자신의 여행 이야기를 글로 써서 어느 정도 성공을 거둔다. 그 후 여러 대작들을 발표하지만 반응은 신통치 않고 작품은 이해받지 못한다.[25] 《사기꾼The Confidence-Man》(1857)을 발표하여 실패한 후 실망한 멜빌은 마침내 "사라져버리기로 결심한다". 세관 관리가 되어 가정을 꾸미고 아버지가 된 그는 30년 가까운 세월 동안 거의 완전한 침묵 속으로 빠져 든다(아주 드물게 시를 몇 편 발표한 것이 고작이었다). 그는 어느 날 서둘러서 걸작 《빌리 버드Billy Budd》

---

25) 《모비 딕Moby Dick》은 오랫동안 어린아이들에게 상으로 주기에 알맞은 모험 소설로 간주되었다.

(1891년 4월 탈고)를 쓰고 나서 몇 달 뒤 사람들에게 잊혀진 채 사망한다(《뉴욕 타임스》에 몇 줄의 부고가 실린 것이 전부였다). 아메리카와 유럽이 마침내 서구의 가장 위대한 천재들 가운데 그의 자리를 찾아주기까지 그는 우리의 시대가 올 때를 기다리지 않으면 안 되었다.

작품이 태어난 원천인 여러 대양들의 소용돌이치는 차원과 격조를 갖춘 한 작품 세계에 대하여 불과 몇 페이지로 이야기한다는 것은 성서를 요약하거나 셰익스피어의 작품을 축약하는 것에 비길 만큼 힘든 일이다. 그러나 적어도 멜빌의 천재를 판단하기 위해서는 그의 작품들이 유례가 없는 밀도의 정신적 경험을 더듬어가고 있으며 그 작품의 어느 부분은 매우 상징적인 성격을 가지고 있다는 사실을 인정할 필요가 있다. 어떤 비평가들은 이제 더 이상 논의의 여지가 없게 된 이 자명한 사실을 놓고 왈가왈부하곤 했다. 그의 놀라운 책들은 여러 가지 다른 방식으로 읽고 해석할 수 있는 예외적인 작품들에 속한다. 자명한 것 같으면서도 동시에 신비스럽고 환하게 빛이 비치는 듯하면서도 난해하고 그렇지만 깊은 물속처럼 투명한 것이다. 어린아이와 현자가 다 같이 거기서 자양분을 발견한다. 예를 들어서, 자신의 한쪽 다리를 잘라 먹은 거대한 흰 고래 모비 딕을 쫓아서 남반구의 바다에서 북쪽 바다로 내달리는 에이허브 선장의 이야기는 아마도 고통과 고독에 미쳐버린 한 인물의 음산한 정념의 상징으로 읽힐 수 있을 것이다. 그러나 그 이야기는 또한 악에 맞선 인간의 투쟁에 대하여, 정의로운 인간을 우선은 천지창조와 창조자에게 맞서서, 다음에는 자신의 동류들과 자기 자신에게 맞서서 일어서게 만드는 저 거역할 길 없는 논리에 대하여 인간이 상상할 수 있는 가장 감동적인 신화들 중 하나로서 깊은 명상의 대상이 될 수 있다. 재능 있는 사람이 삶을 재창조한다면 천재는 한 걸음 더 나아가 그 삶을 신화로 탈바꿈시킨다고 할 수 있다. 멜빌은 무엇보다도 신화의 창조자다.

덧붙여 말하지만 흔히들 생각하는 것과는 달리 그 신화들은 분명 확실하다. 신화는 모든 고통과 모든 위대함의 뿌리가 대지의 어둠 속에 깊이 파묻혀 있다는 점에서만 난해할 뿐이다. 그것이 페드르의 절규, 혹은 햄릿의 침묵, 혹은 돈 조반니의 승리의 노래보다 더 난해할 것은 없다. 그 반대로, 내 생각에 멜빌은 무한정으로 다시 시작되는 동일한 한 권의 책을 썼을 뿐이라고 말해도 좋을 것 같다. (이것은 좀 길게 설명할 필요가 있는 말이다.) 단 한 권의 그 책은 어떤 여행에 대한 책이다. 그 여행은 우선 청춘의 유일하고 즐거운 호기심에서 영감을 얻는다(《오무 *Omoo*》와 《타이피 *Typee*》의 경우). 다음으로는 점점 더 불지핌처럼 뜨겁고 어리둥절한 불안이 가득해진다. 《마디》는 첫 번째의 멋진 이야기인데 거기서 멜빌은 그 무엇으로도 진정시킬 수 없는 탐색이 시작되었음을 선언한다. 그 탐색의 끝에 이르면 결국 "쫓는 사람들도 쫓기는 사람들도 다 같이 가없는 대양으로 달아난다". 바로 이 책에서 멜빌은 자신의 내면에서 끊임없이 진동하는 그 매혹적인 부름을 의식한다. "나는 지도도 없이 여행을 시작했다", 혹은 "나는 휴식을 모르는 사냥꾼, 돌아갈 집이 없는 사냥꾼이다". 《모비 딕*Moby Dick*》은 《마디》의 거대한 주제들을 완벽에 가깝도록 극단으로 밀어붙인 작품에 불과하다. 그러나 예술적 완전함이 여기서 문제가 되고 있는 그런 종류의 목마름을 만족시키기에 충분하지는 못하므로 멜빌은 실패한 걸작인 《피에르 혹은 애매성*Pierre, or the Ambiguities*》에서 천재와 불행의 탐구 과정을 또다시 그리게 된다. 그는 《사기꾼》의 주제를 이루는 미시시피 강으로의 기나긴 여행 동안 그 탐구의 조롱하는 듯한 실패를 결정적인 것으로 만들어놓는다.

끊임없이 다시 씌어지는 이 책, 몽상과 육체의 군도(群島)로의, "파도 하나하나가 다 하나의 영혼인" 대양으로의 이 지칠 줄 모르는 장거리 여행, 텅 빈 하늘 아래의 이 오디세이는 멜빌을 끝내 태평양의 호메로스로 탈바꿈시킨다. 그러나 동시에 덧붙여 지적해두어야 할 것은 멜빌의 율리시스는 결코 자신의 이타카를 다시 찾지 못할 것이라는 사실이다. 멜빌이 죽음의 문턱에서 다가가고 있는 이 고향, 《빌리 버드》에서 불멸의 모습으로 떠오르는 이 고향은 사람이 살지 않는 섬이다. 아름다움과 순수함의 상징이며 자신이 그토록 깊은 애정을 바쳐 사랑하는 인물인 젊은 선원이 죽음을 맞도록 버려두면서 비어 선장은 자신의 마음을 법의 심판에 맡긴다. 그와 동시에 고대 비극의 반열에 올려놓아도 좋을 이 빈틈없는 이야기를 통해서 노년의 멜빌은 질서가 유지되고 인간들의 배가 미지의 지평선을 향하여 계속 전진할 수 있도록 하기 위하여 생전 처음으로 순수함과 아름다움이 죽음을 당하는 것을 받아들인다고 우리에게 알려준다. 그렇다면 그는 진정으로 평화와 최후의 결정적인 집을 얻은 것인가? 그렇지만 그는 결정적인 집이 마디 섬에는 없다고 말하지 않았던가? 그와 반대로 이 집은 혹시 절망한 멜빌이 신들에게 요구하던 그 마지막 난파 그 자체는 아닐까? "신을 모독하면서 살아갈 수는 없는 법이다"라고 그는 소리치고 있었다. 동의의 절정에 도달한 빌리 버드는 가장 드높은 독신(瀆神)이 아닐까? 여기에 대한 답은 그 누구도 알지 못한다. 이 순간의 멜빌은 어떤 무서운 명령에 진정으로 동조한 것인가 아니면 유령을 쫓아가다가, 그 자신이 요청했듯이, "암초들 저 너머, 해가 비치지 않는 바다로, 어둠과 죽음 속으로" 이끌려 든 것인가? 그러나 어쨌든 그의 생애와 작품을 관류하는 기나긴 고통을 헤아린다면 그 누구도 자기 스스로에게서 전취할 것이기에 더욱 가슴을 찢는 그 대답의 위대함에 경의를 표하지 않을 수 없을 것이다.

　그러나 당연히 지적해야 할 이 점 때문에 멜빌의 진정한 천재와 그의 예술의 절대적인 위엄에 대하여 잘못된 생각을 가져서는 안 될 것이다. 거기서는 건강미, 힘, 뿜어져 나오는 유머, 인간적인 웃음이 폭발하고 있다. 그는 오늘날 슬픈 유럽이 즐기는 음산한 알레고리의 상점을 개점한 것이 아니다. 창조자로서의 그는 예컨대 카프카와 정반대쪽에 위치한다. 그는 우리가 카프카의 예술적 한계를 느끼게 만든다. 카프카의 경우, 비록 그 무엇과도 바꿀 수 없는 독창적인 것이라곤 하지만 정신적 경험이 단조롭기만 한 표현과 창의성을 압도해버린다. 멜빌의 경우 그 양자가 균형을 이루고 경험이 표현과 창의 속에서 끊임없이 피와 살을 공급받는다. 가장 위대한 예술가들이 다 그렇듯 멜빌은 자신의 상징들을 꿈의 재료들 속이 아니라 구체성 위에 구축했다. 신화의 창조자는 신화를 상상이라는 덧없는 구름 속이 아니라 현실의 밀도 속에 새겨놓을 때 비로소 천재에 기여하는 것이다. 카프카의 경우, 그가 묘사하는 현실은 상징에 의하여 유발되고 사실은 이미지로부터 흘러나온다. 그런데 멜빌의 경우 상징은 현실에서 나오고 이미지는 지각에서 생겨난다. 그렇기 때문에 멜빌은 육체와 자연과 결코 유리되지 않는다. 반면에 카프카의 작품에서는 육체와 자연이 빛을 잃는다. 셰익스피어의 그것을 연상시키는 멜빌의 서정은 반대로 4원소를 활용한다. 그것은 성서와 바다를 뒤섞고 파도와 땅의 음악을, 대낮의 시와 대서양의 위대함을 뒤섞는다. 그것은 수천 킬로미터에 걸친 인적 없는 대양들을 달리고 나서 뭍에 이르러 아직도 남은 힘으로 수많은 마을들을 송두리째 휩쓸어버리는 저 사나운 바람들처럼 무궁무진하다. 그것은 리어 왕의 광란처럼 모비 딕과 악의 정령이 웅크리고 숨어 있는 사나운 바다 저 위에서 휘몰아친다. 폭풍이 지나가고 모든 것이 다 파괴되면 마침내 저 원시적인 물에서 기이한 진정(鎭靜)의 분위기가 솟아오르고 소리 없는 연민이 비극의 모습을 바꾸어놓는다. 말이 없는 선원들 저 위에서 빌리 버드의 완벽한 몸이 떠오르는 해의 회색이 감도는 불그레한 광선을 받으며 그의 밧줄 끝에서 빙그르 돈다.

 T. E. 로렌스는 《모비 딕》을 《악령》과 《전쟁과 평화》의 반열에 올려놓고 찬사를 보냈다. 우리는 주저 없이 그 옆에다 《빌리 버

드》,《마디》,《베니토 세레노 선장Benito Cereno》과 그 밖의 다른 몇몇 작품들을 추가하고 싶다. 인간들은 혹독하게 시달리고 있지만 또한 페이지마다 삶이 높이 찬양받고 있는 이 비통한 책들은 힘과 연민의 무궁무진한 원천이다. 우리는 거기서 반항과 동의, 사랑과 아름다움에 대한 길들지 않고 다함이 없는 열정, 가장 드높은 언어, 그리고 천재를 발견한다. "그의 이름을 영원한 것으로 만들려면 그 이름을 무거운 돌에 새겨 깊은 바다 속에 빠뜨려야 한다. 바다 속의 심연이 저 높은 정상보다 더 오래 간다"고 멜빌은 말했다. 과연 심연은 그 나름의 고통스러운 미덕을 지니고 있다. 멜빌이 몸담고 살다가 죽은 저 부당한 침묵과 그가 끊임없이 누비고 다녔던 저 해묵은 대양이 그 나름의 미덕을 지니고 있듯이. 간단없이 반추하는 그 암흑의 세계로부터 그는 물결이 새겨놓은 거품과 어둠의 얼굴과도 같은 자신의 작품들을 대낮 속으로 끌어냈다. 그 작품의 신비스러운 힘이 우리 위에 빛을 발하는 즉시 그것은 벌써 우리가 놓여 있는 어둠의 대륙으로부터 힘들지 않게 빠져나와 마침내 바다와 빛과 그 비밀을 향하여 나아가도록 우리를 도와주는 것이다.

알베르 카뮈
《유명한 작가들Les Ecrivains célèbres》, 제3권
마즈노 Maznod, 1952년

프랑시스 퐁주의
《사물의 편에서》에 대한 편지

1943년 1월 27일

친애하는 퐁주,

당신에게 답장을 쓰기 전에 나는 《사물의 편에서Le Parti pris des choses》와 당신의 메모26)를 세심하게 다시 읽어보고 또 《소나무Le Bois de pins》도 읽어볼 시간을 가졌습니다. 우선 말해두고 싶은 것은, 내가 그 글들을 읽고 감동을 받지 않을 수 없었다는 사실입니다. 왜냐하면, 당신 말이 맞아요, 당신의 작품들 속에서 나는 내게 핵심적이라고 할 수 있는 관심사가 정확한 한 지점에, 나로서는 엄두도 못 낼 정도로 집요한 힘으로 결정(結晶)되어 있는 것을 볼 수 있기 때문입니다. 그러나 당신은 그 문제에 오직 당신만의 고유한 표현을 부여했습니다.

---

26) 《시지프 신화Le Mythe de Sisyphe》에 대한 의견(프랑시스 퐁주).

다른 곳에다가 공개적으로 그럴 것도 못 되기에 나는 여기서 그 점에 대하여 좀 길게 이야기해보고자 합니다. 나는《사물의 편에서》가 순수한 상태의 부조리한 작품이라고 봅니다. 다시 말해서 세계의 의미 부재의 철학이 궁극적 지점에 도달하여 보여준 해명인 동시에 결론인 작품이라는 말입니다. 그러나 당신의 경우, 내가 보기에 참으로 값진 것은 당신이 선택한(혹은 당신을 선택한) 측면, 즉 표현의 측면에서, 당신의 대가적 기량 그 자체가 당신의 실패의 고백을 설득력 있게 만들고 있다는 사실입니다. 즉 낭만주의자들이 말로 다 표현할 수 없고 형언할 수 없으며 무한한 감정이나 상황을 운위할 때 나로서는 그런 것을 수긍할 수도 없고 감동도 느끼지 못한다 이 말입니다. 무엇 무엇을 할 수 "없다"든가 무엇이 "없다"는 의미의 이런 탈격 접두어들은[27] 단지 그들의 개인적 능력의 빈곤을 표시하는 것에 불과합니다. 그런 표현들은 그런 감정을 말로 표현할 수 없다는 것을 확인해줄 뿐 나로 하여금 그것을 느끼게 하지는 못합니다. 그런 점에서 그들은 대개 형편없는 예술가들입니다. 예술가는 스스로 말을 하는 것이 아니라 말을 하게 만드는 존재이니 말입니다. 반대로 한 예술가가 표현상의 멋진 역량을 과시하면서 바로 그때 자신의 실패를 동시에 고백하는 것은 교훈적입니다. 우리가 침묵을 감수하도록 운명 지어졌다고 믿게 만드는 것은 말

---

27) (옮긴이주) "말로 다 표현할 수 없고 형언할 수 없으며 무한한"이라는 3개의 형용사는 원문에서 모두 '없음', 혹은 '무'를 의미하는 탈격 접두어 'in'이 붙은 ineffable, indicible, infini로 표현되어 있다.

하기의 무력함이나 말 더듬거림이 아니라 당신이 말하는 언어의 "상대적" 성공입니다. 《사물의 편에서》를 다 읽고 나서 우리는 바로 상대적인 면에, 그러나 우월한 수단들을 통한 상대적인 면에 동의했습니다. 그것은 부조리의 변증법을 위해서 좋은 일입니다. 카프카가 아주 자연스러운 방법을 통해서 환상적인 것에 동의하도록 만들고 멜빌[28)]이 일상적인 수단을 통해서 상징에 동의하도록 만들듯이 당신은 언어라는 특혜 받은 과학을 통해서 침묵을 받아들이도록 만듭니다. 내가 《사물의 편에서》에서 높이 사는 것은 바로 그 비극적인 겸손입니다. 그리하여 당신은 불과 84페이지로 여러 가지 성찰들로 보낸 여러 해——그거야 별것 아닐 수도 있지요——가 아니라 여러 해에 걸친 한 가지 성찰을 요약하고 있습니다. 그리하여 또한 당신은 역설적이게도 당신이 웅변하고 있는 그 집요한 반복 정신을 단편적인 그림으로 요약합니다. 당신은 물결의 이미지와 그 물결이 끊임없이 모래톱에 쏟아놓은 말의 이미지를 백분 활용했습니다. 당신의 작품을 지탱하고 그것에 진정한 조망을 제공하는 것은 바로 "이따금 약간 더 강하게 내뱉는" 그 말입니다.

그러나 요컨대 당신은, 예컨대, 인간의 마음이나 정치적 열정을 택하여 묘사할 수도 있었을 것입니다. 그것들도 화강암 못지않게 현실적인 사물들이니까요. 반대로, 당신의 독창성은 유별나게도 오브제를, "눈에 보이는 세계"를 선택했다는 데 있습니

[28)] 당신은 놀라운 실패의 소설인 《모비 딕》을 읽어보셨습니까? (알베르 카뮈)

다. 시각 이외의 다른 감각들은 당신의 묘사 작업에 있어서 제한된 자리밖에 차지하지 못하니까 말입니다. (그 점에 대해서 당신은 과연 39페이지에서 잘 설명하고 있습니다.) 나는 당신이 인간들에게서 등을 돌리지 않고 있다는 것을 잘 압니다. 아셰트 출판사와 식당에 대한 텍스트는 상대적일지는 모르지만 그래도 분명 놀라운 성공이라고 할 수 있습니다. 그러나 개인적으로 보아 당신의 책에서 가장 인상적인 것은 인간이 배제된 자연, 재료, 즉 당신이 말하는 사물들입니다. 생명 없는 것도 감수성과 지성이 맛볼 수 있는 비길 데 없는 감동의 원천이 될 수 있다는 것을 나로 하여금 느끼게 해준 책은 아마도 이것이 처음인 것 같습니다. (새로운 또 하나의 우연의 일치로, 나는 돌에 대한──유감스럽게도 상당히 서정적인──글을 쓴 바 있습니다. 그 글을 알제에서 발표할 예정이었지요.) 당신의 책을 읽으면서 나는 벌써 이렇게 말하게 됩니다. 이런 것이 바로 사물들이라면 사물들은 진정 흥미진진한 것이로군! 그러나 그렇다면 당신은 일개 시인에 불과할 것입니다(그런데 당신은 그렇게 되는 것을 거부하지요). 그런데 내게 흥미로운 점은, 부조리한 세계를 최종적으로 구체화하는 이미저리는 다름 아닌 오브제라는 사실을 당신이 내게 증명해 보이고 있다는 사실입니다. 세계의 의미는 마치 물과도 같고("물은 내 손아귀에서 벗어나고 일체의 정의와 규정을 벗어난다") 식물은 정신의 실패를 반복하는 강조의 정신이며("스스로를 표현하기 위한 모든 노력에도 불구하고 식물은 같은 표현, 같은 잎사귀를 백만 번씩 되풀이하는 것이 고작이다") 인간의 예속은 크리스털의 형상을 지니고 있습니다("형성의 의지와 단한 가지 방식으로밖에는 자신을 형성할 수 없다는 불가능성"). 이렇게 하여 당신의 세계에서 인간은 편들기에 의하여 세계와의 친화력을 모색합니다. 그런데 실제로 당신이 주석(註釋)에서 말하고 있는 인간적(인간주의적) 상대주의로 나아가고 있음에도 한편 시적 텍스트들에는 보다 더 단호하고 비타협적인 메시지가 담겨 있습니다. 나는 거기서 오늘날 내 마음을 사로잡고 압박하는 것의 표시들을 발견합니다. 즉 부조리의 성찰이 목표하는 것들 중 하나는 무관심과 전반적인 포기——돌의 무관심과 포기——라는 사실 말입니다. 농담조로 말해본다면, 시지프는 그렇게 하여 바위 그 자체로 변해버리기 때문에 그 바위를 밀어 올리기 위해서는 누군가 다른 사람을 찾아보지 않으면 안 된다고 하겠습니다. 그러나 나는 그것을 진담으로 생각합니다. 당신의 글 속에는 사람들이 어리석게도 생명의 저급한 형태라고 일컫는 것에 대한 기이한 향수 같은 것이 깃들어 있는데 그것은 쇼펜하우어가 나무에서 떨어지는 평화를 우리의 소용돌이치는 듯한 삶의 의지와 식물 속에서 순환하는 보다 완만하고 졸음에 겨운 듯한 의지 사이의 대조에서 오는 것으로 간주하는 것과 같은 의미에서 그러합니다. 모든 부조리한 사고의 경우가 다 그렇듯이 당신의 사고 속에는 실제로 부동(不動)에의 향수(당신은 68페이지에서 그 점을 말하고 있습니다)가 존재합니다. 이와 관련하여 당신의 책이 조약돌에 관한 텍스트로 끝맺고 있다는 사실은 의미심장합니다. 그 텍스트에서 나는 부조리 정신의 마지막 유혹을 형상화하는(그 문맥 관계와 함께) 것 같은 느낌을 주는 다음과 같은 문장을 거창한 감정과 더불어 읽었습니다. "감동하기를 포기한 채, 오로지 폐허가 되어 무너질 생각만 하고 있는 무대 장치 속에서, 삶은 무엇을 소생시켜야 할 것인지를 몰라 초조하고 불안하다." 그렇습니다, 바로 이것이 적어도 내게는 아주 주목되는 귀결점입니다. 그러나 이것은 정직하고 "참여적인" 사람이라면 키르케고르가 말하는 두려움과 전율을 느끼지 않고는 감히 발 들여놓지 못할 극단적 사고의 영역이라는 사실을 나도 인정합니다. 바로 이런 모든 것 때문에, 친애하는 퐁주, 나는 이 편지의 서두에서 감동을 이야기했던 것입니다. 나는 자주 자기의 생각을 피력하는 사람들의 말에 귀를 기울이거나 그들의 글을 읽어보았습니다. 그러나 그들에게 그 생각이 생생하게 살아 있다는 느낌을 받은 경우는, 다시 말해서 그들이 그 생각 때문에 고민하는 동시에 그 생각을 귀하게 여기며 아낀다고 느낀 경우는 별로 많지 않았습니다. 나는 오늘 당신에게서 그런 인상을 받게 되었으니 우정 어린 마음으로 그 점 당신에게 감사하는 바입니다. 그 덕분에 아주 편안해진 마음으로 《시지프 신화》에 대한 당신의 몇 가지 지적들에 대하여 대답할 수 있게 되었습니다.

  과연 나는 우리가 관심을 가진 문제를 표현의 차원에서 제기한 것이 아닙니다. 나는 다만 나에게 가장 내밀한 차원, 사고와 정념의 차원, 달리 표현해서 인식(사고 못지않게 정념에 의하여 이루어지는)의 차원에서 문제를 제기했을 뿐입니다. 그러나 표현의 문제는 당신이 그것을 인식의 문제와 동일시하기 때문에 (《소나무》, 22페이지. "그러나 나의 의도는 다른 데 있다. 그것은 '소나무'에 대한 인식인 것이다") 당신에게 그토록 중요한 것임을 지적할 필요가 있습니다. 당신에게는 어느 면에서, 적절한 말을 찾아낸다는 것은 사물들의 핵심에 한 발 더 깊이 뚫고 들어가는 것을 의미합니다. 그런데 당신의 탐구가 부조리한 것은 당신이 찾을 수 있는 것이 적절한 말"들"이지 바로 적절한 그 "말 자체"가 아니라는 데 있습니다. 마치 부조리한 탐구가 진실 "들"을 포착할 수 있을 뿐 "진실 그 자체"를 포착하지는 못하는 것과 마찬가지입니다. 이리하여 자기를 표현하는 모든 존재 속에는 저마다 우주 전체의 깊은 통일성에 대한 향수, 모든 것을 다 요약하는 말(힌두교의 성스러운 음절인 "아움" 같은 그 무엇)에 대한 향수, 마침내 계시를 주는 말씀에 대한 향수가 잠재해 있는 것입니다. 그래서 나는 실제에 있어서 언어의 문제는 무엇보다 먼저 형이상학적 문제이며 그렇기 때문에 그 문제는 실패로 끝날 수밖에 없다고 생각합니다. 그 문제 역시 총체적인 선택, "전체 아니면 무"를 요구하는 것입니다. 당신은 부조리의 논리에 따라 상대성의 현기증을 선택했습니다. 그러나 당신이 행하는 모든 것 속에는 핵심어, 즉 절대적인 말에 대한 향수가 어른거립니다. 이것은 결코 당신을 나와 보잘것없는 한통속으로 싸잡아 생각하겠다는 의미는 아닙니다. 다행스럽게도 당신은 나와 매우 다른 것 같기도 하니 말입니다. 당신의 지적은 적절합니다. 사실 나는 여전히 "신경질이 난" 인간이어서 형이상학적인 걱정에서 벗어나지 못하고 있는 것입니다. 여기서 나는 그 걱정을 거스르는 쪽으로 나아가지는 않으려고 합니다. 왜냐하면 나는 새로운 방식으로 생각한다고 자부하지는 못하지만 정직하게 생각하려고 하기 때문입니다. 바로 그런 이유로 나는 《시지프 신화》에서 규정한 입장의 잠정적인 성격을 보여주기 위하여 여러 가지 주의 사항들을 제시했던 것입니다. 왜냐하면 나는 나 자신을 경계하기 때문입니다. 그리고 나는 완전히 개인적이 될 수 있는, 다시 말해서 저 현대적 허무주의와 멀리 떨어져서 사고할 수 있는 가능성을 마련해두고자 하는 것입니다. 《시지프 신화》는 아주 정확히 말해서 그 허무주의를 정열적으로 규정하려는 하나의 노력입니다. 겉으로 드러나지는 않지만 이 연구에는 어떤 역사적 국면이 있으므로 그걸 잘 평가하려면 그런 측면에서도 생각해보아야 합니다. 그 점은 이미 책의 소개말에서도 밝힌 바 있습니다. "좋은 의미의 허무주의를 정의하는 것이 가능한지 알아보는 것이 중요하다." 내가 보기에 적어도 당신은 그것이 가능하다는 것을 증명해 보인 것 같습니다. 당신이 붙인 주석에 따라 판단해보건대 그 정의는 다음과 같은 것이 되겠지요. "좋은 의미의 허무주의는 상대적인 것과 인간적인 것으로 인도하는 허무주의다." 존재론에 대한 나의 취향에도 불구하고 바로 그 점에서 나는 당신과 일치합니다. 우리의 역사적 운명이라는 정확한 문제에 있어서 나는 모든 모순을 피할 만큼 인간과 인간의 행복 쪽으로 크게 경도되어 있다고 하겠습니다. 정치적인 문제에서는 적어도 상대적이라는 개념은 나와 무관하지 않습니다. 내가 쓴 유일한 정치적인 글로(이 역시 또 한 가지 우연의 일치입니다만) 내가 "비관적 혁명" 혹은 "형이상학이 제거된 혁명"이라고 불렀던 것을 고려해본 글의 원고를 알제리에 남겨놓고 가져오지 않은 것이 유감입니다. 아직 당신을 알지 못하고 지내던 때에 내가 정확하게 당신의 것과 똑같은 공식들을 만났다는 것을 알면 당신은 매우 놀랍다고 생각하겠지요. 이런 관점상의 공통성은 내가 보기에 벌써 어떤 신호라고 여겨집니다. 만약 니체식의 저 멋진 일반화를 몹시 두려워하지 않았더라면 나는 당신에게 이렇게 말하고 싶어지겠지요. "부조리의 감정은 바로 죽어가고 있는 세계다. 부조리의 의지는 바로 새로운 세계다." 그저 이 공식에는 한 삼십 퍼센트 정도의 진실이 담겨 있다고 해둡시다. 그것만으로도 많은 사람들을 열광시키기에 충분할 것입니다. 그러나 우리에게 그렇게 할 만한 힘이 있을까요?

그것은, 이 끝없는 편지를 마감하기 전에, 내가 앞서 당신에게 말했던 것으로 나를 인도합니다. 우리 시대가 강요하여 빠져 든 명상 속에서 우리가 할 수 있는 유일한 것은 명철한 의식을 가지는 일뿐이라고 나는 생각합니다. 그러기 위해서 우리는 서로 서로를 필요로 합니다. 그런 의미에서 에누리할 줄 모르는 (좋은 의미로의) 휴머니즘과 정열적인 상대주의로 귀결되는 당신의 경험, 즉 그 집요한 표현의 추구는 그 무엇으로도 바꿀 수 없는 것입니다. 당신은 그것에 어떤 형식을 부여해야 한다고 나는 생각합니다. 그렇게 함으로써 당신의 작품이 얻게 될 이득을 강조하지는 않겠습니다. 당신의 작품이 상당수의 오해를 불러일으킬 수도 있다는 것을 당신도 나 못지않게 잘 알고 있습니다. 그리고 잘 알지는 못하지만 짐작건대 당신은 프레시오지테 préciosité라거나 혹은 얄팍한 기교라는 따위의 비난을 물리도록, 그리고 (바라건대) 무심한 기분으로, 받았을 것입니다. 왜냐하면 독자는 너무 빨리, 그리고 늘 한쪽 눈으로(나는 그걸 잘 압니다. 나는 스물다섯 살에 글 읽는 법을 다시 배워야 했으니까요) 읽기 때문입니다. 그리고 나 역시, 당신에게는 설명을 거부할 권리가 있다는 것을 인정합니다. 그러나 표현의 문제에 대한 당신의 성찰은 우리 시대의 수많은 사람들이 제기하는 의문들에 대한 응답이라는 사실을 당신도 나 못지않게 잘 알고 있습니다. 그러므로 나는 《소나무》[29] (장차 정립해야 할 이론의 연습에 불과한 것이지만)를 읽고 나서 호기심이 더 확고해졌다는 것을 감추지 않겠습니다. 그 점, 당신은 어떻게 생각하는지 알고 싶군요. 나로서는 '광물의 철학', 혹은 '나무의 형이상학을 위한 서론', 혹은 '사물의 속성들에 대한 에세이' 같은 것을 꿈꾸어봅니다. 농담은 그만두고, 나는 가끔 제반 가치들의 총체적이고 통찰력 있는 대대적 재검토를 생각해봅니다. 그런데 내게는 그런 일을 제대로 추진할 재능도 힘도 없다는 것을 잘 알고 있습니다. 그러나 그것은 적어도 여러 사람들이 이룩해야 할 과업이 될 수 있습니다. 그리고 당신에게도 그것은 매력적인 일일 것입니다.

---

[29] 사정이 허락지 않아 유감스럽군요. 그렇지 않았더라면 나는 그 책을 내가 알제에서 책임 맡고 있는 어떤 총서에 포함시켰을 터인데 말입니다(알베르 카뮈).

당신은 필시 시지프가 어지간히도 게으르구나 하실 것입니다. 하지만 사실, 세상을 움직이는 것은 바로 게으른 사람들입니다. 다른 사람들은 바빠서 시간이 없거든요.

 당신과 악수하며.

알베르 카뮈

N. R. F., 통권 45호, 1956년 9월

나는 왜 연극을 하는가[*]

뭐라고요? 내가 무엇 때문에 연극을 하느냐고요? 사실 나 자신도 여러 번 그런 질문을 해봅니다. 지금까지 그에 대해서 내가 할 수 있었던 유일한 대답이란 여러분에게는 좀 실망스러울 정도로 진부한 것입니다. 그것은 단순히, 연극의 무대는 내가 행복을 느낄 수 있는 유일한 장소이기 때문이라는 것이지요. 그런데 이 같은 소신은 생각보다는 덜 진부한 것입니다. 사실 오늘날 행복이란 꽤 기묘한 활동이라고 할 수 있지요. 사람들은 행복을 실행하는 것을 숨기려 들고 그것이 마치 무슨 창피스러운 도색 댄스라도 되는 양 여기는 경향이 바로 그 증거지요. 이 점에 대해서는 모두들 의견이 일치한답니다! 이 점과 관련해 나는 가끔 매우 근엄한 글 속에서 "행동인들이 모든 공적

---

[*] 1959년 5월 12일 텔레비전의 '클로즈업Gros plan'이라는 프로에서 카뮈가 한 말로, 《동부 연극Comédie de l'Est》지가 "빌르텡 드 리에종Bulletin de liaison"판에 발췌하여 실은 것이다. 플레이아드판 《카뮈 전집》 제1권, 1718~1726쪽.

활동을 포기하고 자기 사생활 속으로 도피해버렸거나 은신해버렸다" 운운의 말을 읽는 때가 있습니다. 이 도피니 은신이니 하는 생각 속에는 약간의 멸시가 숨어 있지 않습니까? 멸시도 있지만 어리석음도 있지요. 그 둘은 늘 함께 가는 것이니까요. 그런데 내가 보기에는 사실 사생활에서 벗어나려고 공적 생활 속으로 도피하는 사람들이 더 많은 것 같습니다. 권력자들은 흔히 행복에 실패한 사람들이지요. 그들이 전혀 부드러운 데라곤 없다는 것이 그 점을 잘 설명해줍니다. 내가 무슨 말을 하고 있었지요? 아 그렇지요. 행복이었지요. 사실 오늘에 와서 행복이란 형법상의 범죄와 같은 것이어서 절대로 자백을 해서는 안 되는 것입니다. 별로 나쁜 생각도 없이 그냥 "나는 행복합니다"라고 말해버렸다간 큰일 납니다. 그 말이 떨어지자마자 당신 주위의 삐쭉하니 말려 올라간 입술 위에서 당신을 매도하는 말을 읽게 될 것입니다. "아 당신은 행복하다 이거지요. 이 양반아! 그렇다면 당신은 카슈미르 지방의 고아들과 뉴헤브리디스의 나병 환자들은 어떻게 할 생각이죠? 그들은 당신이 말하듯 그렇게 행복하지는 못하거든." 암, 그렇고말고요. 나병 환자들을 어찌할까요? 우리의 친구 이오네스코의 말마따나 그들을 어떻게 벗어나지요? 이내 우리는 이쑤시개처럼 비참해져버립니다. 그렇지만 내 생각은 오히려 불행에 처한 사람들을 제대로 도와주기 위해서는 자기 자신이 먼저 튼튼하고 행복해져야 한다는 쪽이지요. 자신의 삶을 질질 끌고 가며 스스로의 무게에 짓눌리는 사람은 남을 도와줄 수가 없는 법입니다.

그와 반대로 스스로를 지배하고 자기의 삶을 지배할 수 있는 사람만이 진정으로 너그러워질 수 있고 유효하게 남에게 뭐든 줄 수가 있습니다. 내가 아는 한 남자는 자기 아내를 사랑하지 않았는데 그는 그 사실 때문에 절망하고 있었지요. 어느 날 그는 마침내 아내에게 자신의 삶을 바치고 그동안 잘못한 보상으로 아내를 위해 자기를 희생하기로 작정했습니다. 그랬더니 그동안은 견딜 만했던 그 불쌍한 여자의 삶이 그때부터 진짜 지옥이 되어버리고 말았답니다. 아시겠어요? 그의 남편은 눈에 빤히 보이는 희생을, 요란하고 떠들썩한 헌신을 보여준 겁니다. 오늘날 인류를 전혀 사랑하지 않으면서도 인류를 위하여 자신을 다 바치는 사람들의 경우도 그와 비슷하지요. 이 암담한 애인들이 서로 만나 이룬 것이란 최악의 사랑이지 결코 최선의 사랑은 못 됩니다. 이런 꼴을 보고도 세상의 표정이 안 좋다고 놀라고 행복을 겉으로 드러내기가 어렵다며──특히 직업이 작가일 때──새삼스레 놀랄 것입니까? 그렇지만 나는 개인적으로 가급적 남의 말에 일희일비하지 않으려고 노력하는 편으로, 행복과 행복한 사람들에 대하여 경의를 표하는 바입니다. 그리고 어쨌든 건강을 위하여 가능한 한 자주 내 행복의 장소, 즉 연극 무대에 서려고 노력합니다. 그리고 이 행복은 다른 어떤 종류의 행복들과는 달리 20여 년 동안이나 지속되는 행복인데 이제 나는 이것 없이 살려고 애를 써도 그럴 수 없는 처지가 되어버렸습니다. 1936년에 나는 가난한 극단 하나를 만들어 알제리의 대중적인 댄스홀에서 말로에서 도스토예프스키에 이르는, 아이스킬로스까지 포함하는 광범위한 프로그램의 공연물들을 발표했습니다. 23년 뒤 파리의 앙투안 극장 무대에서 도스토예프스키의 《악령》을 각색하여 공연할 수 있었습니다. 이 보기 드문 일편단심, 이렇게 오래가는 중독이 스스로 보기에도 놀랍게 여겨진 나머지 나는 이 집요한 미덕, 혹은 악덕의 원인이 어디에 있는가를 자문해보았습니다. 두 가지 종류의 원인을 발견했는데 그 한 가지는 내 천성에 기인하는 것이고 다른 한 가지는 연극의 본질에 기인하는 것입니다.

첫째 이유는 그다지 멋있는 것이 못 된다는 것을 나 자신도 인정합니다만, 하여튼 작가라는 내 직업상의 따분한 면을 벗어날 수 있는 한 방법이 연극이라는 것입니다. 경박한 성가심이라고 불러 마땅할 작가 생활의 일면으로부터 나는 우선 벗어날 수가 있습니다. 당신이 만약 페르낭델[30]이나 브리지트 바르도나 알리칸쯤 된다고, 아니 좀 더 겸손하게 발레리쯤 된다고 가정해보십시오. 그 어느 경우이든 당신의 이름은 틀림없이 신문에 나게 됩니다. 일단 신문에 이름이 나게 되면 성가신 일은 이제부터지요. 수없이 많은 편지들이 날아들고 각종의 초대가 비 오는 듯하고 또 그 초대에 응답해야지요. 당신의 시간의 가장 큰 몫은 그 시간을 잃어버리지 않으려고 바동거리는 데 사용되는 겁니다. 인간의 정력의 반이 각종 방식을 동원하여 청을 거절하는

---

30) (옮긴이주) 프랑스의 유명한 희극 배우(본명 페르낭 콩스탕탱, 1903~1971), 마르셀 파뇰의 《앙제》, 쥘리앵 뒤비비에의 《돈 카밀로》 등에 출연했다.

데 소모되는 형국이니 이거야말로 바보 같은 짓이 아닙니까? 물론 바보 같은 짓이지요. 그러나 바로 이렇게 하여 우리는 바로 허영 자체에 의하여 허영의 벌을 받는 것입니다. 그렇지만 나는, 연극은 그 역시 하나의 허영에 찬 직업임에도 불구하고 사람들은 누구나 연극인의 작업은 매우 존중해준다는 사실을 발견했습니다. "연습 중"이라고 문밖에 표시를 해두면 곧 그 어떤 감미로운 사막의 정적이 우리 주변에 자리 잡게 됩니다. 내가 종종 그렇게 하듯이 낮 동안 하루 종일 연습을 계속하는 꾀를 써두면 밤의 한 부분은 솔직히 말해서 천국과 같이 된답니다. 그런 각도에서 볼 때 극장은 나의 수도원입니다. 이 세상의 모든 떠들썩한 소리들도 이 수도원의 벽 밑에 와서는 스러지고, 성스러운 성벽 속에서 두 달 동안, 오직 한 가지만의 명상, 오직 하나만의 목적에 마음을 쏟으며 작업하는 수도사들의 공동체가 이 세기의 번잡을 벗어나서 어느 날 저녁 처음으로 막을 열게 될 자신들의 제단을 준비할 수 있게 되는 것입니다.

자, 그렇다면 그 수도사들, 다시 말해서 연극인들에 대한 이야기를 좀 해봅시다. 이런 표현이 좀 놀랍다고 느껴집니까? 전문 잡지라든가 특수 잡지라든가 하는 것이 어쩌면 당신들에게 연극인이란 저녁 늦게야 잠자리에 들고 일찌감치 이혼을 해버리는 동물쯤 된다고 상상하도록 도와주었는지 모르겠습니다! 연극이란 그보다는 더 평범한 것이며 이 분야 사람들이 이혼을 한다 해도 방직업이나 사탕무 농장이나 신문계보다는 덜 빈번한 일이라고 말씀드린다면 당신들은 실망하실는지요? 단지 이 분야에서 그런 일이 일어나면 다른 분야에서 일어났을 때보다 사람들이 더 열심히 입방아를 찧어댄다는 것이 다를 뿐입니다. 사라 베르나르라는 여배우의 가슴속이 부사크 사장님의 가슴속 사정보다는 대중의 관심을 더 끌어당긴다고 해두지요. 사실 이해할 만도 합니다. 그렇지만 무대인들의 직업은 그것에 필요한 육체적인 저항력이나 호흡의 수고 등으로 인하여 매우 균형 있는 스포츠맨의 체질을 요구합니다. 그것은 무엇보다 육체가 중요한 직업입니다. 방탕한 생활에 육체를 낭비하기 때문이 아니라(어쨌든 다른 직업보다 더 낭비하는 건 아니죠) 건강한 상태를 유지하기 위하여 육체를 존중해야 하기 때문이지요. 요컨대 연극인은 필요 때문에 도덕적이 됩니다. 아마 그것이 도덕적이 되는 유일한 방식일 것입니다. 아니 내가 이야기의 실마리를 좀 잃어버린 것 같군요. 내 말은, 즉 나는 내 동료들인 지식인들보다는, 도덕적이든 아니든 연극인들과 어울리기를 더 좋아한다는 뜻이었습니다. 서로 따뜻하게 대해주는 일이란 거의 없는 지식인들은 서로 좋아할 수가 없다는 누구나 다 아는 사실 때문만은 아닙니다. 그런데 무슨 까닭인지는 나도 모르겠습니다만 지식인들 사회에 들어가면 나는 마치 무슨 용서받을 잘못이라도 있는 것같이 느껴지니 웬일입니까? 나는 끊임없이 패거리의 관례를 위반한 것만 같은 기분이 듭니다. 그렇다 보니 나는 어딘가 자연스럽지 못하게 되고 자연스럽지 못하다 보면 그만 나 자신도 따분해집니다. 그와 반대로 나는 연극 무대에 서면 자연스

보유 235

러워집니다. 다시 말해서 자연스러운가 아닌가 따위는 생각지도 않게 되는 겁니다. 그리하여 내 동료들과 함께 나누는 것은 오직 공동의 활동에서 맛보는 어려움과 기쁨뿐이게 됩니다. 그것이 바로 "동지애"라는 것 아니겠습니까? 그 동지애는 내 삶의 가장 큰 기쁨 중의 하나였는데 내가 사람들과 한 팀이 되어 만들었던 어떤 신문을 떠난 이후 잊어버리고 말았던 것이지요. 그러다가 연극으로 돌아오자 나는 곧 그 동지애를 되찾을 수 있었습니다. 여러분도 아시다시피 작가란 혼자서 고독하게 작업하고 고독 속에서 비판을 받고, 특히 고독 속에서 자기 스스로를 판단합니다. 그것은 좋은 일도 아니고 건전한 일도 못 됩니다. 그가 정상적인 체질의 인간이라면 어느 땐가 반드시 사람의 얼굴, 공동체의 따뜻한 체온을 그리워하게 될 것입니다. 결혼이니 아카데미니 정치니 하는 작가의 각종 참여 행위들도 대부분 이렇게 설명되는 것입니다. 그런데 사실 이런 식의 임시방편들은 문제 해결에 전혀 도움이 되지 않습니다. 작가들은 고독을 버리는 것이 아니라 오히려 고독을 그리워하기 시작하고 편안한 가정생활과 동시에 열정적인 연애를 하고 싶어 하며 여전히 비 순응주의자로 남아 있으면서 동시에 아카데미 회원이 되고 싶어 합니다. 정치 참여를 부르짖는 사람들은 우리가 행동하기를, 우리가 자기들 대신 살인을 자행해주기를 바랍니다. 그러나 그런 짓을 하는 것은 절대로 좋은 일이 못 된다고 말할 수 있는 권리는 자기가 가진다는 조건으로 말입니다. 장담해도 좋지만 오늘날 예술가의 직업이란 결코 쉬운 것이 아닙니다.

하여간 나의 경우, 연극은 내가 필요로 하는 공동체를 제공해주고 또 어느 누구나 다 필요로 하게 마련인 물질적 속박과 한계를 제공해줍니다. 고독 속에서 작가는 군림합니다. 그러나 허공 위에 군림하는 것입니다. 극장에서 예술가는 군림하는 것이 아닙니다. 그가 하고자 하는 것은 다른 사람들에게 달려 있습니다. 연출자는 배우를 필요로 하고 배우는 연출자를 필요로 합니다. 이 상호 의존은 그것이 적당한 겸손과 유쾌한 기분으로 받아들여지게 되면 이 직업의 연대 의식을 만들어주며 매일매일의 동료애에 실체를 제공합니다. 우리는 개개인 나름의 자유를 누리면서도 서로서로에게 연결됩니다. 이것이야말로 미래 사회를 위한 좋은 공식이 아닐까요?

오! 오해는 마십시오! 배우도——물론 연출자도——다른 어떤 인간이나 마찬가지로 실망스러운 인물들입니다. 그들을 깊이 사랑한 나머지 방심하고 있다 보면 더욱 그렇지요. 그러나 혹 실망을 느낀다면 그 실망은 언제나 작업이 다 끝나고 각자가 자신의 고독한 본성으로 되돌아간 뒤에 찾아옵니다. 논리에는 별로 뛰어나지 못한 이 직업인들은 실패가 극단을 망친다고, 그리고 성공도 마찬가지로 망친다고, 매번 똑같은 확신을 가지고 말합니다. 그러나 그런 것이 아닙니다. 극단원들을 망쳐놓는 것은 바로 연습 동안에 그들을 한데 꽉 묶어주던 희망의 종식입니다. 사실 이 공동체는 목표와 내기의 과녁에 가까이 다가가고 있다는 긴장감이 없다면 그토록 긴밀하게 뭉치지 못합니다. 당, 운동 단체, 교회 등은 모두 다 하나의 공동체입니다. 그러나 그들이 추구하는 목표는 미래의 어둠 속에 묻혀 있습니다. 연극에서는 그와 반대로 작업의 결실은 단 것이든 쓴 것이든 오래전부터 미리 알려져 있는 어느 날 저녁, 하루하루의 작업을 통해 한 발 한 발 다가가는 그 저녁에 거두어들이도록 되어 있습니다. 그리하여 공동의 모험, 모두가 다 알고 있는 위험이 남자들과 여자들로 이루어진 하나의 공동체를 만들어내는 것입니다. 오로지 하나의 목표에, 오랫동안 기다린 끝에 마침내 내기 판이 벌어지는 그날 저녁에, 더 없이 훌륭하고 아름다운 단 하나의 목표에 송두리째 모든 관심이 쏠린 공동체를 말입니다.

대 건축물을 짓는 사람들의 공동체나 르네상스 시대풍의 그림을 그리는 공동 작업 아틀리에에서는 거대한 공연물을 준비하는 사람들이 느끼는 그런 종류의 열광을 경험할 수 있었을 것입니다. 물론 대건축물들은 후세에 남는 것이지만 공연물은 사라져버리는 것이며 그것이 언젠가는 사멸하고 만다는 사실 때문에 그 작업을 하는 사람들에게는 더욱더 사랑스러운 것이라는 차이를 지적해야 할 테지요. 나는 오직 젊었을 때 팀 경기를 통해서 승리하거나 패배하는 시합의 그날까지 긴긴 여러 날의 훈련을 동반하는 저 강렬한 희망과 연대 의식의 감동을 체험해보았을 뿐입니다. 솔직히 말해서 내가 알고 있는 이 얼마 안 되는 윤리는 축구 경기장과 연극 무대에서 배운 것입니다. 그곳들은 나의 진정한 대학교로 남을 것입니다.

그러나 여전히 사사로운 경험을 통해서 생각해보건대, 연극은 오늘날 작가를 위협하는 추상적 관념을 피하는 데 있어서 나에게 도움이 된다는 점을 덧붙여 지적해야 하겠습니다. 나는 신문일에 종사할 때 소위 사설이라고 부르는 그 설교조의 글을 쓰는 일보다는 인쇄소의 조판대 위에서 지면을 짜는 일을 더 좋아했습니다. 마찬가지로, 극장에서도 작품이 조명 장치와 세트와 배경, 휘장과 소도구들이 엉킨 속에 뿌리를 내리는 것을 좋아합니다. 무대 연출을 제대로 하자면 무대 장치의 무게를 자신의 팔 속에 느낄 수 있어야만 한다는 말을 한 사람이 누구인지는 잊었습니다만 그것은 예술의 대원칙 중 하나입니다. 나로 하여금 인물의 심리뿐만 아니라 램프 하나, 제라늄 화분 하나, 천의 올 하나, 무대의 천장틀에 달아야 할 판자 장식의 무게와 기복 하나에 이르기까지 살펴보지 않으면 안 되게 하는 이 직업을 나는 좋아합니다. 나의 친구 마요가 《악령》의 무대 장치의 도면을 그릴 때 우리는 우선 중후한 살롱, 가구 등 요컨대 현실로 이루어진 무대 장치로 출발하여 차츰차츰 더 높은 차원, 물질 세계와 점차 거리가 멀어지는 분위기 쪽으로 연극을 끌어올리기 위하여 세트를 양식화해가기로 의견 일치를 보았습니다. 연극은 이리하여 비현실적인 광기 속에서 끝나지만 처음에는 구체적이고 현실적인 물질이 가득 찬 뚜렷한 장소에서 시작되었던 것입니다. 이것이 바로 예술의 정의가 아니겠습니까? 오직 현실만으로, 아니면 상상력만으로 이루어진 것이 아니라 현실에서 출발한 상상력 말입니다.

내가 시내에서 열리는 만찬회나 따분하기만 한 사교계에 대해서는 그토록 고집스럽게 거절하는 시간을 연극에 바치는 것은 바로 이와 같이 충분한 개인적인 이유들로 설명이 될 것입니다. 그것은 인간으로서의 이유들이지만 나에게는 예술가로서의 이유, 다시 말해서 좀 더 신비스러운 이유들도 있습니다. 우선 나는 연극이 어떤 진실의 장소라고 믿고 있습니다. 사실 사람들은 흔히들 그것이 오히려 환상의 장소라고 말합니다. 그런 말은 믿지 마십시오. 환상을 먹고 사는 곳은 오히려 사회입니다. 당신들은 분명코 무대 위에서보다는 거리에서 더 많은 엉터리 배우들을 만나게 될 것입니다. 하여튼 우리의 살롱이나 관청이나, 혹은 더 쉽게 연극 총연습장의 객석에 나타나는 저 비직업적인 배우들을 관찰해보십시오. 그들을 무대 위라는 저 정확한 공간에 올려놓고 그에게 4,000와트의 불빛을 쏟아 부어보십시오. 연극은 도무지 성립도 되지 않고, 당신은 어느 면에서 그가 가면이 다 벗어진 모습으로 진실의 불빛 속에 서 있는 것을 보게 될 것입니다. 그렇습니다. 무대 위의 불빛은 가혹합니다. 이 세계의 속임수와 위장에도 불구하고 이 60제곱미터의 무대 위에서 걷고 말하는 남자, 혹은 여자는 온갖 가장과 의상들을 벗어나 자기 나름대로 속을 털어놓으면서 자신의 진정한 모습을 드러내고야 마는 것입니다. 내가 지금까지 인생을 살아오면서 겉으로 보이는 모습 그대로 오랫동안, 그리고 많이 알고 지냈던 사람들도 오직 그들이 시대도 다르고 성격도 다른 작중 인물들의 역(役)을 기꺼이 나와 함께 연습하고 연기하며 우정을 보여주었을 때에야 비로소 나는 그들을 참으로 깊숙이 이해한다고 확신할 수 있습니다. 사람 마음의 신비와 사람들의 숨겨진 진실을 사랑하는 이들이 찾아와야 할 곳은, 그들의 채울 줄 모르는 호기심을 일부분이나마 만족시킬 가능성이 있는 곳은 바로 여기입니다. 그렇습니다. 나의 말을 믿어도 좋습니다. 진실 속에서 살기를 원한다면 연극을 해보십시오!

때때로 "당신은 어떻게 연극과 문학을 조화시킵니까?"라는 질문을 받곤 합니다. 글쎄요. 나는 더러는 마지못해서, 더러는 취미 때문에 많은 직업을 가져보았습니다. 그러나 그 직업들과 문학을 조화시키는 데 성공했다 해도 될 것 같습니다. 왜냐하면 나는 아직도 여전히 작가이니까요. 심지어 내가 글 쓰는 것을 버리는 때는 바로 내가 오로지 작가만 되기로 마음먹게 되는 때라는 생각도 듭니다. 연극으로 말할 것 같으면 조화는 자동적으로 이루어집니다. 왜냐하면 내가 보기에 연극이란 바로 가장 드높은, 아니 적어도 가장 보편적인 문학의 한 장르이니까요. "관객석에 있는 단 한 사람의 바보를 위하여 글을 쓰고 연기를 하시오"라고 항상 자신의 극작가와 배우들에게 말하던 연출가를 나는 알고 사랑한 적이 있습니다. 그 말은 "당신 자신이 바보 같고 저속하게 되십시오"라는 뜻이 아니라 "상대가 누구이든 모든 사람들을 향하여 말하시오"라는 의미였습니다. 사람은 누구든 관심을 가져볼 가치는 있는 대상이므로, 요컨대 그에게 있어서 바보란 없었던 것입니다. 그러나 만인에게 말을 한다는 것은 쉬운 일이 아닙니다. 우리는 항상 너무 높게 겨냥하거나, 너무 낮게 겨냥합니다. 이렇게 하여 대중 속에서도 가장 어리석은 자들에게 말하는 극작가들이 있는데 그들은, 장담해도 좋은데, 언제나 성공합니다. 그리고 또 다른 이들은 가장 지적이라는 사람들을 상대하는데 거의 매번 실패합니다. 전자들은 침대 속의 서사시라고 불리는 지극히 프랑스적인 연극 전통의 연장선상에 있고, 후자들은 철학적 잡탕에 몇 가지 채소를 더 넣는 것입니다. 반대로 한 작가가 주제에 있어서는 야심을 버리지 않으면서도 만인에게 소박하게 말을 건네는 데 성공하게 되는 순간부터 그는 예술의 진정한 전통에 기여하는 것이며 극장의 객석에 와 앉은 모든 계층, 모든 정신들을 똑같은 감동이나 똑같은 웃음 속에 한 덩어리로 뭉치게 하는 것입니다. 그러나 말은 바로 합시다. 오직 위대한 작가들만이 그런 경지에 이를 수 있습니다.

"당신 스스로 희곡을 쓸 수 있을 텐데 왜 남의 글을 각색하는 거지요?" 하고 누가 매우 염려하는 목소리로 말해 올 때 사실 나는 마음이 흔들립니다. 정말입니다. 그러나 사실은 나도 스스로 여러 편의 희곡을 쓴 일이 있고 또 다른 작품들도 쓸 생각입니다. 그러나 나는 미리부터 내가 쓰는 새 작품 역시 바로 그 사람에게는 오히려 나의 각색 작품들을 아쉬워할 구실이 되겠구나 하는 생각을 합니다. 다만 내가 내 작품을 쓸 경우 나는 보다 더 광범위하고 계산된 구상에 따른 작품과 관련된 작업을 하는 작가입니다. 내가 각색을 할 때 나는 자신의 연극적 개념에 따라 작업하는 연출자입니다. 실제로 나는 같은 정신이 구상하고 영감을 얻고 지도한, 같은 사람이 쓰고 연출한 "총체적 스펙터클"이 가능하다고 믿고 있습니다. 그것만이 승산 있는 공연물의 핵심인 톤과 스타일과 리듬의 통일성을 얻을 수 있게 해주는 것입니다.

나는 다행히도 배우, 연출자뿐만 아니라 작가로 활동한 경험이 있으므로 이와 같은 복안을 실천에 옮기려고 시도해볼 수 있습니다. 그리하여 나는 자신에게 희곡 원고나 번역 혹은 각색을 주문하고 그것들을 나중에 연습할 때 연출의 필요에 따라서 무대 위에서 다시 손질하게 됩니다. 요컨대 나는 나 자신과 합작하는 것입니다. 그리하여 연출자와 작가 사이에 그리도 빈번하게 일게 되는 마찰을 피할 수 있게 됩니다. 나는 이 작업 때문에 스스로가 위축된다고 생각한 일은 거의 없으므로 기회가 생기는 한 이 작업을 안심하고 계속할 예정입니다. 그와 반대로, 과거에도 그랬고 지금도 파리 시내의 무대들에서 구경할 수 있는, 내게는 구역질을 자아낼 뿐인 저 대성공작들처럼 모자라는 예산으로 대중이 좋아할 것 같은 연극을 무대에 올리는 것을 내가 용납할 때만 오직 나는 작가로서의 직업을 저버렸다는 느낌을 갖게 될 것입니다. 아닙니다. 현재 내가 연극에 대하여 알고 있고 믿고 있는 것의 요약이라고 할 수 있는 《악령》을 무대에 올리면서 작가로서의 직업을 저버렸다는 느낌을 가져본 일은 한 번도 없습니다.

이상과 같은 것이 내가 연극에서 사랑하는 점이고 내가 연극에 봉사하는 점입니다. 어쩌면 이것이 언제까지나 계속적으로 가능한 일은 아닐지도 모릅니다. 이 고된 직업은 오늘날에 와서 바로 그것이 지닌 고귀한 성격 자체를 위협받고 있습니다. 끊임없는 원가 상승과 직업 단체의 관료화 현상은 점차로 사설 극단을 보다 더 상업적인 스펙터클 쪽으로 내몰고 있는 실정입니다. 이리하여 이 위대함의 장소가 저속성의 장소로 변할 수도 있는 것입니다. 그렇다고 해서 그것이 투쟁을 포기할 이유야 될 수 있겠습니까? 나는 그렇게 생각하지 않습니다. 저 무대의 궁륭들 밑에, 저 막 뒤에, 언제나 멸망할 줄 모르는, 모든 것이 다 멸망하지는 못하게 막아줄 예술과 광기의 힘이 배회하고 있습니다. 그것은 우리 각자를 기다리고 있습니다. 그 힘이 잠들지 않게 하고 그 힘이 장사꾼들과 제조인들에 의하여 자기 왕국에서 추방되는 일이 없도록 막아주는 것은 우리에게 맡겨진 소임입니다. 그 대가로 저 예술과 광기의 힘은 우리가 쓰러지지 않고 버틸 수 있도록 해줄 것이며 우리가 좋고 튼튼한 마음을 간직하도록 지켜줄 것입니다. 받으며 주는 것, 이것이야말로 내가 처음에 말했던 행복과 마침내 순진무구해진 삶이 아니겠습니까? 분명 그렇습니다. 그것이 바로 우리 모두가 필요로 하는 강하고 자유스러운 삶 바로 그것입니다. 그러니 자, 우리의 다음 작품을 준비하는 일자리로 돌아갑시다.

알베르 카뮈

우리의 친구 로블레스[*]

아프리카는 피레네 산맥에서 시작된다. 바로 그렇기 때문에 로블레스Emmanuel Roblès는 두 배로 알제리 사람인 것이다. 우리 가운데 많은 경우가 그렇듯 그는 몸속에 스페인 피와 베르베르족의 에너지를 결합하고 있으니 말이다. 그 결과로 생겨난 인종은 수도권에 가면 마음이 편치 않고 수도권 사람들 역시 그들 앞에 오면 불편한 느낌을 갖는다. 마찬가지로, 당연히 프랑스 전통에 포함되면서도(그런 관점에서 로블레스는 당연히 모파상과 플로베르를 자기 조상으로 인정하지 않으면 안 될 것이다) 때로는 섬세하고 때로는 꾸밈이 없는 야성미로 인하여 차별화되는 독특한 작품들이 생겨난다. 또한 로블레스의 작품들에는 어떤 난폭함, 과시하는 듯한 남성미, 그리고 무엇보다도 푸근한 너그러움이 배어 있는데 이것이 바로 그 작품들

---

[*] 플레이아드판 《카뮈 전집》 제1권, 1918~1919쪽.

의 직접적인 성공을 설명해주는 요인들이다. 그 작품들 앞에 갖다 놓으면 매년 파리에서 발표되는 어떤 소설들쯤은 그다지 중요해 보이지 않는다. 어떤 문학에서 느껴지는 미지근한 수돗물 맛보다야 때로는 건조하여 돌자갈뿐이었다가 때로는 노도와 같이 범람하는 사막 지대의 일시적인 강(江) 와디를 누군들 더 좋다 하지 않겠는가? 적어도 로블레스는 자기가 하고자 하는 말이 무엇인지를 잘 알고 있다. 그는 저 캄캄한 피의 어둠 속에서 그것을 알고 맹목적으로 느낀다. 여자와 실랑이를 벌이는 남자, 비천한 사람들의 명예, 의무의 비극, 피를 보고야 마는 열정, 이런 모든 것들을 위대하고 선량한 서민적 열의 속에 푹 적셔놓은 것이 바로 내가 아프리카의 비와 햇빛 속에서 태어나 힘찬 식물처럼 자라는 과정을 지켜보았던 한 작품 세계의 주제들이다. 그 작품들은 오늘날 프랑스에서 당당하게 인정받으면서 모든 종족의 결합체인 알제리 사람들(이른바 알제리 공동체는 알제리, 아랍, 그리고 프랑스 작가들인 우리가 지금부터 20년 전에 하루하루 우리 사이에서 창조한 집단이니 말이다)을 충실하게 대표한다. 그리고 국경들을 넘어서도 그 작품들은 우리 모두를 위하여 증언한다. 우리 모두는 오늘 그 작품들 주위에 태양의 형제들로서 한데 모였다.

알베르 카뮈
《시문*Simoun*》, 제30호, 1959년

장 클로드 브리스빌에게 답한다*

당신은 생애의 어느 무렵에 작가로서의 소명을 분명하게 의식하였습니까?

아마도 소명이란 적당한 말이 아닐 것 같습니다. 열일곱 살쯤에 작가가 되고 싶다는 생각을 했지요. 그와 동시에 막연하게나마 그렇게 되리라는 것을 알았지요.

그 당시 다른 제2의 직업도 마음에 두고 있었나요?

교직이었지요. 먹고살기 위해서요. 하지만 언제나 내가 하는 일의 자유를 보장하기 위해서 제2의 직업을 가지고자 했습니다.

---

* 쥘리아르 출판사 편집위원 겸 비평가, 소설가인 장 클로드 브리스빌Jean-Claude Brisville은 그가 높이 평가하는 카뮈에 대한 저서 《카뮈*Camus*》(Gallimard, 1959)를 "이데알 총서La Bibliothèque idéale"로 출판했는데 이 인터뷰는 그 비평서에 수록돼 있다. 플레이아드판 《카뮈 전집》 제1권, 1919~1924쪽.

보유 247

《안과 겉 L'Envers et l'endroit》시절 당신은 당신의 문학적 미래에 대하여 어떤 생각을 품고 있었습니까?

《안과 겉》을 쓰고 나서 확신이 서질 않더군요. 포기하려고 했지요. 그러다가 어떤 폭발할 듯한 생명력이 내 속에서 말을 하고자 하는 것 같았어요. 그래서 쓴 것이 《결혼 Noces》입니다.

당신은 창조자로서의 작업과 또 당신이 담당할 수밖에 없다고 믿는 사회적 역할을 조화시키는 데 어려움을 느낍니까? 그 점은 당신에게 중요한 문제입니까?

물론이지요. 그러나 마침내 우리 시대가 "사회적 관심"이라는 것을 어찌나 무의미하고 추악한 꼴로 만들어놓았는지 이 점에 있어서 우리를 해방시키는 데 오히려 도움을 주고 있지요. 그렇긴 하지만, 다른 사람들이 입에 재갈이 물려 투옥당해 있을 때 글을 쓴다는 것은 좀 미묘한 활동인 게 사실입니다. 이쪽으로 추락하지도 않고 저쪽으로 추락하지도 않으려면 작가는 자기 작품을 위하여 살아가면서 여러 가지 자유를 위하여 투쟁하고 있다는 사실을 잊지 말아야 할 것입니다.

당신은 작가라는 인격을 편안하게 느끼고 있습니까?

사적인 관계에 있어서는 매우 편안합니다. 그러나 한 번도 좋아해본 적이 없는 내 직업의 공적인 모습이 내게는 견딜 수 없는 것이 되어버렸어요.

만약에 어떤 이유로 해서 당신이 글 쓰는 것을 그만두어야 한다 해도 여전히 행복해질 수 있다고 생각합니까? 당신이 《칼리굴라》에서 말한 바 있는 "대지와 두 발의 화합"만으로도 글로 표현하는 행복을 보상하기에 충분한 것일까요?

나이가 더 젊었더라면 나는 글을 쓰지 않고도 행복해질 수 있었을 테지요. 심지어 오늘에도 내겐 아무 말 없이 행복할 수 있는 대단한 소질이 있어요. 그러나 이제 나는 내 예술 없이는 살 수 없다는 것을 인정해야 할 것 같습니다.

당신은 당신의 좀 일찍 온 성공이──《시지프 신화》이래 당신은 원하든 않든 "사상적 스승"으로 대접받고 있으니까요──당신의 작품에 특별한 방향성을 부여했다고 생각합니까? 요컨대, 만약 당신이 상대적으로 무명 작가인 상태에서 책을 썼다고 해도 여전히 같은 책을 썼으리라고 생각합니까?

물론, 명성은 많은 것을 변하게 만들었습니다. 그러나 그 점에 있어서 나는 별로 콤플렉스를 가지고 있지 않습니다. 내 원칙은 언제나 매우 단순한 것이었어요. 소리 없이 거절할 수 있는 것이면 모두 거절한다는 것이지요. 명성이든 무명이든 억지로 얻지 않겠다는 생각입니다. 그것이 온다면 이쪽이든 저쪽이든, 아니 이쪽과 저쪽을 다 소리 없이 받아들이자는 겁니다. "사상적 스승"이라는 말엔 웃음이 나올 뿐이군요. 남을 가르치자면 우선 뭘 좀 알아야지요. 남을 이끌자면 자신을 이끌 줄 알아야지요.

그렇긴 합니다만, 나는 모든 책을 다 쓰기도 전에 명성의 속박을 경험한 것이 사실입니다. 그 결과 분명해진 것은, 과거에도 그랬지만 지금도 여전히 나는 작품을 쓸 시간을 얻어내기 위하여 사회와 싸움을 해야 한다는 사실입니다. 결국 나는 시간을 얻어내긴 하지만 그 대가가 비싸지요.

당신 작품의 가장 근본적인 것은 일단 완성되었다고 생각합니까?
내 나이 아직 마흔다섯 살이고 아직 놀라울 정도로 활력이 남아 있습니다.

당신 작품의 발전 과정은 오래전부터 정해놓은 어떤 플랜에 따른 것입니까? 아니면 써나가면서 그 플랜을 발견해나가는 쪽입니까?
양쪽 다라고 말해야겠지요. 한편으로는 상황에 따라, 다른 한편으로는 집필함에 따라 수정되게 마련인 플랜이 있지요.

작업하는 방법을 좀 설명해 주실 수 있겠습니까?
잡다한 노트, 종이쪽지에 써둔 것, 막연한 몽상, 이런 모든 것이 몇 년씩 쌓여가지요. 어느 날 생각이 떠오르고 복안이 서게 되면 그것이 여기저기 흩어져 있던 이 조각들을 한데 응고시키게 되지요. 그러면 그때부터 길고 고된 정리 작업이 시작됩니다. 내심 깊은 곳의 무질서한 열정이란 감당하기 어려운 것이니 그만큼 더 오랜 작업이 될 수밖에요.

작업 중인 작품에 대하여 이야기할 필요를 느끼기도 합니까?

아니요. 아주 예외적으로 그런 이야기를 하게 될 때면 나 자신이 불만스러워집니다.

그 작품이 완성되었을 때 어떤 친구에게 의견을 물어보기도 합니까? 아니면, 자신의 의견으로 그냥 만족합니까?

내게는 내 원고를 읽어보고 자기 마음에 들지 않는 점을 메모해주는 두세 사람의 친구들이 있습니다. 열 중 아홉의 경우 그들 생각이 옳아서 내 쪽에서 수정을 하지요.

작가로서 작업할 때 어떤 순간이 만족스럽습니까? (구상할 때, 첫 실마리가 열릴 때, 실제로 일을 실천할 때 중?)

구상할 때지요.

예술가에게 있어서 몸으로 사는 생활과 영감(혹은 작업의 성격) 사이에 어떤 관련이 있다고 봅니까? 만약 그렇다면, 당신의 경우, 어떤 관련이겠습니까?

밖에서, 햇빛이 비치는 세상에서 몸으로 사는 생활, 스포츠, 육체적인 균형 등은 내 경우 가장 훌륭한 지적 작업의 조건들이지요. 당연히 따르는 것이지만 훌륭한 시간표 역시 중요하지요. 솔직히 말해서 내가 이런 조건을 갖추고 일하는 경우는 매우 드뭅니다. 그러나 하여간 나는 창조란 정신적·육체적 규율이라고 생각합니다. 에너지의 도장(道場)이지요. 무질서와 육체적인 무기력 속에서 무얼 제대로 해본 적이 없습니다.

규칙적으로 일하시는 편입니까?
그러려고 노력하지요. 모든 일이 순조로울 때는 매일 아침나절 네댓 시간 일하지요. 그러나 그 어느 것도 순조롭지 않을 땐!……

할 일을 다음 날로 미룰 때 당신은 자신에 대하여 잘못을 저지른 것같이 느낍니까?
네. 죄를 지은 기분이 됩니다. 뭐라고 할까요? 그런 것을 좋아하지 않습니다.

당신 작품 속에서 당신이 개인적으로 좋아하는 인물들이 있습니까?
마리, 도라, 셀레스트.

내가 보기에는 당신의 작품들 속에는 두 종류의 인물들이 있는 것 같습니다. 그중 하나는 칼리굴라로 대변될 수 있는데 강한 개체성의 취향에 어울리는 인물 유형이고, 다른 하나는 뫼르소로 대표될 수 있는데 자신의 존재를 지워버리고 싶은 유혹을 나타냅니다. 당신은 당신 내부의 이 같은 두 가지 방향을 인정합니까?
그래요. 나는 에너지에 대한 애착과 정복욕에 대한 애착을 가지고 있습니다. 그러나 나는 내가 얻는 것에 대하여 쉽사리 싫증을 내지요. 그게 나의 큰 병이지요. 내겐 또한 무명으로 묻혀

버려 스스로 은폐된 존재가 되고 싶은 욕망이 있습니다. 그러나 삶의 열정이 나를 앞으로 추진시키지요. 요컨대 나는 이런 되풀이에서 벗어나지를 못합니다.

이야기, 에세이, 연극 중에서, 창조자로서의 당신에게 가장 만족을 주는 장르는 어느 것인가요?

같은 작품을 위하여 이 모든 기법들을 한데 합쳐 동원하는 것이겠지요.

당신이 쓴 어떤 글들을 읽어보면 당신은 연극을 삶의 한 테크닉이라고 보는 듯한데 그 점에 동의합니까?

그것은 좀 지나친 말인 것 같아요. 그러나 이따금 내가 배우가 될 수도 있었겠다 싶으면서 그걸로 충분했을 거라는 생각이 듭니다.

예술 작품, 특히 문학 작품 속에서 당신이 가장 민감하게 느끼는 가치란 어떤 것입니까?

진실이지요. 그리고 그 진실을 반영하는 예술적 가치들이지요.

당신의 작품 속에 당신 생각에는 매우 중요한 테마라고 여겨지는데 작품을 해석하는 사람들이 소홀히 했다고 느껴지는 것이 있습니까?

유머입니다.

당신은 이미 완성된 당신의 작품을 어떤 눈길로 봅니까?

나는 그것을 다시 읽지 않습니다. 그 모든 것은 나에게는 죽은 것입니다. 나는 다른 것을 만들고 싶으니까요.

당신 생각으로는 창조자의 차별화된 성격은 무엇이라고 생각합니까?

새롭게 하는 힘이지요. 예술가란 어쩌면 항상 똑같은 것을 이야기하는지도 모르지만 그것의 형식을 지칠 줄 모르고 새롭게 바꿉니다. 그는 운을 맞추는 따위는 매우 싫어합니다.

당신으로 하여금 하고 싶은 말을 자각하게 해준 작가, 나아가서는 당신을 키워준 작가는 누구입니까?

현대 작가로는 장 그르니에, 말로, 몽테를랑, 고전 작가로는 파스칼, 몰리에르, 그리고 20세기 러시아 문학가, 스페인 작가들이지요.

조형 예술에는 어느 만큼의 중요성을 부여합니까?

나는 조각가가 되고 싶어 했습니다. 조각은 예술 중에서도 가장 위대한 예술입니다.

음악은?

젊었을 때 나는 문자 그대로 음악에 취했었습니다. 그러나 요즘에는 어떤 음악가가 나에게 감동을 주는 일은 거의 없습니다. 그러나 모차르트는 변함없이……

영화에 대하여 어떻게 생각합니까?

당신은?

예술가는 오해로 인하여 찬양받는 일이 자주 있습니다. 어떤 종류의 칭찬이 당신의 마음에 불쾌하게 여겨집니까?

정직함, 양심, 인간적……하여간 현대의 그 돼먹지 않은 잡동사니들 있잖습니까.

당신 생각으로 당신의 성격 중에서 가장 두드러진 특징은?

때에 따라 다르지요. 그러나 빈번히 저 둔하고 맹목적인 일종의 고집…….

당신이 인간에게 있어서 가장 고귀하다고 생각하는 특성은?

매우 드물긴 하지만 지성과 용기가 한데 섞인 어떤 면을 나는 좋아합니다.

《전락La Chute》에 나오는 당신의 최근 주인공은 좀 실망한 인물 같은 인상을 주는데……당신이 요즘 생각하는 바를 표현하고 있는 인물입니까?

실제로 내 주인공은 실망한 인물입니다. 바로 그렇기 때문에 그는 현대의 허무주의자로서 속박과 굴욕을 찬미해대고 있습니다. 내가 속박을 찬미한 일이 있었던가요?

당신은 언젠가 "나의 세계의 비밀, 그것은 영혼의 불멸과 무관한 신을 상상해보는 일이다"라고 쓴 일이 있습니다. 당신의 생각을 좀 정확하게 말해주겠습니까?

네, 내게는 신성함에 대한 감각이 있고 나는 내세를 믿지 않습니다. 그뿐입니다.

살아 있다는 단순한 기쁨――그리고 그것이 포함하는 산만함――은 가령 예술적인 사명이나 그 사명이 요구하는 규율쯤은 전혀 두려워할 것 없다고 생각합니까?

유감스럽게도 그렇지 않습니다. 나는 찬란한 햇빛, 자유스러운 삶을 사랑합니다. 바로 그렇기 때문에 규율은 힘들지만 필요한 것입니다. 그렇기 때문에 또한 때때로 그것에 제동을 거는 것도 유익합니다.

당신은 삶의 규칙 같은 것을 가지고 있습니까, 아니면 상황이나 그때그때 당신의 반응에 따라 그것을 만들어가는 건가요?

나는 내 천성을 고치기 위하여 아주 엄격한 규율을 세웁니다. 그러나 결국 나는 나의 천성에 순종하고 맙니다. 그 결과는 그리 자랑스러운 것이 못 되더군요.

예를 들어 노벨상을 받은 후 매스컴에서 당신은 개인적인 공격을 받기도 했는데 그때 당신의 첫 반응은 어떠했습니까?

네, 나는 우선 괴로웠습니다. 일생 동안 아무것도 요구해본 일이 없는 사람은 돌연 지나친 찬사나 지나친 모욕을 받게 되면 둘 다 고통스럽습니다. 그러나 나는 곧 저항적인 상황 속에 놓이게 될 때면 늘 의지하는 감정, 다시 말해서 올 것이 왔다는 감정을 되찾았습니다. 자기가 본의 아니게 대단히 고독한 인간이 되고 말았던 어떤 사람의 말을 당신은 압니까? "그들은 나를 사랑하지 않아. 그렇다고 해서 그게 그들을 축복하지 말아야 할 이유가 되겠는가?" 그래요, 내게 일어나는 일이면 모두가 다 어느 의미에서는 유익한 일이지요. 사실 떠들썩한 사건들이란 대개 부차적인 사건들입니다.

당신 생애의 이 지점에서 당신은 어떤 염원을 말하고 싶습니까?
"생명력과 소생의 힘이 넘쳐흐를 때는 불행조차도 태양과 같은 광채를 발하면서 특유의 위안을 만들어낸다"라고 니체는 말합니다. 맞는 말입니다. 나는 그렇다는 것을 압니다. 나는 그걸 직접 느껴보았습니다. 다만 나는 그 힘과 충일함이 나에게 다시 한 번 주어지기를 바랄 뿐입니다. 적어도 이따금씩은……

갈리마르Gallimard 출판사, 《이데알 총서》, 1959년

알베르 카뮈의 마지막 인터뷰[*]
1959년 12월 20일

……당신은 작가로서 작업할 때 당신 세대의 "인도자"가 되려는 생각에 이끌리는 편입니까?

미안합니다만 그런 종류의 판단은 내겐 희극적으로 보입니다. 나는 그 어떤 사람을 위해서 말을 하는 게 아닙니다. 나는 할 일이 너무 많아서 나 자신의 언어를 발견할 시간이 없을 정도입니다. 나는 그 누구도 인도하거나 안내하지 않아요. 나는 내가 어디를 향해 가는지 알지 못합니다. 아니 적어도 잘 알지 못해요. 나는 삼각대 위에 올라서서 살고 있는 게 아닙니다. 나도 다른 모든 사람들과 마찬가지로 시간의 길을 걷고 있어요.

나도 내 세대의 사람들이 던지는 똑같은 질문을 나 자신에게 던질 뿐이지요. 그러니 그들이 내 책에서 그 질문들을 마주치는

---

[*] (옮긴이주) 질문의 경우 영어로 작성된 긴 문장들을 지면 관계상 플레이아드판《카뮈 전집》의 편집자인 로제 키요가 요약하거나 발췌했다.

건 당연한 일입니다. 만약에 내 책을 읽는다면 말입니다. 그러나 거울은 정보를 제공할 뿐 교훈을 주는 것이 아니죠.

스포츠가 당신에게 주는 도덕적 교훈은 어떤 것입니까?
다 같이 정하고 자유롭게 인정한 경기의 규칙을 따른다는 교훈이죠.

레지스탕스에서 이끌어낼 수 있는 도덕적 교훈들에 관한 질문.
나는 재향군인 같은 과거의 투사라는 것을 별로 좋아하지 않아요. 그 시절의 경험을 꼭 이용해야 한다면 나는 어떤 예술적 형식으로 그걸 이용하겠어요.

당신의 작품들 속에서 프랑스 비평가들이 소홀하게 취급하고 넘어간 것은 무엇이라고 생각합니까?
나의 내면에 있는 맹목적이고 본능적인, 잘 알 수 없는 부분이죠. 프랑스 비평가들은 우선 사상에 관심을 가집니다. 그러나 모든 관계로 보아 작품 속에서 미국 남부의 몫을 참작하지 않은 채 포크너를 연구할 수 있겠습니까?

알제리 출신이라는 사실과 범세계적 고통에 대한 개인적 시각 때문에 당신은 "이방인"의 입장에 놓이게 된 것은 아닐까요?
태생적으로 나는 분명 그런 존재입니다. 그러나 의지와 반성을 통해서 나는 내 시대와 격리되어 있지 않으려고 노력했습니다.

이제 당신은 정치적 사건들이 한 작가에게는 별로 중요하지 않다고 생각합니까?

이상하네요, 나는 정치적으로 고립되어 있다고 느끼지 않는걸요. 내 생각으로는 오늘날 고독한 사람들은 전체주의 정당들에 들어가 있는 것 같은데요. 하지만 끊임없이 투쟁하면서도 광신적이기를 거부할 수는 있지요.

당신 생각에 《시지프 신화》와 《반항하는 인간 L'Homme révolté》 같은 작품들과 당신의 상상력의 산물인 작품들 간의 관계는 어떤 것인가요?

나는 바로 장르를 뒤섞는 일을 피하려고 서로 다른 계획에 따라 글을 씁니다. 그래서 나는 행동의 언어로 희곡을 썼고 합리적인 형식으로 에세이들을, 속을 헤아리기 어려운 마음을 바탕으로 소설들을 썼지요. 하긴, 그 서로 다른 책들이 다 같은 것을 말하고 있는 것이 사실입니다. 그러나 따지고 보면 그 작품들은 같은 저자의 것이고 그 모두가 합쳐져서 단 하나의 작품 세계를 이루는 것입니다. 그래서 나는 흔히 용기를 잃고 작품들을 솔직하게 비평가들의 판단에 맡기지요.

당신은 "연극은 유희가 아니다"라고 썼지요. 상상력의 산물인 당신의 다른 작품들에 대해서도 같은 말을 할 수 있지 않을까요? 그런 미학적 개념 때문에 당신이 글로 쓰고자 하는 대상인 경험의 종류가 제한을 받는가요?

질문의 요지를 잘 이해하지 못하겠습니다. 나는 지금까지 써온 여러 책들에서 매우 상이한 미학과 문체를 사용했습니다. 예술가로서 나는 스스로의 재능과 결점들 때문에 혹심한 제한을 받고 있다고 느껴요. 하지만 그것이 어떤 것이건 미학의 제한을 받는다고는 생각지 않아요. 내게 문체는 내가 잘 알까 말까 한 단일한 목표에 도움이 되도록 사용하는 한갓 수단에 불과해요.

노먼 메일러Norman Mailer의 에세이 《백색 니그로The White Negro》와 관련하여 실존주의에 대한 장황한 질문.

메일러의 생각이 옳아요. 우리나라에서 실존주의는 신 없는 신학과 교조적인 스콜라 철학에 이르고 말았어요. 그런 신학과 철학은 결국 불가피하게 종교 재판 체제를 정당화하게 되지요.

당신은 실존주의의 전제들에 동의합니까? 그 철학의 결론들에 있어서 잘못된 것은 무엇입니까?

만약 내가 생각하듯이 실존주의의 전제가 파스칼, 니체, 키르케고르 혹은 셰스토프에게 있다고 한다면 나는 그 전제들에 동의합니다. 만약 그 결론들이 우리 실존주의자들의 그것이라면 나는 동의하지 않습니다. 왜냐하면 그건 전제에 모순되기 때문입니다.

"카뮈는 분명하게 문제를 제기한다. 즉 인간은 계시를 인식할 필요를 느끼는데 현대인은 그런 인식을 더 이상 가질 수 없다는 것이다"라는 월도 프랭크의 지적에 대한 질문.

내가 현대인이라고 부르는 것에 있어서는 그렇습니다. 그러나 나는 내가 현대적인지 자신이 없습니다.

미국 소설에 대한 일련의 질문들.

ㄱ) 아닙니다. 내가 보기에 미국 소설은 복잡성 쪽으로 발전해 가고 있습니다. 이해가 가는 일입니다. 순수함이란 피곤한 것이니까요.

ㄴ) 모든 항의는 나름대로 생산적인 데가 있습니다. 비생산적인 것은 인간을 그의 항의로 환원하는 일입니다.

ㄷ) 내가 볼 때 포크너는 우리 시대의 살아 있는 위대한 창조자입니다. 나는 이제 막 《우화 A Fable》를 읽었습니다. 멜빌 이래 당신들의 세계에서는 고통에 대하여 포크너처럼 말한 사람이 아무도 없습니다.

"누보 로망", 사로트, 시몽, 로브 그리예, 그리고 그들의 탐구와 《전락》의 관계에 대한 두 가지 질문.

이야기를 좋아하는 취미는 인간이 존재하는 한 없어지지 않겠지요. 그렇긴 해도 여전히 이야기하는 새로운 방식들을 찾아내려고 하는 것은 어쩔 수 없어요. 당신이 언급한 그런 소설가들이 새로운 길을 개척하려고 하는 것은 옳은 일입니다. 개인적으로 나는 모든 테크닉에 다 관심이 있습니다만 그중 어떤 것도 그 자체로서 관심의 대상이 되는 것은 아닙니다. 예를 들어서 만약 내가 쓰려고 하는 작품에 당신이 말하는 테크닉들 중 이것 혹은 저것이 필요하다면 나는 주저하지 않고 이것 혹은 저것, 아니면 그 두 가지 다를 이용하겠습니다. 현대 예술의 오류는 거의 언제나 수단을 목적에, 형식을 내용에, 테크닉을 주제에 선행시킨다는 데 있습니다. 내가 예술의 테크닉들에 큰 관심을 보이고 그 테크닉 모두를 내 것으로 하려고 애쓰는 것은 그것들을 자유롭게 사용할 수 있게 되고 그것들을 도구의 지위로 제한하기 위해서죠. 어쨌든 나는 《전락》이 당신이 말하는 그런 탐구들과 한통속이 될 수 있다고는 생각지 않습니다. 나는 거기서 어떤 비극적인 코미디언을 묘사하기 위하여 연극의 한 가지 테크닉(극적 독백과 암시적 대화)을 사용했습니다. 형식을 주제에 맞추어 사용한 것뿐이죠.

가장 즐겨 다시 읽는 당신 작품은 어떤 것입니까?

나는 내가 쓴 작품들을 다시 읽지 않습니다. 나는 딴 일을 하고 싶거든요. 나는 그걸 하고 싶어서…….

카뮈가 갈리마르 출판사의 독회 위원으로 활동하게 된 이유에 대한 질문.

나는 내 책들이 물질적 생활에 매이지 않도록 하기 위해서 내 물질적인 생활이 내 책에만 의존하는 것을 한 번도 바란 적이 없습니다. 그렇기 때문에 나는 항상 제2의 직업을 가져왔습니다. 16년 전부터는 갈리마르 출판사의 독회 위원직을 맡아왔지요. 사실 나는 여기서 내가 필요로 하는 모든 자유를 다 누리고 있답니다.

《벤처Venture》, 1960년 봄~여름

미발표 텍스트
—시몬 베유, 《뿌리 내리기》

독일 점령 기간 동안 런던 정부는 시몬 배유Simone Weil 에게 프랑스 재건의 가능성에 대한 보고서를 작성하도록 의뢰했다. 시몬 베유는 보고서를 썼다. 그것이 바로 오늘 책으로 펴내는 《뿌리 내리기L'Enracinement》다. 이 책은 요청받은 대로 정확한 보고서인 동시에 지극히 오랫동안 우리 문명에 대하여 씌어져온 책들 중에서 가장 명철하고 수준 높고 아름다운 본보기라고 할 수 있다. 질서, 자유, 순종, 책임, 평등, 명예 등 인간의 영혼이 요청하는 바(인간은 빵만 먹고 살 수는 없다)에 대한 핵심적인 정의를 내린 다음 시몬 베유는 "뿌리 뽑기"라는 제목하에 우리가 생각하고 판단하고 처신하는 방식에 대한 가장 섬세하고 밀도 있고 매서운 비판을 가하고 그 다음에 "뿌리 내리기"라는 제목하에 프랑스를 재건할 수 있는 비책을 우리에게 전한다. "뿌리 내리기"라는 말은 그 비책이 어떤 것인가를 말해주는데 그것은 다름 아닌 전통으로의 회귀다. 어떤 정치계나 우리의 한심한 역사 교과서에서 말하는 것과 같은 전통이 아니라 올바르게 생각하고 올바르게 보는 것이 핵심인 전통 말이다. 때로 진정하고 순수한 기독교의 무섭고 가차 없는 대담성과 동시에 놀라울 정도의 신중함을 보여주는 이 준엄한 책은 많이 신랄하지만, 드물게 접할 수 있는 사고의 높이를 갖추고 있다.

N. R. F., 1949년 6월 "책소식"

서문 초안

잔혹함과 비열함에 대해서라면 몰라도 그녀는 그 무엇에 대해서도 예고 받은 바 없었다. 그녀는 멸시 그 자체라면 몰라도 세상의 그 어느 것 하나 멸시하지 않았다. 그녀의 글을 읽으면 그녀의 놀라운 지성이 할 줄 모르는 유일한 것이 있다면 그것은 바로 경박함이라는 생각을 하게 된다. 그녀는 1940년 프랑스의 도덕적 상황에 대한 보고서를 제출해줄 것을 요청 받았다. 그리하여 오늘 "뿌리 내리기"라는 제목으로 펴내는 책을 썼다. 이는 그야말로 진정한 문명론이다.

《뿌리 내리기》는 시몬 베유를 이해할 수 있게 해주는 여러 개의 열쇠를 담고 있다. 그러나 내가 보기에 전쟁 이후 발표된 가장 중요한 책들 중의 하나인 이 책은 동시에 유럽이 몸부림치고 있는 이 버림받은 상황에 대한 강력한 조명이라고 할 수 있다. 이토록 때맞지 않은 생각들, 그토록 많은 기성관념들을 전복시키고 그토록 많은 선입견들을 무시하는 판단들이 마침내 우리들 가운데서 그에 합당한 반향을 얻게 되기 위해서는 아마도 패전, 그에 뒤따른 정신적 해이, 그리고 한 민족 전체가 어두운 세월 동안 이어온 말 없는 명상이 필요했을 것이다.

공식적 역사란 말만 듣고 살인자들을 믿는 것이라고 시몬 베유는 말한다. 그리고 뒤이어 이렇게 묻는다. "알렉산드로스 대왕이 비속한 영혼의 소유자였다면 누가 그를 온 영혼으로 찬미하겠는가?" 패권의 시대에, 효율성의 세기에, 이런 진실들은 도발적이다. 그러나 이는 태연한 도발이다. 그것은 사랑의 확신인 것이다. 다만 양차 대전 사이의 프랑스에서 이런 정신의 소유자가 얼마나 고독했을까를 상상해보자. 시몬 베유가 공장 속으로 피신하여 가장 보잘것없는 사람들의 운명을 함께 나누고자 했다는 사실에 대하여 누가 놀라워하겠는가? 한 사회가 거역할 수 없는 거짓을 향해서 달릴 때 순수한 마음을 가진 사람의 유일한 위안은 그 사회의 특권을 거부하는 것이다. 독자는 《뿌리 내리기》에서 시몬 베유의 경우 그 거부가 어느 정도의 깊이에 도달했는가를 읽을 수 있을 것이다. 그러나 그녀는 자신의 [판독할 수 없는 단어] 진실의 광기를 자랑스럽게 내면에 지니고 있었다. 만약 그것이 특권이라면 그것은 일생 동안 두고두고 휴식을 모른 채 대가를 갚게 되는 그런 특권에 속할 것이기 때문이다. 그 광기 덕분에 시몬 베유는 가장 자연스러운 온갖 선입견을 초월하여 자기 시대의 병을 인식하고 그에 대한 처방들을 가려낼 수 있었던 것이다.

어쨌든 내가 보기에 유럽으로서는 시몬 베유가 《뿌리 내리기》

에서 규정한 요청들을 고려하지 않는 재생은 상상하기 어렵다고 믿어진다. 이는 곧 이 책의 중요성을 말해준다. 그리고 실제로 송두리째 정의에 바쳐진, 어떤 잠재적인 정의에 바쳐진 이 작품은 그 저자가 전 생애를 통해서 고집스럽게 거부했던 선두의 자리로 그녀를 받들어 올리게 될 것이다. "정복은 위대함의 대용품이다"라고 그녀는 말하곤 했다. 그리하여 그녀는 그 어떤 것도 정복하려고 하지 않았다. 그러나 바로 그 포기의 순간에 그녀는 확신에 이른다. 즉 진정한 위대함은 이렇게 얻어진다는 확신 말이다. 위대함에 대하여 수많은 의미심장한 말을 했던 시몬 베유였다. 정직함에 의하여 위대하고 절망함 없이 위대하다, 이런 것이 이 작가의 덕목이다. 이렇게 하여 그녀는 여전히 고독하다. 그러나 이번에는 희망을 가득 실은 선구자들의 고독이다.

미발표 원고

시몬 베유가 베르나노스에게 보낸 편지(1954년 가을)가 《증인 Témoins》지에 발표된 뒤 1954년 12월 22일에 카뮈는 상송에게 편지를 보냈다. "시몬 베유의 편지가 잡음을 불러일으키는 것은 당연하다. 그러나 그 편지를 공개한다는 것은 우리가 그녀의 모든 말에 동의한다는 것을 의미하는 것이 아니다. 나 같으면 이렇게 말할 텐데……. 그러나 불가피한 혁명적 폭력은 때로는 그것이 근래에 자리 잡고 들어앉은 저 보기 흉한 만족한 양심과 격리되는 것이 유익하다."

해설

위험하고 힘든 균형을 찾아서

김화영

《알베르 카뮈 전집》이 간행되기 시작한 지 20여 년이 지나 18번째로 펴내는 이 책은 카뮈의《스웨덴 연설 *Discours de Suède*》과 내가 임의로 편집한《문학 비평 *Essais critiques*》, 두 권을 편의상 한데 묶은 것이다.

《스웨덴 연설》은 1) 1957년 알베르 카뮈가 노벨 문학상을 받게 되어 그해 12월 10일 목요일 수상식 후, 스톡홀름 시청에서 가진 〈스웨덴 강연—1957년 12월 10일의 강연〉과 2) 나흘 뒤인 14일 토요일, 유서 깊은 웁살라 대학에서 가진 〈예술가와 그의 시대〉, 이렇게 두 가지 강연 원고를 수록한 책이다. 이 책은 1958년 갈리마르 출판사에서 단행본으로 처음 출판되었다.

반면에《문학 비평》이라는 제목을 붙여 함께 묶은 일련의 문학적 에세이와 비평 텍스트들은 한 번도 단행본으로 발표된 적이 없다. 다만 로제 키요가 카뮈가 쓴 문학 비평 성격의 글 7편을 한곳에 모아《비평적 에세이》라는 제목을 붙이고 자신이 편집한 갈리마르의 플레이아드판《카뮈 전집》제2권《에세이Essais》마지막, 즉《스웨덴 연설》바로 다음에 붙여 소개한 바 있을 뿐이다. 나는 '문학 비평'의 성격과 직간접적으로 관련 있다고 판단한 그 밖의 길고 짧은 카뮈의 글들을 선정, 번역한 다음 위에 언급한 7편의《비평적 에세이》에 추가하여 한 권의 책이 되도록 묶고《문학 비평》이라는 제목을 붙였다.

1.《스웨덴 연설》

카뮈는 1957년 10월 16일 파리 제5구 포세 생 베르나르 거리의 마리우스 식당 2층에서 미국인 여자 친구 패트리샤 블레이크와 점심식사 중 갈리마르 출판사에서 보낸 사람에게서 노벨 문학상 수상 소식을 전해 들었다. 그는 패트리샤에게 여러 번 되풀이하여 말했다. "말로가 받아야 하는 상인데⋯⋯."

《이방인》첫 문장과는 정 반대로, 알제에 살고 있는 어머니는 파리의 아들한테서 전보를 받았다. 문맹인 그녀는 아들의 친구인 샤를 퐁세에게 그 내용을 읽어달라고 했다. 거기에는 이렇게 적혀 있었다. "어머니가 이렇게 보고 싶은 적이 없습니다." 곧 파리의 텔레비전을 비롯한 보도진이 알제의 가난한 거리에 있는 그녀의 집으로 몰려들었다.

아내 프랑신도 전화로 연락 받았다. 카뮈는 우선 상을 거부할 생각을 했다. 한 번도 물질적으로 넉넉한 생활을 해보지 못했던 아내는 제발 그가 수상을 거부하지 않기를 내심으로 원했다. 카뮈는 이미 1947년, 1949년, 1952년, 1954년에도 노벨 문학상 후보에 올랐었다. 그러나 당시에 그는 너무 젊었다. 사실 1957년에도 그는 여전히 젊은 작가였다. 44세의 카뮈는 42세에 수상한 러디어드 키플링 이후 최연소 노벨 문학상 수상자다. 당시 노벨상 위원회에서는 앙드레 말로, 보리스 파스테르나크, 생 종 페르스, 사뮈엘 베케트 등을 카뮈와 함께 수상 대상으로 고려하고 있었다. 카뮈의 수상 결정으로 프랑스는 쉴리프뤼돔, 프레데릭 미스트랄, 로맹 롤랑, 아나톨 프랑스, 앙리 베르그송, 그리고 1937년 로제 마르탱 뒤 가르, 1947년 앙드레 지드, 1952년 프랑수아 모리악이 수상 이후 10번째 노벨 문학상 수상국이 되려는 참이었다.

자신이 태어난 땅이 알제리 전쟁으로 유린되고 있을 때 찾아온 노벨 문학상은 카뮈에게 용기를 준 것이 아니라 또 하나의 견디기 어려운 시련이었다. 그 상은 그에게 '확신보다는 회의를' 더 많이 가져다주었다. 그는 스페인 망명정부의 십자훈장 외에 다른 어떤 문학적 영예도 거부해왔다. 더군다나 일생 동안 그를 떠나지 않는 폐렴의 재발로 의사에게 치료를 받고 있던 그는 이 수상 소식을 받고 일종의 '공황 상태'에 빠졌다. 그래서 처음에는 상을 거절할까 심각하게 고려했다. 그러나 다시 생각해본 그는 노벨 문학상이 절정에 이른 그의 문학에 대한 인정이라기보다 북아프리카의 젊은 문학에 보내는 격려로 간주하기에 이르렀다. "나는 개인적으로 좀 젊다는 생각이다. 나 같으면 말로에게 표를 던졌을 것이다. 나는 다만 알제리의 프랑스 작가를 평가한 것에 대하여 노벨 위원회에 감사한다. 내가 태어난 땅과 멀든 가깝든 관계가 없는 글은 아무것도 쓴 일이 없다. 나의 모든 생각은 그 땅, 그리고 그 불행으로 기운다"고 그는 《프랑 티뢰르》지와의 인터뷰에서 당시의 소회를 피력했다.

10월 27일 목요일, 드디어 스웨덴 언론은 한림원이 카뮈를 수상자로 공식 선정했다고 보도했다. 정오에는 한림원의 종신 서기인 안데르스 오스털링이 그 소식을 공식 확인하며 "파고드는 듯한 진지한 태도로 오늘날 우리 인간의식에 제기되는 여러 문제를 조명하는 그의 중요한 문학작품"을 높이 평가했다는 수상자 선정 이유를 밝혔다. 그리고 이렇게 덧붙였다. "그로 하여금 인생의 가장 근원적인 큰 문제들에 대담하게, 전 인격을 다 바쳐 매달리게 만드는 진정한 도덕적 참여가 존재한다." 카뮈의 스승이며 친구인 장 그르니에는 이렇게 논평했다. "그의 위대함은 일탈에서 나오는데 이 일탈은 그의 위대함의 자연스러운 표현일 뿐이다."

그날 오후 파리 주재 스웨덴 대사 라그나르 쿰린이 갈리마르 출판사로 카뮈를 찾아와 공식적으로 수상 소식을 전했다. 그리고 말했다. "귀하는 코르네유의 주인공처럼 레지스탕스에 가담한 인물이며 부조리에 어떤 의미를 부여하고 심연의 밑바닥에서도 비록 지난한 것일지라도 희망을 가질 필요를 역설하며 이 분별력 없는 세계 속에서 창조와 행동과 인간의 고귀함을 위한 자리를 마련할 수 있었던 반항인입니다."

당시 파리의 마튀랭 극장에서는 포크너의 원작을 카뮈가 각색한

《어느 수녀를 위한 진혼곡》을 무대에 올리고 있었다. 극장 측에서는 급히 새 포스터를 제작했다. 연극이 두 노벨문학상 수상자의 작품임을 강조하기 위해서였다. 포크너는 카뮈에게 축하 전보를 보냈다. "끊임없이 자신을 찾고 자신에게 질문을 던지는 영혼에게 인사를 드린다."

한편 프랑스 내에서의 반응은 전체적으로 카뮈를 '꽃다발 더미 속에 매장하는 의식'의 형국이었다. 그의 친구들 못지않게 적들 역시 기뻐했다. 그의 적들에게는 카뮈를 비판할 수 있는 좋은 기회였기 때문이다. 《예술》지의 자크 로랑은 꼬집는다. 스웨덴 한림원은 언제나 "끝장난 작품"에, 어떤 방식으로든 "보편적 가치"를 표방하는 작품에 상을 주지 않았던가? 보편적 가치란 곧 "가장 관습적인 도덕"이라고 해석할 수 있다. 그런가 하면 이 기회를 이용하여 카뮈의 "패배주의적 유토피아 정신"을 비판하는 이도 있었다.

사람들은 또한 이 수상에서 알제리와 관련된 정치적 의도를 읽어내기도 했다. 어떤 이들은 이 수상 결정을 "프랑스 지배의 알제리를 지지하는 정치적 의도"로 해석하고 반대쪽에서는 "프랑스 지배의 알제리보다는 알제리에 있어서 소위 자유주의적 해결 방식"의 손을 들어준 내정간섭이라고 몰아붙인다.

한편 《콩바》지는 그 신문이 과거에 카뮈의 신문이었다는 사실을 까마득하게 잊은 듯 "작은 나라들은 완벽하고 예절 바른 작은 사상가들을 좋아한다"고 스웨덴 한림원의 결정을 비꼬는 평을 실었다. 반면에 모리스 블랑쇼는 '우정'이라는 제목을 붙인 글에서, 카뮈의 작품은 끝장났다고 몰아붙인 사람들에게 가장 적절한 해석으로 응답했다. "카뮈는 종종 자신의 저서들에 의하여 더 이상 움직일 수 없도록 스스로 발을 묶어버리는 것을 보면서 일종의 거북함을, 때로는 초조함을 느꼈다. 단순히 그 책들의 성공이 가져온 광채 때문만이 아니라 그 자신이 그 책들에 부여하려고 노력하는 완결된 성격으로 인해서 그렇게 된 것이다. 그는 사람들이 그 완전함의 이름으로 자신을 때 이르게 완성되어버린 작가라고 판단하는 것을 보면 즉시 그 완결의 성격에 등을 돌리고 싶어지는 것이다."

수상 소식을 듣자 상금에 관심을 가지고 그에게 손을 벌리는 사람도 많았다. 이에 신경이 곤두선 카뮈는 옛 친구 마들렌 조소가 "안녕, 잘 지내니?" 하고 전화하자 "너도 돈 달라고 전화 한 거야?" 하고 쏘아붙였다. 물론 그는 잠시 후 진심으로 후회하고 사과했다. 그는 《렉스프레스》지와의 인터뷰에서 이렇게 당시의 심경을 털어놓았다. "특히 이 상에 대한 소란이 빨리 사그라졌으면 합니다. 할 수만 있다면 한동안 사라졌으면 좋겠습니다." 이 모든 잡음, 소란, 플래시, 사교성 모임과 리셉션 등은 카뮈를 정신적 육체적으로 기진맥진하게 했다.

카뮈는 어머니에게 전보를 보낸 직후 11월 19일, 알제의 옛 초등학교 스승 루이 제르맹에게 편지를 보낸다. "선생님이 아니었다면, 선생님이 당시 가난한 어린 학생이었던 저에게 손을 내밀어주지 않았다면, 선생님의 가르침이, 그리고 손수 보여주신 모범이 없었다면 이 모든 것은 있을 수 없었을 것입니다. 저는 이 영예를 지나치게 중시하지는 않습니다. 그러나 이것은 적어도 저에게 있어서 선생님이 어떤 존재였으며 지금도 여전히 어떤 존재인지를 말씀드리고, 선생님의 노력, 일, 그리고 거기에 바치는 너그러운 마음이, 나이를 먹어도 선생님께 감사하는 학생이기를 결코 그치지 않았던 한 어린 학생의 마음속에 언제나 살아 있음을 선생님께 말씀드릴 기회가 됩니다." 한 달 뒤, 카뮈는 이 책에 실린 《스웨덴 연설》을 루이 제르맹 선생에게 바침으로써 그 깊은 감사의 마음을 구체적으로 증명해보였다.

프랑스의 살아 있는 기 수상자 두 사람 역시 그에게 축하의 표시를 잊지 않았다. 로제 마르탱 뒤 가르는 《피가로 리테레르》에 이렇게 썼다. "내 나이 또래의 사람들이면 누구나 주위에 깊은 어둠만 쌓이는 것을 느끼게 되는 오늘의 이 우울한 나날, 아침마다 잠이 깨면 더욱더 싸움꾼들의 세상에서 멀리 떨어져 있고만 싶고 실망과 치욕을 느낄 일들만 늘어가며 이제는 더 이상 그 어떤 것도 자신과는 관계가 없다는 인상을 너무나도 자주 받게 되는 이때, 북쪽 나라에서 온 이 좋은 소식, 한 동안 우리의 어둠을 밝혀주는 이 소식은 얼마나 반가운 것인가! 알베르 카뮈가 노벨상을 받았구나!" 그는 또한 노벨상 수상의 선배로서 수상 연설과 관련하여 우정에 찬 충고를 잊지 않는다. 연설은 "누구나 다 알아들을 수 있는 형식으로 진지하고 속마음을 털어놓는 매우 개인적인 내용이 되도록" 하라고 자상하게 일러주었다.

또 다른 수상자 프랑수아 모리악은 5년 전에 정의와 자비의 문제를 놓고 카뮈와 격렬한 논쟁을 벌였던 사이였지만 과거의 적대감을 잊은 듯 그 역시 진정한 축하에 인색하지 않았다. "노벨상은 흔히 한 작품과 한 삶에 대한 보상이다. 아직 젊음의 한복판에 있는 알베르 카뮈에게 상을 줌으로써 스톡홀름 한림원은 아마도 우리가 높이 평가하는 한 작가뿐만 아니라 하나의 의식을 기리고자 한 것 같다……우리 역사의 이 비극적인 순간에 있어서 우리에게 제기된 문제에 우리들 각자가 내놓는 해답이 어떤 것이든 간에 다른 많은 작가들처럼 그 문제 제기의 목소리를 모른 체하는 것보다 더 나쁜 것은 없다. 그런데 카뮈는 그 질문의 목소리를 들었고 거기에 대답했다. 내가 짐작하기에 노벨상 심사위원들을 설복한 것은 바로 그 젊은 목소리, 한 세대 전체가 메아리로 답하는 그 젊은 목소리인 것 같다."

수상식에 참여하기 위하여 카뮈 부부는 스웨덴으로 떠난다. 카뮈는 생제르맹 데 프레의 뷔시 가에 있는 상점에서 검은색 정장양복 한 벌을 대여한다. 프랑신은 친구들에게서 장신구와 밍크코트를 빌린다. 카뮈의 일행은 파리의 가르 뒤 노르에서 기차를 탄다. 갈리마르 출판사 사람들과 미국 출판사 사장 블랑슈 크노프가 동행했다. 그들은 12월 9일 스톡홀름에 도착한다.

수상식은 이튿날인 10일 목요일 스톡홀름의 콘서트홀에서 거행되었다. 시상식 후 그는 시청에서 강연한다. 여기서 그는 당시 '예술과 작가의 역할'과 관련하여 그의 마음을 사로잡던 문제, 즉 예술가와 사회 현실의 상관관계, 자기 시대와의 유대에 대한 자신의 생각을 피력한다. 그는 예술의 여러 가지 수단을 통해서 "이름 모를 한 수인의 침묵"을 메아리치게 하는데 자신의 존재 이유가 있다는 것을 밝힌다. 이것은 곧 어떤 "공동체의 감정"을 전제로 하는데 그러기 위해서는 작가라는 직업의 위대성을 보증하는 "두 가지 짐", 즉 "진실에 대한 섬김과 자유에 대한 섬김"을 감당해야 한다. 그리고 그는 이렇게 결론을 내린다. "진실은 신비롭고 달아나기 쉬운 것이어서 늘 새로이 전취해야 할 것입니다. 자유는 위험하고 우리를 열광하게도 하지만 그만큼 체득하기 어려운 것입니다. 우리는 이 두 가지 목표를 향해서 힘겹게, 그러나 꿋꿋하게 걸어 나가야 합니다." 그는 이 강연에서 '예술'과 '예술가'라는 표현을 열세 번이나 사용하면서 때로는 상투적이고 때로는 밀도 있는 연설은 끊임없이 자신으로 돌아온다.

12월 12일 목요일 17시 30분에는 스톡홀름 대학 학생회관에서 학생들과 만남의 자리가 마련되었다. 카뮈가 좋아하는 형식인 '토론'이었다. 그런데 진지하지만 자유로운 대화 도중에 30대로 보이는 한 알제리 젊은이가 갑자기 연단에 올라와 카뮈를 비난하기 시작했다. "당신은 지금까지 동구 여러 나라들을 위해서는 많은 탄원서에 서명하면서 3년 전부터는 알제리에 대해서는 단 한 번도 서명을 하지 않았습니다." 그는 알제리 민족해방전선FLN의 일원이나 대표자는 아니었다.

카뮈는 대답한다. "저는 1년 8개월 동안 입을 닫고 지냈습니다. 그렇다고 행동마저 하지 않은 것은 아닙니다. 그때나 지금이나 두 민족이 평화롭게 그리고 평등하게 살아갈 수 있는 정의로운 알제리의 지지자입니다. 저는 양편의 증오가 변하여 그들의 선언이 테러를 더 격화시킬지도 모르기에 지식인의 개입이 더 이상 필요하지 않을 때까지 알제리 민족의 권리를 인정해주고 그들에게 완전히 민주적인 제도를 만들어주어야 한다고 되풀이해서 주장해왔습니다. 분리하기보다 하나로 묶기에 적절할 때까지 기다리는 게 더 나은 것 같습니다. 하지만 저는 당신들 자신은 모르고 있는 어떤 작전 덕분에 오늘날 살아 있는 친구들이 곁에 있다는 사실을 분명히 말할 수 있습니다. 이런 식으로 말하는 저의 기분이 좋은 것만은 아닙니다. 저는 언제나 테러를 비난해왔습니다. 가령 알제의 거리에서 맹목적으로 자행되는, 그래서 어느 날 제 어머니와 가족을 해칠지도 모르는 그런 테러리즘에 대해서도 저는 마찬가지로 비난하지 않을 수 없습니다." 그리고 그는 말했다. "저는 정의를 믿습니다. 그러나 정의에 앞서 제 어머니를 더 옹호합니다."(《르 몽드》 1957년 12월 14일자) 정의와 어머니에 관한 이 유명한 마지막 말은 그 후 파리 사람들과 카뮈와 참여의 문제를 말하는 사람들의 입에 자주 오르내리게 된다. 그러나 카뮈의 이 말은 그의 생각의 전체 맥락과 분리하여 격언처럼 되풀이할 성격의 것이 아니다.

"카뮈와 같은 알제리 사람들이나 지중해 사람들에게 어머니에 대한 애착은 기본적인 것이었다. 추상적인 '정의'란 항상 변하는 것이지만 시대, 제도, 정당, 인권은 항상 유효한 것이다. 카뮈는 자신을 비웃는 세력에 맞서서 무엇보다도 자신의 인간적인 애정을 표현하고자 했다. 그런데 전쟁 중 증오에 찬 알제리 사람들과 진보주의자들은 카뮈의 이 표현을 '수많은 알제리 사람들의 정의에 맞서서 나는 나를 세상에 낳아준 단 한 사람을 택한다'는 식으로 해석했다. 또 어떤 사람들은 '알제리인 수백만 명 = 나의 어머니'라는 등식을 성립시킴으로써 자신의 우월감을 나타냈다고 해석했다. 카뮈는 테러리즘을 부정한다. 그러나 카뮈의 어머니가 불의의 상징이 아니듯이 카뮈 자신이 결코 정의에 반대하는 것은 아니었다.

토론이 끝난 뒤 카뮈는 그런 식으로 '형제에게서 증오의 얼굴'을 만나게 된 것을 고통스러워했다. 그는 아랍인, 카빌라인, 유럽인들 모두에게 각각 합당한 자리를 부여하는 연방 국가를 원했다. 한 스웨덴 일간지는 '매력적인 카뮈, 공격적인 알제리 대학생을 무장 해제시키다'라는 제목을 달았다. 세상의 역사는 이처럼 오해와 오독으로 점철되어 있다.

한편 스웨덴의 알제리인 연합회는 토론 중에 불쑥 나타난 그 '훼방꾼'은 스스로의 의사에서 나온 것일 뿐 그들 단체의 일원도 아니고 또 어떤 민족주의 단체 소속도 아니라는 편지를 카뮈에게 보내온다. 그러나 카뮈는 파리로 돌아온 뒤 《르 몽드》지의 편집국장에게 편지를 보냈다. "강연 도중에 뛰어들었던 그 알제리 사람에 대하여 덧붙이고 싶은 것이 있습니다. 알제리를 알지도 못하면서 알제리에 대해 말하는 수많은 프랑스 사람들보다는 그 알제리 사람이 더 가깝게 느껴졌습니다. 그는 자신이 말하고 있는 말이 무엇인지 잘 알고 있었습니다. 그의 얼굴은 증오의 얼굴이 아니라 절망과 불행의 얼굴이었습니다. 저도 그 불행을 공유하고 있으며 그의 얼굴은 곧 내 조국의 얼굴입니다. 그렇기 때문에 저는 공개적인 자리에서 그 알제리 젊은이에게, 오로지 그 젊은이에게만, 제가 그때까지 입을 다물고 있었던 개인적인 생각들을 설명하고자 했던 것입니다. 귀사의 특파원은 그 생각을 어긋남 없이 충실하게 보도했습니다."

14일 토요일, 웁살라 대학에서 〈예술가와 그의 시대〉라는 제목의 두 번째 강연을 하게 된다. 이곳은 스톡홀름에서 북쪽으로 약 70킬로미터 떨어진 곳에 있다. 이 강연에서, 오늘날 모든 예술가는 좋든 싫든 "자기 시대라는 노예선"에 몸을 싣고 있다는 시대적 조건을 상기시킨 다음 카뮈는 이 조건 속에서 진정한 예술가는 예술지상주의 문학과 선전 문학, 예언문학을 다 같이 배격해야 한다고 주장한다. "예술을 위한 예술"은 언어의 기교나 추상화로 시종함으로써 마침내 현실 파괴로 끝나고 마는 반면 "사회주의 리얼리스트"의 거짓말은 만인이 현재 당하고 있는 불행을 용기 있게 인정하려 들지만 그 불행을 심각하게 배반한다. 왜냐하면 리얼리스트는 "우리로서는 아무것도 아는 바 없는 그 미래의 행복"을 약속하지만 그 미래는 온갖 기만을 가능하게 하기 때문이다.

카뮈의 예술관은 바로 이 두 가지 오류의 한가운데서 위험하고 힘든 균형과 창조를 위하여 끊임없는 노력과 투쟁을 계속하는 데 있다. "동시대적 상황을 전적으로 거부하라고 권유하는 미학과 동시대적 상황이 아닌 모든 것이면 모두 다 거부한다고 자처하는 미학은 다 같이 현실에서 멀리 떠나 같은 허위 속에서, 예술의 배제 속에서 결국은 하나가 되고 맙니다. 우파의 아카데미즘은 인간의 불행을 무시하고 좌파의 아카데미즘은 그 불행을 이용합니다. 그러나 두 경우 모두에서 예술이 부정되는 동시에 인간의 비참은 더

해갑니다."

"예술은 실제로 존재하는 현실에 대한 전적인 거부도 아니고 전적인 동의도 아닙니다. 그것은 거부인 동시에 동의이기 때문에 양극 사이에서 영원히 다시 시작되는 찢어짐일 수밖에 없습니다. 예술가는 현실을 부정할 수 없으면서도 현실의 영원한 불완전함에 영원히 반항할 수밖에 없다는 애매성이야말로 예술가가 처해 있는 상황 바로 그것입니다."

결과적으로 노벨상은 카뮈에게 한 가지 꿈을 실현하게 해주었다. 그는 마침내 남프랑스의 아비뇽에서 그리 멀지 않은 루르마랭에 시골집을 구해 고향 알제리에 머물고 있는 어머니를 모셔올 수 있게 되었다. 그러나 그의 어머니는 그 집에 잘 적응하지 못했다. 그래도 카뮈 자신은 파리의 소란과 시련을 떠나 한적하게 숨을 곳을 확보하게 되었다. 그는 "파리를 견디지 못하는 나로서는 남프랑스에 물러나 앉아 한동안 작업을 할 수 있게 되었다"고 1959년 12월에 친구에게 쓴 편지에서 털어놓았다.

2.《문학 비평》

《작가 수첩 II》(알베르 카뮈 전집 14, 323~324쪽. 이하 쪽수만 병기)의 기록을 통해서 우리는 카뮈가 1949년 초에《정의의 사람들》과《반항하는 인간》에 이어 다음과 같은 '세 권의 에세이'를 묶어 발표할 계획을 세우고 있었다는 것을 알 수 있다.

2월~6월 계획.

1) 밧줄.

2) 반항적 인간.

세 권의 에세이를 마무리할 것.

1) 문학적 에세이. 서문——미노타우로스 + 명부의 프로메테우스 + 헬레네의 추방 + 알제리의 도시들 + …….

2) 비평적 에세이. 서문——샹포르 + 지성과 단두대 + 아그리파 도비네 + 이탈리아 연대기에 붙이는 서문 +《동 쥐앙》에 대한 주석 + 장 그르니에.

3) 정치적 에세이. 서문——10편의 사설 + 지성과 용기 + 가해자도 피해자도 아닌 + 다스티에게 답한 것 + 왜 스페인인가 + 예술가의 자유.

여기서 말하는 '세 권의 에세이' 중 '문학적 에세이'는 시적 산문집《여름》, '정치적 에세이'는《시사평론 I》로 구체적 실현을 보았지만, '비평적 에세이'만은 작가수첩 속의 계획에 그친 채 남고 말았다. 그러나 플레이아드판《카뮈 전집》제2권《에세이》를 편집한 로제 키요는 카뮈 전집의 마지막에《비평적 에세이》를 추가해 다음과 같은 편집 취지를 밝혔다.

카뮈가《작가수첩》에서 '비평적 에세이'와 관련하여 언급하고 있는 "아그리파 도비네, 이탈리아 연대기 서문,《동 쥐앙》주석에 대한 것으로 우리가 가지고 있는 것은 기껏해야 여기에 발표할 수 없는 얼마 안 되는 메모들뿐이다. 〈지성과 단두대〉는 카뮈의 소설관을 밝혀주고 있다는 점에서 플레이아드판《카뮈 전집》제1권에 참고문헌으로 실었다. 카뮈의 계획에 따르면 그 밖에 우리가 사용할 수 있는 것은 샹포르와 장 그르니에뿐이다.

그러나 1949년 이후, 카뮈는 문학에 대한 자신의 관념들과 취향을 은연중에 드러내는 또 다른 텍스트들을 발표했다. 지드에 관한 짧은 글, 〈감옥에 갇힌 예술가〉, 로제 마르탱 뒤 가르 전집 서문, 그리고 '짧지만 결코 무시할 수 없는' 르네 샤르 작품들의 독일어판 서문이 이런 경우들이다. 카뮈와 루이 귀유 사이의 우정, 그 자신도《안과 겉》에서 강조해 다루었던 가난의 주제에 대한 관심을 고려할 때 우리는 이 글모음에 루이 귀유에 대하여 할애한 글을 추가하는 것이 이치에 닿는다고 보았다."

나는 이상과 같은 로제 키요의 편집의도를 존중하여《문학비평》이라는 제목을 붙인 책 속에 우선 그가《비평적 에세이》에 한데 묶었던 7편의 글을 담고 거기에 더하여 그가 플레이아드판《카뮈 전집》제1권에 실었던 〈지성과 단두대〉를 포함한 23편의 '문학적 에세이'를 1) 오직 나 자신의 판단에 따라 선택, 번역하여 2) 〈보유〉에 글의 발표 연대순으로 추가하여 한 권의 책을 꾸미게 되었다. 카뮈가 1947년에 쓴 〈르네 레노의《사후의 시편들》에 부친 서문〉 역시 이 가운데 포함시키는 것이 마땅하겠으나 이 글은 이미 알베르 카뮈 전집 16《단두대에 대한 성찰 · 독일 친구에게 보내는 편지》말미에 소개했으므로 여기서는 제외했다.

(1) 샹포르의《잠언집》서문

이 글은 1944년 갱그네가 작성한 연보와 함께 모나코의 DAC출판사에서 발행한 샹포르의 《잠언집》에 실린 글이다. 이 서문에서 특별히 강조하고 있는 몇 가지 원칙들은 당시 한창 그 모습을 드러내기 시작한 카뮈 자신의 소설미학과 일맥상통한다. '앙가주망의 모럴'이라고 이름 붙일 수 있을 이 미학은 장차 《반항하는 인간》의 〈반항과 예술〉에서 보다 명확하게 드러나게 된다. 카뮈는 파스칼에서 니체에 이르는 위대한 모럴리스트 전통의 연장선상에 샹포르를 위치시키면서 그들은 자기 시대와 분리되지 않은 채 인간에 대한 열정으로 인하여 자신도 모르게 소설가 혹은 연대기 작가가 된 모럴리스트들이라고 본다. 샹포르는 구체적인 현실과 역설에 대한 예외적인 관심 때문에 다른 잠언집의 저자들보다는 오히려 라파예트 부인이나 스탕달 같은 소설가에 더 가까운 개성을 드러냈다고 카뮈는 해석한다.

이 글을 발표하고 나서 5년 뒤 카뮈는 남아메리카 여행에서 행한 강연들(〈프랑스 모럴리스트 샹포르〉, 〈반항의 모럴리스트 샹포르〉)에서 이 서문의 핵심적인 내용을 다시 강조하고 있다.

(2) 루이 귀유의 《민중의 집》 서문

루이 귀유는 전사한 카뮈의 아버지의 무덤이 있는 브르타뉴의 생 브리외에서 신기료장수의 아들로 태어났다. 훗날 카뮈를 위하여 그의 아버지의 무덤을 찾아준 사람도 귀유였다. 그는 청소년 시절 그곳 시립도서관에서 만난 장 그르니에의 둘도 없는 친구가 되었는데 일찍부터 자신의 사회적 조건을 의식하면서 사회주의의 분위기 속에서 성장했다. 1936년 지드와 함께 소련 여행을 했지만 공산당에 가입하지는 않았다. 그러나 그는 일생 동안 억압받은 사람들 편에서 싸웠다. 그는 파스칼 피아와도 친구 사이였다. 언제나 가난했던 그는 또 다른 친구 가스통 갈리마르의 호의를 입어 한동안 갈리마르 출판사 건물의 작은 '하녀방'에서 기거하기도 했다. 1945년부터 카뮈는 그의 《작가수첩》에서 여러 차례에 걸쳐 귀유의 글과 생각을 참조하고 있지만 1946년에야 그와 알게 되었다. 이 두 사람은 다 같이 전쟁으로 아버지를 잃은 처지여서 곧 무조건의 친구가 되었다. 《현대》지에서 카뮈가 사르트르와 논쟁을 벌였을 때 귀유는 무조건적으로 카뮈를 지지했다.

카뮈는 《칼리방》지 1948년 1월호(63~65쪽)에 《《민중의 집》에 대하여. 알베르 카뮈, 루이 귀유에 대하여 말하다》라는 제목으로 이 서문의 첫 버전을 발표했다. 이 글은 문체 면에서 다소 수정 보완되어 1953년 그라세 출판사에서 펴낸 그 소설의 편집본에 실렸다. 이 소설은 바로 카뮈가 적극적으로 관여하는 신문 《알제 레퓌블리캥》지에 연재된 것이므로 그에게는 낯익은 작품이었다. 그러나 신문이 도중에 폐간되었으므로 알제의 독자들은 끝내 이 작품의 귀결을 알지 못하게 되었다. 1946년에 이미 카뮈는 고통이라는 주제에 깊은 인상을 받고 그의 《작가수첩 II》에 "귀유. 유일한 참조 사항은 고통. 죄인들 중에서 가장 위대한 자는 인간적인 것과 관계를 유지한다고"(233쪽)라고 적고 있다. 그리고 3년 뒤인 1949년에는 《수첩》에 카뮈 자신의 내밀한 믿음인 "웅변적 침묵"과 관련하여 다시 귀유를 인용한다. "귀유. '결국 사람은 말을 하기 위해서가 아니라 말하지 않기 위해서 글을 쓴다.'"(358쪽)

(3) 앙드레 지드와의 만남

1951년 앙드레 지드가 사망하자 《N.R.F.》지는 추모 특집호를 꾸미게 된다. 카뮈는 이 특집호에서 지드의 작품, 그리고 그 사람과 자신의 관계와 인연에 대하여 설명한다. 지드와의 첫 '만남'은 청소년 시절 카뮈가 폐렴에 걸려 정육점을 경영하는 외삼촌 귀스타브 아코의 집으로 옮겨가 기거하면서 그가 건네준 《지상의 양식》을 읽게 되면서부터였다. 그러나 '너무 일렀던' 첫 '만남'은 불발로 끝났다. 카뮈가 진정으로 지드의 문학 세계와 만나게 된 것은 시간이 흐른 뒤, 지드의 다른 작품들을 읽으면서였다. 그는 심지어 지드의 짧은 이야기 《탕아 돌아오다》를 각색하여 무대에 올리기도 했다. "나는 두 번째 만남에서야 비로소 충격을 받게 된 것이었다……그것은 말할 수 없을 만큼 결정적인 충격이었다. 지드 자신이 확실하게 그런 해석을 내리기 훨씬 전에 나는 이미 《지상의 양식》에서 내가 필요로 하는 헐벗음의 복음서를 읽어내는 법을 배웠던 것이다."

그러나 진정한 '충격'을 받기 전에 카뮈는 이미 지드에 관한 글을 쓴 바 있다. 1938년 10월 23일자 《알제 레퓌블리캥》지의 〈독서 살롱〉난에서 카뮈는 자신의 알제 대학 시절 은사인 장 이티에가 지드에 관하여 쓴 책을 소개한 바 있다.

2차대전이 발발하고 파리로 오게 된 카뮈는 갈리마르 출판사에서 《이방인》을 발표하고 같은 출판사의 편집위원으로 활동하는 과정에서 누구보다도 지드와 근접한 거리에 머물게 된다. 그는 1945년 파리의 바노 거리에 있는 지드의 아파트와 이웃한 지드 소유의 독신자 원룸에서 거처한다. "과연 나는 우리들의 가장 고된 시절의 끝에서 그를 다시 만났다. 당시 나는 파리에서 그의 아파트 한쪽을 차지하고 있었다. 그 집은 발코니가 달린 아틀리에였는데 방 한가운데에 공중그네가 하나 매달려 있는 것이 가장 큰 특징이었다. 나를 찾아오는 지식인들이 툭하면 거기에 매달리곤 하는 걸 보다 못해 나는 그 공중그네를 없애버렸다. 내가 그 아틀리에에서 살기 시작한 지 여러 달이 지나자 이번에는 지드가 북 아프리카에서 돌아왔다. 그 전에는 한 번도 지드를 본 적이 없었다. 그런데도 우리는 마치 오래전부터 아는 사이인 것 같았다. 지드가 나를 친밀한 사이로 받아들여 준 것도 아니었다. 만나자마자 알 수 있듯 그는 우리 세계에서 우정의 표시로 인식되는 떠들썩한 마구잡이의 어울림이라면 질색하는 사람이었다. 그러나 나를 맞아주는 그의 미소는 단순하고 유쾌한 것이었다. 나는 한 번도 그가 나를 대할 때 조심스러워하는 것을 보지 못했다."

대담하고 예외적인 생애에도 불구하고 지드의 고즈넉한 죽음은 카뮈에게 깊은 인상을 주었다. "지드의 비밀은 그의 온갖 의혹들 속에서도 인간으로서의 긍지를 결코 잊지 않았다는데 있다. 죽는다는 것은 그가 끝까지 감당하고자 했던 그 조건의 일부였다…… 그는 신비를 향해 미소 지었고 그가 삶을 향해 보여주었던 것과 똑같은 얼굴을 심연을 향해서도 보여주었다. 우리는 우리 자신도 잘 알지 못한 채 마지막으로 다시 한 번 더 그 순간을 기다리고 있었다. 마지막으로 한 번 더 그는 약속을 지켰다."

(4) 감옥에 갇힌 예술가

이 글은 1952년, 팔레즈 출판사가 펴낸 오스카 와일드의 《리딩 감옥의 노래》의 서문이다. 같은 해 12월 19~25일 《예술》지에 재수록된 이 글은 예술에 대한 카뮈의 본질적인 생각이 뚜렷하게 드러나 있다는 점에서 주목할 만하다.

우선 와일드는 지루하게 반복되는 일상 세계와 유일무이한 것인 예술 세계는 전혀 별개로 존재한다고 주장했다. 그는 자신의 삶 자체를 예술로 만들고자 하여 삶에는 '천재'를 바치고 작품에는 '재능'을 바치겠다고 했다. 결국 기껏해야 피상적인 작품을 만들어내는 것이 고작인 재능은 '경박하고 대단치 않은 삶'을 지탱해주는 것이 고작이었다.

그러나 일단 감옥의 고통을 경험한 와일드는 그때까지의 생각이 잘못되었음을 깨닫는다. 마침내 그는 고통 속이라 할지라도 살기를 택한다. 견디며 살아야 할 이유들을 바로 그 고통 속에서 발견했기 때문이다. "내가 자살하지 못하게 만든 것은 다름 아닌 연민이라는 것을 아십니까?" 하고 그는 나중에 지드에게 말했다. 고통 받는 자의 마음을 움직일 수 있는 유일한 힘인 연민은 고통 받고 있는 사람에게서 온다. 이 깨달음 덕분에 그의 마음속에서 고독감이 사라진 것이다. 결국 《옥중기》의 핵심은 "삶에 대해서뿐만 아니라 자신의 예외적인 삶으로 만들고자 했던 예술에 대해서도 자신이 착각하고 있었음을 털어놓는 한 인간의 고백이나 다름없다"라고 카뮈는 해석한다. 여기서 카뮈는 와일드의 경우를 통해서 자신의 마음을 사로잡고 있던 예술의 본질적인 사명과 관련하여 다시

한 번 현실과 예술 간에 성립되는 긴장과 '균형'의 관계를 밝히는 기회를 얻는다.

"예술가가 현실을 거부할 수 없는 것은 그 현실에 현실을 넘어서는 정당성을 부여할 책무가 그에게 있기 때문이다. 현실을 무시한다면 그 현실에 어떻게 정당성을 부여할 수 있겠는가? 그러나 바로 그 현실에 예속되는 존재가 된다면 그 현실을 어떻게 변화시킬 수 있겠는가? 서로 상반된 이 두 가지 운동과 맞서서 진정한 천재는 어둠과 빛 사이에 놓인 렘브란트의 철학자처럼 침착하면서도 기이한 자세로 몸을 가누며 버티고 서있는 것이다."

(5) 로제 마르탱 뒤 가르

로제 마르탱 뒤 가르는 지드와 더불어 새로운 세대의 작가 가운데 카뮈를 "감탄하면서 동시에 좋아할 수 있는" 인물, 특히 장래가 촉망되는 작가로 가장 먼저 주목한 선배 중 한 사람이었다. 카뮈는 대학의 스승 자크 외르공을 통하여 이 작가의 중요성을 알게 되었다. 그 스승이 보기에 당시의 문학은 지드, 마르탱 뒤 가르, 클로델, 말로로 대표되고 있었다.

마르탱 뒤 가르는 말로로부터 미지의 신인인 카뮈의 《이방인》 원고를 받아 읽고 갈리마르 출판사로 하여금 그 책을 출판하도록 적극 추천한 이 중 한 사람이었다. 두 사람은 지드의 소개로 갈리마르 출판사에서 서로 알게 되었다. 그는 "스케일, 성격, 생활방식에 있어서 카뮈의 전적인 존경을 샀다. 32살이나 연장자인 그는 톨스토이를 열렬하게 찬미한다는 점에서 카뮈와 공통점이 있다. 그는 자신이 창조한 인물들 뒤로 자신을 감추고 사는 편이다. 특별히 고루하지도 않고 그렇다고 전위적이지도 않은 그의 스타일은 검소하다. 일찍부터 파리의 소란에서 멀리 떨어진 시골에서 살면서 대하소설 《티보 가의 사람들》을 완성했다. 믿음이 확고하면서도 겸손한 인물인 그는 묵묵히 일할 뿐 남을 험담하는 법이 없다. 그는 카뮈와 마찬가지로 자기 자신에 대하여 회의하는 창조자다. 두 사람의 상호존중은 한결같고 사적, 공적인 생활을 침해받지 않고 지내고자 하는 욕구 또한 두 사람의 공통점이다. '한 작가는 자신의 작품에 대해서는 대중들에게 빚지고 있지만 개인적 삶 자체는 대중과 무관하다고 로제 마르탱 뒤 가르는 믿었다. 그래서 그는 사생활은 철저하게 보호하고자 했고 또 친구들도 그렇게 존중해주기를 원했다'고 카뮈는 말한다."(올리비에 토드) 엠마뉘엘 베를르는 카뮈가 사고로 사망했을 때 이렇게 말한 바 있다. "나는 그토록 허영심이 없는 작가는 본 적이 없다. 그와 유사하다고 보이는 유일한 작가가 있다면 로제 마르탱 뒤 가르다. 그들의 우정은 아마도 서로에게 공통된, 지극히 드문 그 덕목에 연유하는 것인지도 모른다."

마르탱 뒤 가르는 자신의 방대한 플레이아드 전집이 간행될 때 카뮈가 서문을 써주기를 원했다. 카뮈는 《전락》의 집필(사실 소설 《전락》의 제목을 암시해준 사람은 바로 마르탱 뒤 가르였다)과 연극 활동 등으로 분주하던 때여서 그 글을 쓰는 것을 다소 미루고 있다가 그해 4~5월 중에 글을 완성하여 마르탱 뒤 가르에게 보여주었다. 작가는 문체적인 면에서 몇 군데의 수정을 권했고 카뮈는 기꺼이 동의했다. 이 서문은 우선 1955년 《N.R.F.》지에 실려 발표되었다.

1957년 마르탱 뒤 가르는 노벨상 수상으로 시련을 겪고 있는 카뮈를 적극 지지, 격려해 주었고 수상 연설문 작성에 관하여 선배로서 자상한 충고를 해주었다. 카뮈는 1958년 8월 30일자 《피가로 리테레르》에 마르탱 뒤 가르에 대한 추모의 글을 실었다. "내가 지난 5월에 마지막으로 니스에서 그와 주고받은 대화에서 그는 죽음에 대하여 많이 말했고 예술가에게 사생활 보호와 비밀이 필요하다는 점을 여러 번 암시했다. 그렇기 때문에 그는 자신의 죽음이 사적인 일로 간주되기를 바랐다. 감사와 애정으로 그의 뜻을 따르는 것이 옳다. 그를 잊어버리지는 않되 그에 대하여 침묵을 지키고 오직 그의 작품에 대해서만 말하는 것이 좋다. 나로서는 그가 생존 당시 그렇게 한 것을 다행스럽게 생각한다."

(6) 장 그르니에의 수상집 《섬》 서문
1959년 장 그르니에의 수상집 《섬》의 새로운 편집본이 나온다. 카뮈의 서문은 그 기회에 쓴 것이다. 그보다 10년 전인 1949년 3월에 벌써 카뮈는 알제 고등학교의 은사인 장 그르니에가 포르티크 상을 수상하자 라디오에 출연하여 3분간 짧은 칭송의 말을 한 바 있었다. 학생 시절, 바칼로레아 시험에 합격한 카뮈는 스승에게 자신이 과연 철학 공부를 계속할 수 있을지, 글을 써서 발표하는 것은 가능할지 물었다. 그르니에는 늘 그를 격려해주었다. 카뮈는 서문에서 그 점을 분명히 밝히고 있다. "《섬》을 발견하던 무렵에 나는 글을 쓰고 싶어 했던 것 같다. 그러나 그 막연한 생각이 진정으로 나의 결심이 된 것은 그 책을 읽고 난 뒤였다."

그리하여 카뮈는 항상 남들 앞에서 그르니에를 '가장 중요한 작가 중 한 사람'으로 꼽았다. 《섬》의 서문도 이와 같은 태도를 반영한다. 카뮈보다 열다섯 살 위인 스승 그르니에는 눈에 보이지 않는 것, 상상의 세계, 절대, 신비, 성스러움, 그리고 신에 경도되어 있는 철학자였다. 공의 매혹, 케르겔렌 섬, 고양이 물루에 대하여 이야기하는 《섬》은 담고 있는 내용 이상으로 형식에 있어서 카뮈에게 호소했다. 스승에게서 카뮈는 "비밀스러운 아이러니, 어딘가 모를 광기, 삶에 대한 형이상학적 감정, 플라톤의 텍스트를 읽는 방식, 명상에의 경도, 현실성이 비워져 가는 사물들에 대한 천착, 타고난 문학적인 병"에 깊은 인상을 받았다. 그의 스승에 대한 감사의 마음은 변함이 없다. "그 누구보다도 꼭 필요한 시기에 스스로의 마음을 기울여 스승을 얻고, 그리하여 오랜 세월과 여러 작품들을 통하여 그 스승을 사랑하고 존경하고 싶은 욕구를 느꼈던 나 자신에게 이는 더없는 행운이었던 것이다. 일생 중에 적어도 한 번 저 열광에 찬 복종의 마음을 경험하게 된다는 것은 과연 행운이라 하지 않을 수 없으니 말이다."

그르니에가 알제를 떠난 뒤에도 두 사람의 신뢰에는 변함이 없었지만 그 관계는 신중하고 복잡했다. 어느 면에서는 서로의 입장이 역전되었다고도 할 수 있다. 그르니에는 더 이상 카뮈의 '보호자'가 아니었다. 카뮈는 유명해졌지만 그르니에는 극히 제한된 프랑스 사람들에게만 알려진 작가였다. 두 사람의 문학적 진로는 나란히 가는 것도 아니고 그렇다고 충돌이 생긴 것도 아니었다. 스승과 제자는 길 잃은 개와 고양이를 좋아했다. 섬세하고 흐릿하고 추위를 잘 타며 늘 생각에 잠긴 스승과 삶에 대한 엄청난 열정으로 불타는 제자 사이에는 친근감이 별로 없는 믿음이 이루어졌다. 그들은 서로 존댓말을 했다. 그들은 서로 일생 동안 편지를 주고받았고 그르니에는 그 편지들을 버리지 않고 모두 간직하여 훗날《서간집》으로 발간되었다.

카뮈는 서문에서 말한다. "끝에 가서 제자가 스승을 떠나 자신의 독자적이고 다른 세계를 완성하게 될 때——실제에 있어서 제자는 언제나 자신이 모든 것을 얻어 가지기만 할 뿐 그 어느 것 하나 보답할 수 없음을 잘 알고 있던 그 시절에 대하여 변함없는 향수를 지니게 될 것이면서도——스승은 흐뭇해한다." 결국 두 사람은 반대 방향으로 나아갔다.《섬》이후 카뮈는 불행과 고통 속에서의 연대의식과 반항을 선택하여 마침내는《전락》의 절규에 이르게 되는 데 비하여 신중한 신비주의자인 그르니에는 현실의 문제보다는 보다 무심한 명상이나 인도의 종교 혹은 막연한 기독교적 분위기를 배경으로 한 노자, 장자 식의 성찰에 더 관심이 많았다. 장 그르니에는 쥘 고티에처럼 이 세상은 "해결해야 할 문제가 아니라 관조해야 할 스펙터클"이라고 여기는 철학자였다.

(7) 르네 샤르

르네 샤르의《시집》독일어 판(1959년 피셔 베르라그 출판사)에 붙인 서문인 이 글은 카뮈가 쓴 마지막 문학 비평 중 하나다. 이 속에는 두 사람에게 공통된 세계와 지향점이 그대로 드러나 있다.《결혼》의〈티파사에서의 결혼〉을 그대로 옮겨놓은 것 같은 다음과 같은 대목을 주목해보자. "옛것이면서 동시에 새로운 것인 이 시는 세련됨과 단순함을 결합시킨다. 그것은 동일한 충동 속에 낮과 밤을 동시에 떠안고 있다. 샤르가 태어난 고장의 저 엄청난 빛 속에서는 때때로 태양이 어둠인 것을 우리는 알고 있다. 오후 두 시, 들판이 더위에 지쳐 탈진할 때면 그 무슨 검은 숨결이 그 들판을 뒤덮는다. 그와 마찬가지로 샤르의 시가 어두워지는 것 같아지는 것은 이미지의 격렬한 응축이나 빛의 농축 때문이다. 이때 그의 시는 추상적인 투명함과 멀어진다. 대개는 우리가 별로 비싼 대가를 지불하지 않아도 된다는 이유 때문에 안이하게 요구하는 그 투명함 말이다. 그러나 그와 동시에 햇빛이 내려쬐는 들판에서처럼 그 검은 점은 맨 얼굴들이 그대로 노출되는 광대한 빛의 벌판들을 자기 주위에서 단단한 고체로 만들어버린다."

두 사람의 우정은 비록 간접적이긴 하지만 레지스탕스와 관련하여 생겨났다. 르네 샤르는 프랑스 남동부 유격대를 지휘하는 가운데 심한 부상을 입은 바 있다. 카뮈는 무엇보다도 지하 레지스탕스의 목숨을 건 투쟁이 끝나고 해방을 맞은 뒤에는 과거의 전공을 내세우지 않고 익명으로 세계로 모습을 감춘 이 겸허한 옛 전사를 좋아했다. 너그러운 마음씨와 거침없는 정직함이 특징인 거인 르네 샤르는 대중에게도 명성에도 스스로를 양보하지 않은 채 무기를 내려놓고 아름다움을 기리는 시인의 자리로 돌아갔다. 그래서 르네 샤르는 카뮈의 마음속에서 매우 중요한 인물이다. "르네 샤르는 내가 형제처럼 사랑하는 사람이다"고 그는 말하곤 했다. 그는 상파울로에서 가진 한 인터뷰에서 서슴지 않고 이렇게 말했다.

"르네 샤르는 랭보 이후 프랑스 시단에서 가장 위대한 사건입니다. 오늘날 그는 프랑스에서 가장 소리 높여 노래하면서 위대한 인간적 풍부함을 전해주는 시인입니다. 그리고 우리는 시에 대하여 말할 때 사랑으로부터 가장 가까이 다가갑니다. 돈으로도 바꿀 수 없고 우리가 모럴이라고 부르는 저 딱한 것과도 바꿀 수 없는 저 위대한 힘이 사랑입니다."

카뮈는 샤르의 시 《힙노즈의 종잇장들》을 특히 좋아해 자신이 책임을 맡고 있는 《희망》 총서 속에 넣어 출판했다. 그 기회에 르네 샤르는 갈리마르 출판사에서 카뮈를 처음으로 만나게 되었다. 1946년 가을 그들은 아비뇽에서 다시 만났고 카뮈는 샤르 덕분에 그의 마을 일 쉬르 소르그에서 뤼베롱 산과 방투 산의 아름다움을 발견했다. 이때부터 카뮈가 사망할 때까지 두 사람의 우정은 날로 두터워졌다. 카뮈가 노벨상을 수상한 뒤 루르마랭에 있는 시골집을 매입하게 된 것도 두 사람의 우정과 무관하지 않다. 사실 1960년 1월 3일 카뮈가 그 시골집에서 미셸 갈리마르의 자동차를 타고 파리로 떠날 때 하마터면 르네 샤르도 같은 자동차로 동행할 뻔했다. 마지막 순간 샤르는 비좁은 자동차에 자신까지 타서 불편해지는 것을 원하지 않아 사양하고 자신은 별도로 기차를 타고 떠났다. 그때 샤르가 같은 자동차에 동승했다면 어떻게 되었을까?

1952년 앙리에트 그랭다의 사진과 카뮈의 텍스트를 함께 실어 출판한 《태양의 후예》(알베르 카뮈 전집 10)의 말미에다 르네 샤르는 카뮈 사후인 1962년 1월 〈해가 떠오르듯이 우정이 태어나다〉라는 제목으로 발문을 붙이면서 그들 두 사람 사이의 관계를 감동적으로 회상했다. 카뮈는 타자한 《반항하는 인간》의 원고를 르네 샤르에게 헌정했다. 그들은 이 책이 완성될 때까지 여러 번 모여 토론을 했다. 덧없이, 그러나 창조적으로 살고 죽기를 원했던 카뮈는 르네 샤르에게서 바로 그 덧없음 속의 창조의 전형을 발견한 것 같다.

3. 보유

(1) 장 폴 사르트르의 《구토》

파스칼 피아의 주도하에 알제에서 창간한 일간지 《알제 레퓌블리캥》은 혁신성을 표방하면서 특히 문화 논단을 선보임으로써 다른 경쟁지들과의 차별화를 모색했다. 그 야심의 한 표현이 바로 1938년 10월 9일자 제4호부터 등장한 이 신문의 〈독서 살롱〉(1938 ~1939)이다. 이 코너는 신간 작품들을 열거하는 카탈로그에 그치지 않고 '이념적 편향을 멀리하면서 살아 있는 작품에 충실'하고자 했다. 젊은 기자 카뮈는 초심자 특유의 순수한 열정을 발휘하여 이 코너에 줄기차게 서평 성격의 글들을 발표했다. 그는 문학작품의 독서를 통하여 타자의 세계와 만나면서 막연하게나마 자신이 마음속에 품고 있는 문학의 특성과 윤곽을 그려보고자 했다. 아직은 자신의 정체성을 모색하는 단계인 이 잠재적 작가는 소설, 이야기, 단편 등 각 장르 사이의 관련성과 대립성을 어렴풋이나마 느꼈다. 그러나 아직은 너무 젊은 그에게 예술은 형식보다는 야성적인 '삶'의 편에 더 가까웠다. 〈독서 살롱〉은 신간서평에 그치지 않고 여러 잡지, 강연, 일반적인 지적 문화적 활동들도 함께 소개했다.

새로운 신간에 대한 그의 서평이 파리의 유명한《N.R.F.》지 보다 먼저《알제 레퓌블리캥》에 실리는 일도 적지 않았다. 카뮈는 비평의 한계와 목적성을 규명하려고 노력했다. 그에게 중요한 것은 언제나 일종의 '상관 주관성intersubjectivité'이었다. 그가 지키고자 한 비평의 원칙은 자신과 다르거나 대립되는 타인의 생각들에 대한 이해와 존중, 그리고 각 작품의 고유한 논리적, 미적 원칙을 우선하여 편견이나 단순화의 유혹에 쏠리지 않으려는 데 있었다. 그래서 카뮈는 자신만이 아니라 다양한 인사들로 구성된 필진을 동원하여 그들이 차례로 서평을 발표하게 함으로써 서로 다른 의견들이 자연스럽게 공통분모에 이르기를 원했다. 그러나 신문의 재정적 조건이 그의 의도를 따라주지 못했으므로 실제로는 거의 카뮈 혼자서 서평란을 메울 수밖에 없었다.

1938년 10월 〈독서 살롱〉에 실린 사르트르의《구토》서평은 이 작품의 핵심을 짚어내는, 당시로서는 선구적인 글이다. 놀라운 사실은, 아직 무명인 젊은 카뮈가 사르트르의《구토》에 대하여 가장 의미 있는 글을 쓴 최초의 평론가라는 점이다. 그리고 여기에 화답하듯 사르트르는 머지않아 카뮈의《이방인》에 대한 최초의, 그리고 어느 면에서는 결정적인 평론《이방인》해설》을 쓰게 된다.

카뮈는 이 글에서 처음으로 자신이 사르트르의 철학과 얼마나 큰 차이를 드러내는지, 그리고 특히 두 작가의 감수성이 얼마나 대조적인지를 일찍부터 깨달았고 또 그 점을 분명히 적시하고 있었다.

"삶은 충격적이면서 멋들어진 것일 수 있다. 바로 이것이 비극인 것이다. 아름다움, 사랑 혹은 위험이 없다면 산다는 것은 거의 쉬운 것이라고 말해도 좋을 터이다. 그런데 사르트르 씨의 주인공은 인간의 몇몇 위대함에 근거하여 절망할 이유를 제시하는 것이 아니라 인간에게서 구역질을 자아내는 것에 강조점을 두는 것으로 보아 불안의 진정한 의미를 제시하지 못한 것 같다."

카뮈는 이 기이한 소설이 "삶의 기계적인 면"을 명철하고 확고한 솜씨로 묘사했다고 칭찬한다. 이 말은 곧 장차 카뮈 자신이 쓰게 될 《이방인》에 적용해도 좋을 만한 해석이다. 그리고 카뮈는 벌써부터 이 주제를 "초보적인 행위의 근저에서 발견하는 자신의 근원적인 부조리"라고 명명한다. 그러나 이 소설이 선택한 주제와 묘사의 솜씨가 보여준 기량에도 불구하고 "사상과 그 사상이 구체화되는 이미지들 사이의 너무나도 완연한 불균형" 때문에 독자는 그 진정성을 의심하게 된다고 비판한다.

"삶의 부조리를 확인한다는 것은 목적이 될 수 없다. 그것은 단지 시작에 불과하다. 그것은 거의 모든 위대한 정신들이 출발점으로 삼는 하나의 진실이다. 우리의 관심사는 부조리의 발견이 아니라 거기서 이끌어낼 수 있는 귀결들과 규칙들이다. 불안의 한계점으로 가는 그 여행의 끝에서 사르트르 씨는 하나의 희망을, 즉 글을 씀으로써 스스로를 해방시키는 창조자의 희망을 허락하는 것 같다."

사르트르의 데뷔작에 대한 이 비판적 결론은 이 두 사람의 근원적 태도가 분기하는 지점, 훗날 두 사람을 갈라놓게 될 본질적인 차이를 일찍부터 적시하고 있는 느낌이다. "삶의 부조리를 확인"하는 것은 "출발점"에 불과하다는 말은 장차 《시지프 신화》의 중요한 토대를 이루게 된다.

(2) 《기슭》지(지중해 문화 잡지) 소개

야심찬 목표와 카뮈의 소개말에도 불구하고 이 잡지는 1938년 12월호와 1939년 2~3월호를 내고 막을 내렸다. 연극에 대한 특집으로 예정된 제3호는 전쟁의 발발로 계획에 그쳤다. 가르시아 로르카를 추모하는 또 하나의 특집호는 1941년 비시 정권의 경찰에 발각, 압수되었다고 알려져 있다. 편집위원은 가브리엘 오디지오, 카뮈의 스승 장 이티에, 자크 외르공, 그리고 세 사람의 젊은 작가 알베르 카뮈, 클로드 드 프레멩빌, 르네 장 클로였고 열정적이지만 적자투성이인 에드몽 샤를로가 출판을 담당했다. 이 '소개말'은 잡지 《기슭》의 별지에 인쇄되어 있어서 잡지의 목록에도 표시되지 않은 글이다.

"피렌체에서 바르셀로나까지, 마르세유에서 알제까지 북적대며 형제 같은 공감을 느끼는 한 무리의 사람들"이 바로 이 젊고 단명한 '문화'잡지의 주체다. 따라서 여기서 말하는 '기슭'은 지중해의 기슭을 의미한다는 것을 알 수 있다. 헬레니즘의 뿌리에 기반을 둔 카뮈의 '지중해 사상'은 바로 이 기슭의 "어떤 생명 과잉"으로부터 태어나 장차 기독교에 바탕을 둔 북유럽의 음습한 "독일적 사상"과 대립하게 되고 이 대립은 나치에 대한 레지스탕스의 투쟁을 카뮈 식으로 설명해줄 것이다. 이 잡지가 표방하는 "조화롭고 정돈된 야만성" 속에 내포된 모순과 긴장은 카뮈 사상의 근간을 이룬다. 카뮈와 이 잡지는 따라서 "바다, 태양, 햇빛 속의 여자들과 같이 우리 삶에 어떤 의미를 부여하는 덧없으면서도 근본적인 몇몇 재화들에 대한 자신들의 애착"을 공유한다.

(3) 장 폴 사르트르의 《벽》

1939년 3월 12일자 《알제 레퓌블리캥》지의 〈독서 살롱〉에 실린 단편집 《벽》에 대한 이 글은 사르트르의 저서에 대한 두 번째 서평이다. 카뮈는 이 글에서 단편 〈친밀한 관계〉가 외설을 무용하게 "이용"했다고 비판하면서도 사르트르의 위대함과 진실을 분명하게 인지하고 있다. 카뮈는 사르트르의 단편에서 "종말을 향하여 인물들을 이끌고 가는 이 고상하고도 우스꽝스러운 자유"를 주목하면서 소설의 주인공들은 "자유 속에 감금되어 있다"고 지적한다.

머지않아 전후 프랑스 지성을 대표하는 상징이 될 두 사람은 이처럼 일찍부터 서로의 중요성을 발견하고 확인한 것 같다. 사르트르가 《《이방인》 해설》을 통해서 카뮈의 작품 세계를 올바르게 해석하는 하나의 방향을 제시했듯이 알제의 젊은 기자는 벌써부터 사르트의 작품이 한 "세계"를 이루고 있음을 알아본 것이다. "단 두 권의 책으로 핵심적인 문제를 향해 곧바로 나아가서 강박적인 인물들을 통하여 그 문제를 살아 움직이게 할 줄 아는 한 작가에 대하여 우리는 벌써 하나의 작품 세계를 운위해도 좋을 것 같다." 《작가 수첩》이나 《시지프 신화》에서 카뮈가 "생각한다는 것은 무엇보다 먼저 하나의 세계를 창조하고자 하는 것이다", 혹은 문학 작품이란 "무슨 '이야기'를 들려주는 것이 아니라 자신의 세계를 창조하는 것이다"라고 되풀이하여 강조했다는 사실을 상기한다면 사르트르에 대한 그의 지적이 얼마나 중요한 것인가를 분명히 알 수 있다.

장차 《이방인》의 법정에서 뫼르소의 입을 통해서 등장하여 사람들을 놀라게 하는 정신분석학적인 표현인 "우리는 모두 다 우리가 사랑하는 사람들의 죽음을 다소간 바란다"를 처음으로 마주치게 되는 것도 이 서평의 한 묘미다.

(4) 이냐치오 실로네의 《빵과 포도주》

이탈리아 작가 실로네의 사실주의적인 소설에 대한 이 서평은 1939년 5월 23일자 〈독서 살롱〉에 실린 글로서, 카뮈와 이 전투적인 사회주의자 소설가와의 소설을 통한 첫 만남으로 기록된다. 카뮈는 1940년 오랑에서 이탈리아 반파시스트 운동가인 니콜라 키아로몬테를 자신의 집에 재워주면서 그와 절친한 친구가 된다. 카뮈는 바로 키아로몬테를 통해서 1948년에 실로네와 만난다. 실로네는 키아로몬테가 편집하는 잡지 《템포 프레젠테》의 발행인이었다. 정치적 입장이 유사한 카뮈와 실로네는 1953년에서 1957년까지 자유주의적 성격의 작은 잡지 《증인》에 함께 기고했다.

"혁명의 추상성"에서 빵과 포도주로 상징되는 "실제 삶의 단순함"으로 발전하는 실로네의 혁명적 여정이 그려진 《빵과 포도주》에서 카뮈는 소설의 진정한 덕목인 "가장 고통스러운 갈등 상황"과 "의혹"의 노출을 주목한다. "우리가 이 작품을 혁명적이라고 평가할 수 있는 것은 바로 이 때문이다. 이런 종류의 작품은 승리와 정복을 찬양하는 작품이 아니라 혁명의 가장 고통스러운 갈등 상황들을 노출시키는 작품이니까 말이다. 그 갈등 상황들이 고통스러우면 고통스러울수록 그것은 더욱 강한 효력을 나타낸다. 너무 빨리 확신을 가지게 된 투사와 진정한 혁명가와의 관계는 편협한 신자와 신비주의자 사이의 그것과 같다. 신앙의 위대함은 신앙의 의혹들을 보고 알 수 있기 때문이다. 그런데 피에트로 사카를 사로잡는 의혹은 민중 속에서 태어나 민중의 존엄을 옹호하기로 결심한 그 어떤 정직한 투사도 결코 무시하고 넘어갈 수 없는 의혹이다. 이 이탈리아 혁명가를 괴롭히는 불안은 실로네의 책에 암울한 광채와 비통함을 부여하는 불안 바로 그것이다."

끝으로 "예술적인 품질을 갖추지 못한 혁명적 작품이란 성립하지 않는다"는 지적은 행동으로서의 혁명과 예술 작품 사이의 관계와 거리를 분명히 한다.

(5) 지성과 단두대

리옹에서 발해되던 잡지《콩플뤼앙스》는 비시 정권의 기조에 어긋난다는 이유로 1942년 8월에 정간처분을 받았다가 드리외 라 로셸의《N.R.F.》지가 더 이상 나오지 않게 되면서 1943년에 복간되었다. 이 잡지는 장 폴랑의 주도하에 레지스탕스에 가담한 작가들의 지지를 받았다. 〈지성과 단두대〉는《콩플뤼앙스》지가 1943년 7월에 소설의 여러 문제에 관하여 꾸민 특집에 기고한 글이다. 결국 자신의 소설관을 간접적으로 드러낸 이 중요한 텍스트에서 카뮈는 특히 프랑스 고전소설 전통에 관한 성찰을 종합적으로 소개한다.

프랑스 고전소설에 대한 카뮈의 관심은 1937년으로 소급되는데, 이는 자신의 자전적 경험에 바탕을 둔 소설의 실패로부터 벗어나 새로운 소설기법을 모색하는 과정의 연장선상에 놓인다. 프랑스 본토로 떠나기 전인 1937년에서부터 1939년까지 그는 《N.R.F.》지를 열독하면서 소설에 관한 여러 가지 언급과 분석을 통해서 자신의 개인적인 성찰에 도움을 받는다.

프랑스 고전소설 전통이 보여주는 "정열에 찬 단조로움", 의도에 적합한 어조, 핵심적인 것으로 환원시킨 절제의 미덕, 내면적 정념의 절규에 부여한 "순정한 언어의 질서"는 카뮈에게 진정한 소설의 미학에 눈뜨게 해줄 뿐만 아니라 기자 알베르 카뮈가 〈독서 살롱〉에 기고한 수많은 글들에 커다란 암시의 힘을 발휘한다. 이 절제의 미학은 결국 고전적이면서도 가장 현대적인 작품인 《이방인》의 탄생에 없어서는 안 될 밑거름이 되었다고 볼 수 있다.

(6) 인터뷰 발췌――"아닙니다, 나는 실존주의자가 아닙니다……"

1945년 11월 15일 《레 누벨 리테레르》지 954호에 실린 자닌 델페슈와의 인터뷰 내용이다. 이 무렵은 소설 《페스트》가 아직 발표되기 전인 동시에 《반항하는 인간》의 출간이 예고되면서 카뮈의 지명도와 인기가 점점 높아가고 있을 때였다.

아직 사르트르와의 우정에 아무런 걸림돌이 없던 시절이지만 카뮈는 자신과 사르트르의 차이를 분명히 밝혀두려고 노력한다. 신을 믿지 않으며 신의 은총과 무관하게 살아가려는 태도, 합리주의의 한계에 대한 뚜렷한 의식, 이 세계의 부조리함의 경험 등 사르트르와의 많은 공통점에도 불구하고 카뮈는 분명하게 실존주의자이기를 거부한다. 카뮈는 "존재는 본질에 선행한다"라고 선언한 실존주의자 사르트르와 달리 인간의 '본성'의 존재를 부정하지 않으며 다른 한편 실존주의가 마르크스주의와 공유하는 성격, 즉 "미래에 걸고 도박하는" 종교로서의 일면을 배격한다. 이 점은 필연적으로 1950년대 초, 두 사람 사이의 치열한 논쟁으로 이어진다.

그는 부조리를 초극하는 방법으로 반항, 그리고 타자와의 유대를 강조한다. 그의 이런 관점은 장차 소설 《페스트》와 철학적 에세이 《반항하는 인간》 속에서 폭넓게 설명된다. 한편 그는 소설의 기법으로 "미국 소설가들의 방법"을 필요에 따라 《이방인》에서 일시적으로 차용했음을 인정하지만 그 방법의 위험성을 경고하면서 다시 한 번 프랑스 고전문학의 중요성을 강조한다.

(7) 《세르비르》지와의 인터뷰

바로 앞에 소개한 11월 15일자 《누벨 리테레르》지에 이어지는 또 한 번의 인터뷰다. 《세르비르》지는 개신교 계통의 정신을 바탕으로 하는 잡지였다. 인터뷰의 내용은 실존주의에 대한 보다 계통적인 해석으로 이어진다. 주목할 만한 점은 카뮈가 무신론적 실존주의 역시 일종의 종교적 해결, 즉 "역사의 신격화"로 귀결된다는 점에서 경계의 대상이라고 말했다는 사실이다. 그리하여 그는 무신론적 실존주의와 유신론적 실존주의의 "사이"에 "견딜 만한 어떤 진실"이 존재한다는 신념을 털어놓는다. 이는 《반항하는 인간》의 주된 테마 중 하나다.

이 인터뷰에서 또 하나의 중요한 이슈는 아랍 세계와의 관계에 관한 것이다. 카뮈는 프랑스 정부의 부적절한 대 아랍 정책을 비판한다. 반세기의 세월이 지나 알제리 전쟁의 기억은 아득한 과거로 물러나고 아랍의 문제가 세계 전체의 문제로 떠오른 오늘 우리는 다시 한 번 그의 예언적인 발언을 되새겨 보게 된다. "프랑스가 진정으로 아랍 국가에 민주주의를 뿌리박게 한다면 단순히 북아프리카만 얻게 되는 것이 아니라 전통적으로 다른 열강들을 추종하는 모든 아랍 국가들을 얻게 된다는 것 말입니다. 진정한 민주주의는 아랍 국가에서는 새로운 사상입니다. 우리에게 민주주의는 백 개의 군대와 천 개의 유정과 같은 가치를 가진 것입니다."

(8) 쥘 루아의 《행복한 골짜기》

1947년 2월 《라르슈》지 24호에 실린 글로 쥘 루아의 소설 《행복한 골짜기》의 〈서문〉이다. 이 소설은 청년 시절 카뮈의 산문 《결혼》을 펴낸 알제의 샤를로 출판사가 파리로 옮겨와서 낸 책으로 1946년에 르노도상을 수상했다. 원래 《르 몽드》지에 연재되었던 이 소설은 행동의 신화, 영웅주의적 모럴, 죽음의 매혹 등 여러모로 생텍쥐페리를 연상시키는 작품이다.

쥘 루아는 1907년 알제리에서 가난한 식민의 아들로 태어났다. 그는 카뮈, 로블레스와 함께 알제리 출신의 그리 많지 않은 중요 작가 중 한 사람이다. 이 서평은 로블레스에 대한 글과 아울러 카뮈가 알제리 시절 친구들에 대하여 느끼고 있는 변함없는 연대의식을 잘 드러내 준다. 쥘 루아는 일찍부터 군에 입대하여 2차대전

중에는 영국과 협력하는 전투기 조종사로 활약하면서 1943년과 1945년 사이에 37회나 출격했다. 군 생활 때부터 꾸준히 문학 작품을 발표했고 전쟁이 끝나자 카뮈의 권유로 일간지 《콩바》에 기고했다. 프랑스 공군 정보국장을 지냈고 인도차이나에서 대령으로 근무하다가 1953년 전역했다. 소설로는 《항해사》, 《바람난 아내》, 《태양의 말들》, 《별이라는 이름의 여자》, 《유슈리덴의 체리》, 《미티자의 주인》, 《하늘과 땅》, 《행복한 골짜기》, 《지옥에서 돌아오다》 등, 그 외 《알제리 전쟁》, 《디엔 비엔푸 전투》, 《중국 여행》, 《마오쩌둥의 죽음》 등 경험을 바탕으로 한 저서들을 냈다. 1958년에는 아카데미 프랑세즈 문학대상을 받았다.

이 서평 중에서 특히 이 책은 "한 인간의 책인 것이다. 여기에 무슨 찬사를 덧붙일 것인가?"라는 뭉툭한 표현은 《이방인》의 법정에서 식당주인이며 친구인 셀레스트가 뫼르소에 대하여 말하면서 "그는 사람이었다"라고 한 것을 연상시킨다. 여기에 더 이상 무슨 찬사를 덧붙일 것인가. 카뮈적인 인간들은 진정한 "친구"에 대하여 표현할 때는 말보다 말을 에워싼 침묵을 통해서 더욱 웅변적으로 "우정 어린 경의"를 느끼게 하곤 한다.

(9) 허먼 멜빌

카뮈소설관의 핵심은 소설의 양면성에 대한 이해에 기초한다. 양면이란 인물의 일상적 삶에 대한 구체적 묘사의 측면과, 다른 한편 특수성이 보편성과 만나 각 인간의 내면에 잠재해 있는 인간 조건의 이미지를 드러내는 추상적, 상징적, 신화적 측면을 말한다. 앞에서 소개한 〈샹포르의《잠언집》서문〉과 〈지성과 단두대〉에도 이러한 관점은 잘 드러나 있다.

〈허먼 멜빌〉은 단순히 한 작가의 작품 세계에 대한 해석이나 소개가 아니라 카뮈 자신의 이런 소설관을 비추는 거울과 같은 글이라고 할 수 있다. 그는 무엇보다도 멜빌을 소설의 "신화적 측면"과 관련하여 매우 중요하고 의미 있는 작가로 보았다. "재능 있는 사람이 삶을 재창조한다면 천재는 한 걸음 더 나아가 그 삶을 신화로 탈바꿈시킨다고 할 수 있다. 멜빌은 무엇보다도 신화의 창조자다." 그러나 신화의 창조는 동시에 구체적 현실의 묘사와 불가분의 관계에 있음을 또한 잊지 않고 강조한다. "신화의 창조자는 신화를 상상이라는 덧없는 구름 속이 아니라 현실의 밀도 속에 새겨놓을 때 비로소 천재에 기여하는 것이다. 카프카의 경우, 그가 묘사하는 현실은 상징에 의하여 유발되고 사실은 이미지로부터 흘러나온다. 그런데 멜빌의 경우 상징은 현실에서 나오고 이미지는 지각에서 생겨난다. 그렇기 때문에 멜빌은 육체와 자연과 결코 유리되지 않는다."

〈허먼 멜빌〉을 쓰고 있던 무렵인 1952년 5월에 카뮈가《작가 수첩 II》에 메모한 내용도 바로 이러한 소설의 양면성에 대한 성찰을 반영하고 있는 것으로 보인다. "이 처음 두 주기 동안의 내 작품 : 거짓이 없는, 따라서 현실성이 없는 존재들. 그것들은 이 세상에 속해 있지 않다. 아마도 그런 이유 때문에, 지금까지는, 내가 흔히들 말하는 소설가가 아닌 것이다. 그보다는 오히려 자신의 열정과 불안에 맞는 신화들을 창조하는 예술가라고 해야 옳을 것이다. 그런 이유 때문에 이 세상에서 나를 열광케 한 존재들 또한 항상 그런 신화들의 힘과 예외성을 지닌 사람들이다."(400~401쪽)

(10) 프랑시스 퐁주의《사물의 편에서》에 대한 편지
1943년 1월 27일자로 되어 있는 이 편지는 1956년에야 비로소《N.R.F.》지의 9월호에 실렸다.

프랑스 현대 시는 카뮈의 특별한 관심을 끌지 못했지만 르네 샤르와 프랑시스 퐁주만은 예외였다. 퐁주와 카뮈는 서로 유사한 점이 없지 않다. 1899년생인 퐁주는 개신교 신자지만 1936년 이래 공산당원이었다. 점령 시대 카뮈가 아직 프랑스 중부 산악지대인 샹봉 쉬르 리뇽 근처의 파늘리에에서 폐결핵 요양차 머물고 있을 당시 같은 곳에 와 있던 퐁주에게 파스칼 피아가《시지프 신화》의 원고를 넘겨주자 그는 그 책의 드높은 윤리성에 호감을 느끼게 되었다. 두 사람은 1942년에 처음으로 서로 만나 알게 되었다. 이 편지는 그때 이후 그들이 주고받은 많은 서신들 가운데 하나다.

문학적 창조 행위의 본질은 "완벽한" 표현을 위한 지칠 줄 모르는 탐구에 있다고 굳게 믿는 시인 퐁주가 그 같은 믿음에 따라 쓴 32편의 산문시 모음이《사물의 편에서》다. 카뮈는 시인 자신이 겨냥하는 주제를 넘어서 이 시집을 "순수한 상태의 부조리한 작품"이라고 생각하고 그 속에서 자신의《시지프 신화》의 철학적 바탕을 이루는 그 무엇을 발견한다. 반면에 퐁주는 카뮈가《시지프 신화》에서 상대적인 것에 만족하지 않고 절대의 탐구에 너무 매달린다고 비판하면서 "카뮈가 생각하는 개인, '유일자'의 향수를 지닌 채 명백한 설명을 요구한 나머지 그렇지 못하면 자살할 수밖에 없다고 믿는 개인은 19세기의 개인이거나 사회적으로 부조리한 세계 속에 살고 있는 20세기의 개인이다"라고 지적한다. 카뮈는《시지프 신화》가 잠정적인 것이며 그 역시 좋은 의미의 허무주의는 상대적인 것, 인간적인 것으로 인도한다고 응답하면서 퐁주의 세계에도 절대에 대한 향수가 잠재해 있다고 반박한다.

그러나 해방 후 카뮈가 주도하는《콩바》지와 퐁주가 열심히 기고하던 공산주의 기관지《악시옹》지 사이의 갈등이 첨예해지자 두 사람 사이의 관계는 어려워진다. 그 결과 1956년《N.R.F.》지가 프랑시스 퐁주 특집호를 꾸밀 때 이 특집에 카뮈의 편지를 포함시키는 문제가 난관에 봉착했다가 장 폴랑의 중재로 간신히 해결되었다.

(11) 나는 왜 연극을 하는가

1959년 5월 12일 카뮈가 텔레비전의 〈클로즈업〉이라는 프로에 나와서 한 말을《문학 비평》에 포함시킨 것은 그의 문학과 연극 사이의 관계를 조명하기 위한 목적 외에 다른 글에서는 느낄 수 없는 그의 '말하는 어조'를 실감할 수 있는 기회이기 때문이었다.

그는 여기서 "연극의 무대는 내가 행복을 느낄 수 있는 유일한 장소"라고 털어놓았다. 사실 알제의 대중적인 댄스홀에서 말로로부터 도스토예프스키에 이르는 일련의 작품들을 무대에 올린 1936년부터, 파리의 앙투안 극장에서《악령》을 선보이기까지 23년 동안 카뮈는 연극에 대하여 일편단심이었다. 이처럼 연극에 대한 그의 집요한 미덕 혹은 중독의 원인은 어디에 있는 것일까?

고독한 정신의 작업인 글쓰기에 비해 연극은 스포츠나 신문과 마찬가지로 "육체가 중요한 직업"이다. 요컨대 "연극인은 필요 때문에 도덕적"이 되기 때문에 카뮈는 연극을 좋아한다. 이 '육체적' 측면은 곧 공동생활 속에서 동료들과 함께 나누는 어려움과 기쁨, 즉 '동지애'로 이어진다. "동지애는 내 삶의 가장 큰 기쁨 중의 하나였는데 내가 사람들과 한 팀이 되어 만들었던 어떤 신문을 떠난 이후 잊어버리고 말았던 것이지요. 그러다가 연극으로 돌아오자 나는 곧 그 동지애를 되찾을 수 있었습니다⋯⋯정상적인 체질의 인간이라면 어느 땐가 반드시 사람의 얼굴, 공동체의 따뜻한 체온을 그리워하게 될 것입니다." 연극은 바로 카뮈가 필요로 하는 공동체를 제공해주기에 행복을 맛보는 장소인 것이다.

끝으로 카뮈는 연극이 어떤 "진실의 장소"라고 믿는다. "무대 위의 불빛은 가혹합니다. 이 세계의 속임수와 위장에도 불구하고 이 60제곱미터의 무대 위에서 걷고 말하는 남자, 혹은 여자는 온갖 가장과 의상들을 벗어나 자기 나름대로 속을 털어놓으면서 자신의 진정한 모습을 드러내고야 마는 것입니다."

(12) 우리의 친구 로블레스

카뮈의 젊은 시절 알제에서 몇몇 초기작품을 출판했던 에드몽 샤를로가 2차대전 직후 파리에 와서 자리 잡고 알제리 출신 작가들의 책을 출판하기 시작했다. 그리하여 한동안 '알제 에콜'이란 말을 듣기도 했다. 그 중에 자주 거론되는 작가가 쥘 루아와 엠마뉘엘 로블레스였다. 로블레스는 오랑의 가난한 스페인계 출신으로 카뮈와 성장 환경이 유사하다. 카뮈는 그의 사나이답고 한없이 너그러운 성격을 좋아했다. 공군에서 복무하다가 제대한 그는 한동안 교사 생활을 했다. 1937년 알제에서 가까운 블리다에서 군 복무 중에 알제로 카뮈를 찾아가 처음 만나 사귀게 된 이래 두 사람의 우정은 1960년 1월 4일 빌블르뱅의 자동차 사고 불과 며칠 전 루르마랭에서 카뮈가 보낸 두 통의 마지막 편지에 이르기까지 일생 동안 변함이 없었다. 사실 자동차 사고 직후 카뮈의 부인 프랑신의 부탁을 받고 현장으로 달려가 카뮈의 시신을 수습한 사람이 바로 로블레스였다. 그는 특히 알제리 전쟁 중 알베르 카뮈가 직접 알제를 방문하고 시민휴전을 제안했을 때 카뮈와 함께 위험을 감당하면서 그와 행동을 같이했다.

《도시의 높은 곳》,《그 이름은 새벽》,《베니스의 겨울》,《일각수 사냥》(김화영 역, 문학동네),《노르마》,《폐허의 꽃》 등의 소설과《끝없는 사랑》,《세월의 그리스털》 등의 시집,《몽세라》,《진실을 죽었다》와 같은 널리 알려진 희곡을 남겼다. 오랫동안 아카데미 공쿠르의 심사위원을 역임했다. 한국을 방문한 적이 있으며 내가 번역하여 파리에서 출판한《미당 서정주 시선》의 〈서문〉을 썼다.

1994년 나는 파리에 머물며 카뮈의 유작 소설《최초의 인간》을 번역하면서 그에게 많은 도움을 받았다. 겨울을 보내기 위해서 잠시 귀국하기 전 파리의 포르트 생 클루에 있는 한 카페에서 그를 만났다가 봄에 다시 만나기로 하고 작별했다. 당시 그는 카뮈와 주고받은 많은 편지들을 바탕으로 카뮈와의 우정에 대한 책을 쓰고 있다고 말했다. 이듬해 봄 다시 파리로 돌아갔을 때 그는 세상을 떠나고 없었다. 얼마 뒤 두 사람의 우정을 증언하는 짧은 내용의 (아마도 미완일 듯한) 책《카뮈, 태양의 형제》(쇠이유, 1995)가 출판되었다.

(13) 장 클로드 브리스빌에게 답한다/알베르 카뮈의 마지막 인터뷰

1960년 1월 4일 불의의 교통사고로 사망하기 전 카뮈가 마지막으로 가진 가장 의미 있는 인터뷰 두 편이다. 특히 장 클로드 브리스빌과의 인터뷰는 카뮈의 인간과 작품 세계를 이해하는 데 매우 중요한 자료로 남는다.

극작가인 장 클로드 브리스빌은 카뮈의 무조건의 지지자요 친구였다. 그는 이 인터뷰가 담김 그의 저서《카뮈》의 첫머리에 이렇게 쓰고 있다. "카뮈를 아신다고요?' 얼마나 여러 번 나는 이런 질문을 받았던가? 그리고 얼마나 여러 번 상대방이 눈빛 속에서 늘 똑같은 호기심과 늘 똑같은 우정 어린 관심을 읽었던가? 카뮈의 작품을 읽는다는 것은 그와 악수하고 싶은 욕구를 느낀다는 것이다."

(14) 미발표 텍스트——시몬 베유,《뿌리 내리기》/ 서문 초안

카뮈는 시몬 베유를 직접 만나본 적이 없다. 그러나 대전 직후 그녀의 저작을 발견한 것은 그에게 매우 중요한 사건이었다. 카뮈는 그녀의 독립적인 정신, 인격과 신체 전체를 내던져 참여하는 비타협적 열정을 높이 평가했다. 건강 상태가 좋지 못한 젊은 여성인 시몬 베유는 결연히 철학교수직을 버리고 공장과 농장의 노동자를 자

청했다. 아마도 그녀의 인물 됨됨이와 작품에 대한 호감은 카뮈가 혁명적 노동운동에 친화감을 가지는 데 영향을 주었을 것이다. 시몬은 오랫동안 이 운동에 헌신했고 거기서 양보할 줄 모르는 불꽃을 발견했다. 스페인 내전 당시에는 스페인으로 가서 공화파를 지지하여 활동했지만 공화파의 오류를 지적하는 데도 망설임이 없었다. 나치 점령 때는 유태인 신분으로 불가피하게 프랑스를 떠나 영국으로 가서 가장 빈한한 프랑스 사람들과 운명을 같이 하면서 사경을 헤맸지만 암시장을 이용하는 것은 거부했다. 그녀는 《페스트》의 타루를 연상시킬 정도로 정직함의 화신이었다. 기독교 신자였지만 보편성의 정신에 입각하여 교회에 소속되는 것을 거부했다.

카뮈는 갈리마르 출판사에서 자신이 주관하는 《희망》 총서 속에 그녀가 남긴 대다수의 저작들을 출판했다. 그 첫 번째 책이 《뿌리 내리기》였다. 그 책에는 "인간 존재에 대한 의무 선언"이라는 부제가 붙어 있다. 카뮈는 그 책을 위한 두 가지 텍스트를 썼다.

첫 번째 텍스트는 《N.R.F. 회보》(1949년 6월)에 《뿌리 내리기》를 소개하기 위해 쓴 짧은 글이다. 또 하나의 텍스트는 원래 《뿌리 내리기》의 〈서문〉으로 쓴 글이었으나 시몬 베유의 몇몇 가까운 사람들과의 의견 차이로 끝내 완성하지 못한 채 원고 상태로 남겨둔 글이다.

카뮈 연보*

카뮈의 작품세계를 이해하기 위해서는, 그의 삶의 중요한 이정(里程)과 함께 정치적 사건 그리고 문화적 상황을 총람해보아야만 한다. 그는 이러한 여건들과 맞부딪치면서 자신을 규정해나갔기 때문이다. 이러한 연보는 딱딱해 보일 수밖에 없지만 반면 사실의 왜곡이나 과장 같은 것은 전혀 없다.

■ 1913년 11월 7일 : 알제리의 몽도비에서 알베르 카뮈 출생.
 부친 뤼시앵 카뮈는 19세기 말엽에 알제리로 이주한 보르도 지방 출신으로 포도농장의 저장창고 노동자였다. 모친 카트린 생테스(후에 카뮈의 딸 이름이 카트린으로 지어지고, 《이방인》에는 뫼르소의 친구로 생테스가 등장)는 스페인의 마요르카 섬 출신으로 9남매 중 둘째였다. 알베르 카뮈 위로 형 뤼시앵이 있었다.

---

* 이 연보는 플레이아드판 《카뮈 전집》 제1권 권두에 로제 키요가 작성, 수록한 것이다.

- 1914년 8월 2일 : 1차대전.

"나는 내 또래의 모든 사람들과 함께 1차대전의 북소리를 들으며 자랐고, 우리의 역사는 그때 이후 끊임없이 살인, 부정, 혹은 폭력의 연속이었다."(《여름》 중 〈수수께끼〉)

그의 부친은 보병연대에 징집되어 마른 전투에서 부상당하고 브르타뉴의 생 브리외 병원에서 사망했으며, 생 브리외 공동묘지에 매장되었다.

그의 모친은 알제로 돌아와 벨쿠르라는 서민 지역(리용 가 93번지)에 정착했다. 카뮈는 방 두 개짜리 아파트에서, 처음에는 화약제조공장에서 일하다가 후에는 가정부 일을 하게 되는 어머니 ——거의 말을 안 하고 지내 벙어리가 되다시피 한(《안과 겉》 중 〈긍정과 부정의 사이〉),—— 자못 권위적이고 희극적인 할머니 카트린 카르도나(《안과 겉》 중 〈아이러니〉), 통 수리공인 불구의 삼촌 에티엔(《적지와 왕국》 중 〈말없는 사람들〉에서 기억되는), 그리고 형 뤼시앵과 함께 가난하게 살았다.

"나는……마르크스를 통해 자유를 배운 것이 아니다. 가난을 겪으면서 자유를 배웠다는 것이 옳을 것이다."(《시사평론 I》)

- 1918~1923년 : 초등학교 재학시, 교사 루이 제르맹한테서 각별한 총애를 받는다. 그는 수업 종료 후에도 카뮈를 지도해주었고, 중고등학교 장학생 선발시험에 카뮈를 추천해 응시하도록 했다. 후에 카뮈는 노벨상 수상 연설집 《스웨덴 연설》을 그에게 헌정한다.

- 1923~1930년 : 알제 고등학교에서 장학생으로 수학.

- 1926년 : 지드의 《사전꾼들》, 말로의 《서양의 유혹》.

- 1928년 : 말로의 《정복자》.
- 1928~1930년 : 알제 대학 축구 팀의 골키퍼.

"내가 내 축구팀을 그렇게도 사랑한 것은 결국, 열심히 뛰고 난 후에 뒤따르는 나른한 피곤함과 더불어 느껴지는 저 기막힌 승리의 기쁨 때문이었고, 또한 패배한 날 저녁이면 맛보게 되는 울음이 터져 나올 것만 같은 그 어리석은 충동 때문이었다."(《알제 대학 주보》)

- 1929~1930년 :

"처음으로 지드를 읽게 된 것은 열여섯 살 때였다. 내 교육의 일부를 책임지고 있던 삼촌이 때때로 나에게 책을 주곤 했다. 삼촌은 푸줏간 주인이었는데 장사가 아주 잘 되었지만 그의 진정한 관심거리는 독서와 사상에 관한 것뿐이었다. 그는 아침나절에만 장사에 몰두하고, 나머지 시간에는 서재에서 책을 읽거나 동네 카페에 나가 이야기와 토론을 하곤 했다.

어느 날 그는 나에게 양피 커버로 된 조그만 책 한 권을 빌려주면서 '너의 관심을 끌 책'이라고 다짐하는 것이었다. 그 즈음 나는 아무것이나 닥치는 대로 읽어대던 중이라,《여인들의 편지》(마르셀 프레보의 작품 —옮긴이주)를 다 읽고 나서, 삼촌이 건네준 《지상의 양식》을 펼쳐 보았다.

이 책의 기도하는 듯한 문장들은 나에게 모호하게 느껴졌다. 자연이 주는 재화들에 대한 찬미의 노래를 읽으며 나는 어리둥절했다. 나는 열여섯 살 때 알제에서 이와 같은 종류의 풍요함을 벌써 실컷 맛보았기 때문이었다. 아마도 나는 다른 종류의 풍요함을 희구하고 있었던 것 같다……나는 그 책을 삼촌에게 돌려주면서 아닌 게 아니라 그 책이 재미있었다고 말했다. 그러고 나서 해변가를 거닐거나 느긋하게 공부하거나 또는 한가하게 독서하면서 고달프기만 한 내 삶을 살아가야만 했다. 이리하여 진정한 만남은 이루어지지 않았다."(《지드에게 보내는 경의》)

■ 1930년 : 말로의 《왕도(王道)》.

문과반에서 스승 장 그르니에와 처음으로 만남.(장 그르니에의 《알베르 카뮈》, 제1장 참조)

폐결핵 첫 발병. 요양에 부적당한 집을 떠나, 우선 무정부주의자이며 볼테르 숭배자인 푸줏간 주인 귀스타브 아코 삼촌 집에 기거하게 된다. 기흉(氣胸) 때문에 입원했다가 후에는 독립생활을 하며, 혼자서, 혹은 여럿이서 함께 알제의 이곳저곳으로 옮겨가며 생활하게 된다.

■ 1932년 : 문과 학업 계속. 학창시절 친구로 클로드 드 프레맹빌과 앙드레 벨라미슈와 사귀며, 후자에게 카뮈는 나중에 로르카(스페인 시인, 극작가―옮긴이주) 번역을 맡기게 된다. 폴 마티외 교수와 장 그르니에 교수와도 친분을 나누는데, 특히 철학자이며 문 가인 후자와의 친분은 오래도록 변함없이 계속된다.

카뮈는 후에 그르니에 교수에게 《안과 겉》과 《반항하는 인간》을 헌정하고, 은사의 저서 《섬》의 서문을 쓴다.

"장 그르니에 교수를 만났다. 그 역시 나에게 책 한 권을 읽어보라고 내밀었다. '고통 La Douleur'이라는 제목의 앙드레 드 리쇼의 소설이었다. 처음 들어보는 사람이었다. 그러나 나는 그 훌륭한 책을 결코 잊을 수가 없다. 그 책은 내가 경험해서 아는 것들, 즉 어머니라든가 가난이라든가 아름다운 저녁 하늘이라든가 하는 것에 대해서 처음으로 나에게 이야기 해준 책이다. 습관대로 하룻밤새에 그 책을 다 읽어 치웠다. 다음 날 잠에서 깨었을 때, 낯설고 새로운 자유를 가슴에 안고 나는 머뭇거리며 미지의 영역으로 나아가기 시작했다. 책에서 얻어지는 것이 망각과 심심파적만이 아니라는 교훈을 터득한 것이었다. 나의 집요한 침묵, 지독하지만 정체를 알 수 없는 이 고통, 그리고 기묘한 이 세상, 내 가족들의 고결성과 가난, 나만이 알고 있는 비밀 등, 이 모든 것이 이야기될 수 있는 것이었다. 《고통》이라는 책에서 나는, 지드가 장차 나를 유인하여 끌어들이게 될 창작의 세계가 어떠한 것인지를 막연하게나마 우선 엿볼 수 있었다."(〈지드에게 보내는 경의〉)

- 1931~1932년 : 후일에 건축가가 될 미켈, 나중에 조각가가 될 베니스티, 작가이자 비평가인 막스 폴 푸셰 등과 교우.
- 1932년 : 잡지 《쉬드》에 네 편의 글을 발표.
- 1933년 1월 30일 : 히틀러 권력 장악.

카뮈는 앙리 바르뷔스와 로맹 롤랑에 의해 주도된 암스테르담-플레이엘 반파쇼 운동에 가입, 투쟁한다.

말로의 《인간 조건》, 프루스트 작품 탐독.(《반항하는 인간》 중 〈소설과 반항〉 참조)

장 그르니에의 《섬》. 짧은 에세이들로 구성된 이 책은, 실존의 문제들을 다루면서 아이로니컬하고 시적인 문체로 강한 회의주의를 표명함으로써, 카뮈로 하여금 그르니에를 사상적 스승으로 여겨 언제나 그의 영향을 입은 바를 잊지 못하게 했을 뿐만 아니라, 《안과 겉》과 《결혼》에 깊은 영향을 미쳤다.

- 1934년 6월 : 시몬 이에와 첫 결혼. 그러나 2년 후에 이혼. 발레아

르로 여행.(《안과 겉》 중 〈삶에의 사랑〉 참조)

■ 1934년 말 : 장 그르니에의 권유로(8월 21일자 편지 참조) 공산당에 가입. 회교도 계층에서의 선전 임무를 부여받는다. 카뮈는 1935년 5월 라발(프랑스 정치가—옮긴이주)의 모스크바 방문 때문에 공산당의 친회교도 운동이 부진해지자마자 공산당에서 탈퇴했다고 주장했다. 내면적인 갈등이 있었다는 것이 분명하며 《작가수첩》이 그것을 증명해주고 있다. 그러나 카뮈의 친구들은 그가 1937년까지 공산당원증을 갖고 다녔다고 말한다. 사실 공산당이 장악하고 있던 문화원 책임을 그가 맡고 있었다는 사실을 달리 설명할 수는 없겠다. 그 친구들의 말에 따르면 카뮈와 공산당 간의 결별——카뮈의 제명——은 공산당과 알제리 인민당 간의 불화 직후였다는 것이다. 인민당은 당시 메살리 하지가 주도했고, 그는 공산당원들을 자신들을 억압하는 탄압 선동자들이라고 비난하고 있었다.

또 다른 몇몇 글들은, 카뮈가 프리메이슨 비밀결사에 가담했다고 말하고 있으나, 이러한 주장들은 현재까지 아무런 입증 자료를 제시하지 못하고 있다. 아마도 그의 삼촌 아코가 프리메이슨 단원이라는 소문에서 연유된 혼동으로 여겨진다.

■ 1935년 : 말로의 《모멸의 시대》.

《안과 겉》 집필 시작.

"나로서는, 나의 원천이 《안과 겉》 속에, 내가 오랫동안 몸담아 살아온 그 가난과 빛의 세계 속에 있다는 것을 알고 있다. 그 세계의 추억이 지금도, 모든 예술가들을 위협하는 두 가지 상반되는 위험, 즉 원한과 만족으로부터 나를 지켜주고 있는 것이다······그러나 인생 자체에 관해서는 지금도《안과 겉》에서 서툴게 말한 것보다 더 많이 알지는 못한다."

이 시기에 카뮈는 그에게 지급된 대여 장학금으로 알제 대학에서 철학 공부를 계속한다. 그러나 또한 생계 수단으로 여러 가지 일을 해야만 했다. 이 해에 그는 정기적으로 대학 관상대에 나가 일하면서 남부 지방의 기압에 관한 보고서를 제출하곤 했다. 또 그는 자동차 부속품을 팔거나, 선박 중개회사에 취업하기도 했고(뫼르소처럼), 시청 직원으로 일하기도 했다(그랑은 시청 직원으로《페스트》에 등장한다).

■ 1936년 : 플로티노스와 성 아우구스티누스를 통한 헬레니즘과 기독교의 관계를 주제로 한 철학 졸업논문(D. E. S.) 제출. 제목은〈기독교적 형이상학과 신플라톤 철학〉.

에픽테토스, 파스칼, 키르케고르, 말로, 지드 등의 작품 탐독.

3월 7일 : 독일군이 레난 지방을 재점령.

5월 : 프랑스에서 인민전선 득세.

6월~7월 : 중앙 유럽 여행(《작가수첩 I》과《안과 겉》중〈영혼 속의 죽음〉참조). 그곳에서 첫 결혼이 파경에 이른다.

7월 17일 : 스페인 내란.

1935년에서 1936년에 이르는 기간 동안, 카뮈는 몇몇 친구들과 함께 문화원의 책임을 맡았고 '노동극장'을 창단했다.

이 극단을 위하여 세 명의 동료와 함께《아스튀리의 반란》을 집필했으나 상연이 금지되었고, 이것은 후에 샤를로 출판사에서 출판된다. 가브리엘 오디지오와 샤를로를 중심으로, '참다운 풍요'라는 기치 아래 지중해 문학운동이 전개된다.

- 1936~1937년 : 알제 라디오 방송극단의 배우로서 한 달에 보름씩 방방곡곡을 순회하며 공연.
- 1937년 2월 : 문화원에서 새로운 지중해 문화에 관해 강연.

5월 : 건강상의 이유로 철학교수 자격시험 응시를 거부당한다.

5월 10일 : 《안과 겉》출간.

8월~9월 : 말로에 관한 평론 계획. 요양을 위해 앙브룅에 체류. 이어 마르세유, 제노바, 피사를 거쳐 피렌체 여행.(《결혼》중 〈사막〉 참조) 명증하고 고뇌에 찬 열정의 시기로서 《결혼》이 그 결실.

미발표 소설 《행복한 죽음》 집필.

시디 벨 아베스 중학교 교사직을 타성과 침체를 우려하여 거절.

10월~12월 : 소렐, 니체, 슈펭글러(《서양의 몰락》) 등을 탐독.

'노동극장'이 해체되고 '협력극장'에 흡수.

알제리를 떠나 프랑스로 건너 갈 것을 계획(오디지오에게 보낸 편지).

- 1938년 : 파스칼 피아(후에 《시지프 신화》를 그에게 헌정)가 주도하는 《알제 레퓌블리캥》 신문의 기자로 취직. 잡보 기사로부터 사설에 이르기까지, 그리고 의회 기사와 문학란에 이르기까지 여러 가지 일을 담당했으며, 특히 알제리의 정치적 문제점들을 낱낱이 파헤치기도 했다.

말로의 《희망》, 사르트르의 《구토》. 이미 이때부터 사르트르의 이 책을 면밀히 읽은 카뮈는 사르트르의 미학에 반대 입장을 취하고, 사르트르가 실존의 비극성을 창출해내기 위해 인간의 추한 모습을 지나치게 강조한다고 비판한다. "사르트르의 주인공은 위대함을 딛고 근원적인 절망에서 일어서려고는 하지 않고 인간의 그 혐오스러운 면만을 강조하면서 자신의 고뇌가 지닌 참된 의미를 보여주지 않고 있는 것 같

다."(《알제 레퓌블리캥》 1938년 10월 20일자)

《칼리굴라》집필. 부조리에 관한 시론(試論)을 구상하며《이방인》집필에 도움이 될 자료 수집. 니체의《인간적인 너무나 인간적인》,《신들의 황혼》, 그리고 키르케고르의《절망론》(흔히《죽음에 이르는 병》으로 번역— 옮긴이주)을 탐독.

9월 30일 : 뮌헨 협정.

■ 1939년 3월 : 나치 정부, 체코슬로바키아를 완전히 합병.

에피쿠로스와 스토아 철학자들의 책을 탐독.

오디지오, 로블레스 등과 함께《리바주》라는 잡지 창간.

앙드레 말로와 상봉.

사르트르의《벽》. "위대한 작가는 그의 세계와 그의 주장을 항상 느끼게 해준다. 사르트르의 주장은 무(無)이며, 또한 명철성에 있다." (《알제 레퓌블리캥》 1939년 3월 12일자)

5월 : 샤를로 출판사에서《결혼》출간.

6월 : 카빌리(알제리의 산악 지방— 옮긴이주) 취재 여행. "세계에서 가장 아름다운 이 지방 경관 한복판의 그 비참함은 유례를 찾아볼 수 없을 만큼 처참하다."

국제적 긴장 고조로 그리스 여행 계획을 포기. "전쟁이 나던 해, 나는 율리시스의 순항 길을 다시 한번 더듬기 위하여 배를 타기로 되어 있었다. 그 시절에는 가난한 한 젊은이도 빛을 찾아서 바다를 건너질러 가는 화려한 계획을 세울 수 있었던 것이다."(《여름》중〈명부(冥府)의 프로메테우스〉)

9월 3일 : 2차대전.

"첫째 할 일은 절망하지 않는 일이다. 세계의 종말이 온다고 외치는 사람들의 말에 너무 귀를 기울이지 말자."(《여름》중〈편도나무들〉)

"가장 보잘것없는 임무를 가장 고귀하게 여기며 수행해나갈 것을 결심."(《작가수첩》)

연대의식 때문에 전쟁에 참여하려 했으나 건강 때문에 그의 소집이 연기된다. "자기 나라가 전쟁을 피할 수 있도록 투쟁하지 않으면 안 된다. 그러나 전쟁이 터지면 자기 나라에 대하여 연대감을 가져야 한다."(《작가수첩》)

오랑 여행.(《여름》중〈미노타우로스 또는 오랑에서 잠시〉)

■ 1940년 :

《알제 레퓌블리캥》은 판매 보급상의 애로 때문에《수아르 레퓌블리캥》에 합병된다(전자는 10월 28일에 폐간되고 후자는 9월 15일에 창간되었으니 몇 주일간은 두 신문이 공존하고 있었던 셈이다). 그 후 당국의 검열 요구에 불복, 1월 10일 폐간된다. 카뮈는 안정된 직장을 당국의 압력 때문에 박탈당할 것을 예측하고 알제리를 떠난다. 검열받는 신문에 더 이상 아무런 글도 쓰지 않을 결심을 하고서 파스칼 피아의 추천을 받아《파리 수아르》에 순전히 사무적인 임무를 띤 편집 담당자로 입사한다. "《파리 수아르》에서 파리의 심장부와 그 경박하고 천한 정신을 느끼게 된다는 것."(《작가수첩》)

5월 :《이방인》탈고.

5월 10일 : 독일군 침입. 카뮈는《파리 수아르》편집진과 함께 클레르몽으로 피난하나 12월에 신문을 떠난다.

9월 :《시지프 신화》전반부 집필.

10월 : 임시로 리옹에 기거.

12월 3일 : 오랑 출신이며 수학교사인 프랑신 포르와 리옹에서 결혼.

■ 1941년 1월 : 오랑으로 돌아와 얼마 동안, 유대인 아이들이 많이 다니는 사립학교에서 강의.

2월 : 《시지프 신화》 탈고.

"악에 대항하는 인간의 투쟁에 관해서, 그리고 정의로운 인간으로 하여금 우선은 창조와 창조자에 대항하고 나아가서는 자기 동료와 자기 자신에게까지 대항하게 만드는 저 거역할 길 없는 논리에 관해서 인간이 상상해낼 수 있는 가장 충격적인 신화들 중의 하나인"《모비 딕》(〈허먼 멜빌 소개〉 참조)의 영향을 받아《페스트》를 준비.

톨스토이와 마르쿠스 아우렐리우스와 사드의 작품,《군인의 위대성과 노예성》(프랑스 19세기 작가 비니의 작품—옮긴이주), 그리고 그가 13년 후 앙제 페스티벌 때 각색하게 될 피에르 드 라리베(프랑스 고전 극작가—옮긴이주)의 《정령(精靈)》 등을 탐독.

12월 19일 : 가브리엘 페리 처형(프랑스 공산당 중앙위원이었던 페리는 독일군 점령 당시 공산당 지하 비밀잡지의 간행을 주도했기 때문에 체포되어 총살형을 당했다—옮긴이주).

"……여러분은 내게 어떤 이유로 항독 지하운동에 참가했느냐고 묻는다. 그것은 나와 같은 사람들에게는 아무런 의미도 없는 질문이다. 집단 수용소의 입장에 동조할 수 없는 것은 예나 지금이나 마찬가지이다. 폭력 자체보다는 오히려 폭력으로 구성된 제도를 내가 더 혐오한다는 것을 그때 깨달았기 때문이다. 좀더 정확히 말하자면 내 속에 늘 막연히 자리잡고 있던 반항심이 절정에 달하게 된 그날을 나는 아주 생생하게 기억하고 있다. 리옹에서 신문을 통해 가브리엘 페리의 처형을 읽던 그날 아침 말이다."(《시사평론 I》)

항독 지하운동 시절에 대해 카뮈는 별로 이야기를 하지 않고 있다. 아마도 향수와 수줍음 때문에 옛 전사(戰士)라는 것에 대하여 별로 얘기할 마음이 내키지 않았을 것이다. 그가 민족해방운동, 즉 '콩바 Combat' 조직에 참여하게 된 것은, 파스칼 피아와 르네 레노의 중개에 의한 것으로 추측된다(카뮈는 후자에게 《독일 친구에게 보내는 편지》를 헌정하게 되고, 1947년에 간행된 레노의 《사후의 시편들》의 서문을 쓰게 된다). 이 조직에서 카뮈의 임무는 정보 활동과 지하 신문 발간에 관한 것이었다. 곧 이어 그는 클로드 부르데('콩바' 조직의 간부)와 사귀게 된다.

■ 1942년 : 1941~1942년 겨울에 재발한 폐결핵 각혈 때문에 샹봉 쉬르 리뇽에서 겨울이 끝날 무렵부터 이듬해 가을까지 요양.

11월 8일 : 북아프리카 지역에 영미 함대가 상륙(아이젠하워 장군 지휘 아래 오랑, 알제에 상륙―옮긴이주)하는 바람에 알제리행이 중단되자 카뮈는 샹봉 부근 파늘리에의 외틀리 부인 집에 돌아와 기거. 독일 점령으로부터 해방될 때까지 아내와 헤어져 있게 된다. 통신 연락이 어렵고, 그가 기차 타기를 싫어해서, 양쪽 폐가 다 병들었음에도 불구하고 그는 이따금 생테티엔 시와 파늘리에 사이의 60킬로미터에 이르는 해안을 자전거로 달리기도 했다.

이 시기에 그는 프랑시스 퐁주와 관계를 맺는다.(《《사물의 편에서》에 관한 편지》 참조)

■ 1942년 : 멜빌, 다니엘 디포, 세르반테스, 발자크, 마담 드 라파예

트, 키르케고르, 스피노자 등의 작품 탐독.

7월 :《이방인》출간.

■ 1943년 :《시지프 신화》출간. 비평계 일각에서 카뮈를 절망의 철학자로 규정, 선전.

《오해》초고 탈고.

《독일 친구에게 보내는 편지》제1신 발표.

몇 달 동안, 리옹 지방과 생테티엔 지역을 왕래하며 생활. "만약 지옥이란 게 존재한다면 그건 필시 모든 사람이 검은 옷을 입고 어슬렁거리는 그 잿빛의 끝없는 거리들과 닮은 것이리라."(르네 레노의《사후의 시편들》서문)

"프랑스인 노동자들——함께 있으면 마음이 편안해지고, 그래서 알고 싶고 '살고' 싶어지는 유일한 사람들. 그들은 나와 같다."(《작가수첩》)

'의용병', '콩바', '해방' 등 항독 지하운동단체들이 통합될 당시 '콩바'의 지도자들은 파리에서 활동했으며, 당시 카뮈는 바노 가에 있는 앙드레 지드의 아파트에 기거하면서 갈리마르 출판사의 고문직을 맡게 된다. 이 무렵에 아라공과 두 번째로 만나게 된다.

■ 1944년 : 사르트르와 상봉. 그는 카뮈에게《닫힌 방》의 연출을 부탁하나 계획은 성사되지 못함.《오해》상연, 시덥지않은 반응.

"아니다. 나는 실존주의자가 아니다. 사르트르와 나는 우리 둘의 이름이 나란히 붙어 다니는 것을 보고 항상 이상하게 생각하고 있다. 심지어 우리는 어느 날 그만 성명을 발표하여, 우리가 서로 아무런 공통점을 갖고 있지 않을 뿐만 아니라, 어떠한 상호관계도 각기 부정하고 있다고 우리의 입장을 밝히려고 생각해보기도 했다. 그러나 결국 그것은 농담으로 그쳤다. 사르트르와 나는 우리가 서로 알기 전부터 제 나름대로의 저서들을 모두 발표했다. 우리가 서로 알게 된 것은 우리가 서로 다르다는 것을 확인하기 위해서였다. 사르트르는 실존주의자이며, 내가 발표한 유일한 사상적인 책 《시지프 신화》는 소위 실존주의 철학자들을 반대하는 입장에서 씌어졌다."(1945년 11월 15일자 인터뷰)

《독일 친구에게 보내는 편지》 제2신 발표.

8월 24일 : "파리의 모든 총알들이 8월 밤하늘을 수놓는다."(공개적으로 배포된 《콩바》 창간호)

파스칼 피아와 함께 《콩바》 편집, 운영.

■ 1945년 5월 8일 : 바노 가의 앙드레 지드에게서 휴전 소식을 전해 들음. 세기에 가에 정착.(《적지와 왕국》 중 〈요나〉 참조)

5월 16일 : 세티프(알제리의 도시 ─ 옮긴이주)에서의 학살과 탄압. 카뮈는 이를 조사하기 위하여 알제리를 여행한다.

"가난해진 민족을 위한 위대한 정치란 모범적인 정치를 수행하는 길밖에는 없다. 이 점에 대해 꼭 한마디 해두어야 할 것은 프랑스가 실제로 아랍 지역에 민주주의를 도입해야 한다는 점이다. 민주주의는 아랍 지역에 있어서 새로운 사상이다. 백만의 군대 그리고 수많은 유전 못지 게 민주주의는 값질 것이다."(1945년 12월 20일자 인터뷰)

8월 6일, 9일 : 일본의 히로시마와 나가사키에 원자탄 투하.

"기계 문명의 야만적 횡포가 극에 달했다. 멀지 않은 미래에, 집단자살이냐 아니면 자연과학적 성과의 현명한 사용이냐 하는 문제에 봉착하게 될 것이 분명하다."(《콩바》 8월 8일자)

9월 5일 : 쌍둥이 자녀 장과 카트린 출생.

《칼리굴라》상연, 대성공.(제라르 필리프와 R. 켐프 각광)

《반항하는 인간》의 출발점이 되는《반항론》발표.

■ 1946년 : 연초에 미국 방문. 대학생들의 열렬한 환영. 하버드에서는 연극에 관해서, 뉴욕에서는 문명의 위기에 관해서 강연.《페스트》를 어렵게 탈고. 시몬 베유의 작품을 발굴, 갈리마르 출판사에서 미발표된 그의 저작들의 발행을 주도.

몇 달 동안《콩바》편집, 운영 포기. 1944년부터 1945년에 이르는 모리악과의 논쟁 때문에 카뮈는 폭력 문제에 대하여 체계적으로 사색, 정리. "우리는 지옥 속에서 지냈고 그후 다시는 밖으로 나오지 못했다! 6년이라는 긴 세월 동안 우리는 그 속에서 어떻게 해보려고 발버둥을 치고 있다."(《여름》)

르네 샤르와 깊은 친교.

10월 : 사르트르, 말로, 케스틀러, 스페르버 등과 정치문제 토론.

■ 1947년 : 마다가스카르의 반란. 카뮈는 집단 탄압을 맹렬히 규탄한다. "……문제가 사실로 나타났다. 사실은 명백하고 추하다. 우리가 독일 사람들이 저질렀다고 비난했던 짓을 이번에는 우리 자신이 저지르고 있으니까 말이다."(《콩바》)

공산당, 정부에서 이탈. '프랑스 국민연합(R. P. F.)' 출범. 재정적, 정치적 문제로 인해《콩바》편집진 분열. 올리비에, 피아, 레몽 아롱은 '프랑스 국민연합'에 가담하고, 장 텍시에는 사회주의 신문사로 옮겨 간다. 카뮈는 사직하고 편집 운영을 클로드 부르데에게 넘겨준다.

'민주 혁명 연합'이 결성되었는데, 카뮈는 거기에 참여한 일은 한 번도 없었으나 그 노선에는 대체로 공감했다.

6월 :《페스트》출간. 즉각적인 대선풍. 수많은 비평가들이 카뮈를 덕망 있는 '무신론적 성자'로 찬양, 선전.

■ 1947~1948년 : 1947년 여름과 1948년 여름을, 1946년에 며칠 지낸 적이 있었던 루르마랭 부근에서 보낸다.

아마도 1947년에 벌어진 정치 논쟁 때문에 카뮈와 메를로 퐁티 간의 친분관계가 단절된 것 같다.

■ 1948년 2월 : 프라하의 군사 혁명. 알제리 여행.(《여름》)

6월 : 티토, 공산당 정보국Kominform에서 추방.

아그리파 도비녜의 작품 탐독. 후에 이 사람의 작품 권두에 일종의 서문을 쓴다.

10월 27일 : 장 루이 바로와 함께 쓴《계엄령》상연, 실패.

■ 1949년 3월 : 사형선고를 받은 그리스 공산당원들을 위한 구명 호소. 1950년 12월에 또 다른 사형수들을 위한 구명 호소.

6월~8월 : 남미 여행.(《여름》중 〈가장 가까운 바다〉와《적지와 왕국》중 〈자라나는 돌〉 참조)

이 여행으로 말미암아 이미 허약해진 카뮈의 건강이 더욱 악화되어, 앞으로 2년 동안《반항하는 인간》집필을 계속하는 것 이외에 아무 일도 못하게 된다. 하는 수 없이 한가해진 이 기간을 이용, 자기의 작품 세계 전반에 대해 반성한다.

12월 15일 :《정의의 사람들》(세르주 레지아니, 마리아 카자레스 출연) 첫 상연을 관람하기 위해 기동, 성공.

■ 1950년 :《시사평론》제1권 간행.

그리스 근교의 카브리에서 얼마간 휴양. 보주 산악지방에서 여름을 보낸다. 마담 가 29번지 아파트에 입주.

■ 1951년 10월 : 《반항하는 인간》이 출간되자 곧 이어 벌어진 논쟁이 1년 이상 계속된다.

■ 1952년 : 알제리 여행.(《여름》 중 〈티파사에 돌아오다〉 참조)

8월 : 사르트르와 결별.(《현대》지)

11월 : 레카미에 극장 운영 신청. 프랑코 장군 영도 하의 스페인이 국가로 인정받자 유네스코에서 탈퇴.

소설 《최초의 인간》과 《적지와 왕국》을 구성할 중편들, 그리고 희곡 《동 쥐앙》과 《악령》 각색 등을 구상.

■ 1953년 6월 7일 : 동베를린 폭동.

"세계의 어느 구석에서, 한 노동자가 탱크 앞에서 맨주먹으로 자기는 노예가 아니라고 외치며 대항할 때, 우리가 무관심하다면 도대체 우리는 무엇이란 말입니까?"(신용조합에서의 연설)

《시사평론》 제2권 출간.

6월 : 앙제 연극 축제에서 연출가 마르셀 에랑이 병으로 못 나오자 카뮈는 그를 대신하여 자신이 각색한 《십자가에의 예배》와 《정령》을 직접 연출.

■ 1954년 : (7명의 튀니지 사형수 구명 운동을 제외하고는) 모든 정치적, 문학적 활동을 중단하고 1년 내내 아무 글도 쓰지 않는다. "내가 각색하고 있는 《악령》이 지금 엉망이 되어 있습니다. 하기야 다른 것들도 마찬가지입니다. 언제 다시 글을 쓰게 될지 나도 잘 모르겠습니다."(질리베르에게 보낸 편지)

1939년에서 1953년까지 쓴 글들을 모은 《여름》 출간.

11월 : 이탈리아 여행.

■ 1955년 3월 : 디노 부차티(20세기 이탈리아 소설가—옮긴이주)의 《흥미 있는 경우》 각색.

5월 : 그리스 여행을 하며, 《계엄령》을 야외 극장에서 다시 상연할 것을 구상하고 연극에 관해 강연.

6월 : 기자 활동을 재개하여 《엑스프레스》에 기고하고, 특히 알제리 문제를 다룬다.

■ 1956년 : 알제 여행.

1월 23일 : 카뮈는 휴전을 호소하나, 그의 동향인들에게서 매우 모욕적인 대접을 받는다. "알제리에서 아주 낙담하여 돌아왔습니다. 그곳에서 벌어진 일들은 오히려 그 신념을 굳게 해주는 것들이었습니다. 나에게는 개인적인 불행이었겠지만 참을 도리밖에는 없지요. 모든 것이 다 타협될 수는 없는 노릇 아닙니까."(질리베르에게 보낸 편지)

2월 : 《엑스프레스》에의 기고 중단, 드 메종쇨(5월 28일)과 체포된 수많은 알제리 민족주의자들과 자유주의자들을 위한 구명 운동에 참여.

9월 20일 : 자신이 각색한 포크너의 《어떤 수녀를 위한 진혼곡》 상연 (카트린 셀레르 출연), 성공.

부다페스트 봉기. 탄압 반대 회합에 참여.

수에즈 운하에서 불 · 영 군사 작전.

《전락》 출간.

《여름》의 속편으로 《축제》 집필 구상.

■ 1957년 3월 : 《적지와 왕국》 출간.

6월 : 앙제 연극 축제. 로페 데 베가의《올메도의 기사(騎士)》각색, 《칼리굴라》재상연. 케스틀러, 장 블로크 미셸과 공동으로 저술한《사형에 관한 성찰》에〈단두대에 대한 성찰〉을 게재.

10월 17일 : 노벨 문학상 수상. 프랑스인으로 아홉 번째이며 최연소.

- 1958년 2월 :《스웨덴 연설》출간.

3월 : 새 서문(1958년 집필)을 추가한《안과 겉》개정판 출간.

6월 : 알제리 연대기인《시사평론》제3권 출간. 이 저서를 통하여 카뮈는, 알제리의 갈등과 해결책 강구를 위한 면밀한 분석의 필요성을 제창했으나, 유명 신문들은 아무런 논평도 가하지 않고 무시한다.

이 해와 다음 해에도 카뮈의 건강은 쇠약.

6월 9일 : 그리스 여행.

11월 : 루르마랭에 주택 구입.

- 1959년 1월 30일 : 도스토예프스키의《악령》을 각색하고, 자신의 연출로 상연. 문화부장관 말로가 카뮈에게 테아트르 프랑세의 운영을 맡아달라고 제의. 그러나 카뮈는 '완전히 새로 시작'하고자 한다.

거의 1년 내내, 카뮈는 많은 일을 아주 고통스럽게 해냈다. 그러나 11월에 들어 루르마랭 집에서 자기의 집필 원동력을 다시 되찾기라도 한 듯이 힘들이지 않고《최초의 인간》의 일부를 써내려갔다.

- 1960년 1월 4일 : 미셸 갈리마르(갈리마르 출판사 사장의 조카―옮긴이주)의 승용차에 동승한 카뮈, 몽트로 근교 빌블르뱅에서 교통 사고로 즉사.

옮긴이 김화영
1974년 프랑스 프로방스 대학교에서 알베르 카뮈 연구로 문학박사 학위를 받았고, 현재 고려대학교 불어불문학과 명예 교수로 있다. 《문학 상상력의 연구 -- 알베르 카뮈론》,《행복의 충격》,《공간에 관한 노트》,《소설의 꽃과 뿌리》,《바람을 담은 집》등 다수의 저서와 80여 권의 역서를 발표했으며, 문학평론가로도 활동하고 있다.

스웨덴 연설 · 문학 비평

초판 1쇄 발행 2007년 7월 15일
초판 5쇄 발행 2025년 5월 25일

지은이 알베르 카뮈
옮긴이 김화영

펴낸이 김준성
펴낸곳 책세상
등록 1975년 5월 21일 제2017-000226호
주소 서울시 마포구 월드컵로23길 38, 2층(04011)
전화 02-704-1251
팩스 02-719-1258
이메일 editor@chaeksesang.com
광고·제휴 문의 creator@chaeksesang.com
홈페이지 chaeksesang.com
페이스북 /chaeksesang **트위터** @chaeksesang
인스타그램 @chaeksesang **네이버포스트** bkworldpub

ISBN 978-89-7013-651-6 04860
         978-89-7013-108-5 (세트)

* 잘못되거나 파손된 책은 구입하신 서점에서 교환해드립니다.
* 책값은 뒤표지에 있습니다.